The Development and Revolution of Public Security
Administration Punishments

治安管理处罚的
发展与变革

董 媛 著

中国书籍出版社
China Book Press

图书在版编目（CIP）数据

治安管理处罚的发展与变革 / 董媛著. -- 北京：中国书籍出版社, 2024.6

ISBN 978-7-5068-9903-1

Ⅰ.①治… Ⅱ.①董… Ⅲ.①治安管理—行政处罚法—研究—中国 Ⅳ.①D922.144

中国国家版本馆CIP数据核字(2024)第108487号

治安管理处罚的发展与变革

董 媛 著

图书策划	成晓春
责任编辑	张 娟　成晓春
责任印制	孙马飞　马 芝
封面设计	东方美迪
出版发行	中国书籍出版社
地　　址	北京市丰台区三路居路 97 号（邮编：100073）
电　　话	（010）52257143（总编室）　（010）52257140（发行部）
电子邮箱	eo@chinabp.com.cn
经　　销	全国新华书店
印　　刷	北京睿和名扬印刷有限公司
开　　本	787毫米×1092毫米　1/16
印　　张	19.5
字　　数	242千字
版　　次	2024 年 6 月第 1 版　2024 年 6 月第 1 次印刷
书　　号	ISBN 978-7-5068-9903-1
定　　价	86.00 元

版权所有　翻印必究

自　序

治安，乃国家安定、社会和谐之基石。自古以来，对于治安之维护，处罚之施行，均为历代统治者与民众所共同关注之重要议题。然时代变迁，社会演进，治安管理处罚亦需随之而变，以适应日新月异之社会现实。

党的二十大报告强调，要全面推进依法治国，加快建设社会主义法治国家，这一要求不仅为治安管理工作提供了根本遵循，也为治安管理处罚的发展与变革指明了方向。作为维护社会治安、保障公民权益的重要手段，治安管理处罚在法治国家的建设中扮演着至关重要的角色。我们要以党的二十大精神为指引，不断深化对治安管理处罚的理论研究和实践探索，推动其与时俱进、创新发展。同时，党的二十大报告中还提出了一系列关于社会治理的新理念、新思想、新战略，为治安管理处罚的发展与变革提供了新的思路和方法。

随着社会的不断进步与发展，治安管理作为维护社会秩序、保障人民安居乐业的重要手段，其内涵和外延也在不断丰富和拓展。治安管理处罚作为治安管理的重要组成部分，其发展与变革，反映了一个时代的社会风貌和法治进步。

《中华人民共和国治安管理处罚法》作为维护社会治安秩序、保障公共安全、保护公民权益的重要法律，自实施以来，在维护社会稳定、促进社会和谐方面发挥了重要作用。然而，随着社会的快速发展和治安形势的不断变化，原有的法律条文已不能完全适应新的社会需求，在此背景下，《中华人民共和国治安管理处罚法（修订草案）》（以下简称《治安管理处罚法（修订草案）》）的出台，是对原有法律的一次重要完善与提升。这一草案的出台，不仅是对现行治安管理处罚法的全面梳理和更新，更是对新时代社会治安管理新情况、新问题的积极回应。修订草案针对社会治安管理领域出现的新情况、新问题，增列了多种应予处罚的行为，如考试作弊、高空抛物等，这些都是近年来社会普遍关注的热点问题，体现了法律对社会现象的敏锐洞察和及时应对。同时，修订草案还进一步完善了处罚措施和幅度，推进了治安管理处罚与调解的衔接，建立了认错认罚从宽制度，适当提高了罚款幅度等，旨在更好地适应社会治安形势的变化，更有效地维护社会治安秩序。此外，修订草案还特别加强了对未成年人的保护，对涉及损害未成年人权益的行为明确规定从重处罚，同时完善了未成年人违反治安管理记录封存制度等相关规定。这些举措体现了法律对未成年人的特殊关爱，也彰显了我国法治建设的不断进步。

《治安管理处罚的发展与变革》一书，正是在这样的背景下应运而生。本书结合《治安管理处罚法（修订草案）》，对当前治安管理处罚工作进行全面探讨与深入研究，希望能够为读者提供一个更为全面、深入的视角，以更好地理解治安管理处罚的发展历程、变革动力以及未来趋势。

本书之撰写，旨在全面、系统地呈现治安管理处罚的发展与变革，通过深入挖掘历史文献，结合现代法治理念，对治安管理处罚的演变过程进行细致梳理，对其背后的社会背景、法治环境进行深入分析。同时，本书也对当前治安管理处罚制度面临的挑战与问题进行了深入思考，提出了自己的见解与建议。

本书共四编，十二章。第一编为理论篇，主要探讨了中国治安管理处罚制度的发展概况；第二编为实体篇，详细阐述治安管理处罚的实体规范与适用标准；第三编为程序篇，重点关注治安管理处罚的程序要求与操作流程；第四编为释义篇，对治安管理处罚的重点法条进行释义，以便读者更好地理解与运用。

由于治安管理处罚涉及的内容广泛而复杂，加之作者自身的学识和能力有限，书中难免存在疏漏和不足之处，真诚地希望各位同仁能够提出宝贵的意见和建议，以便在今后的研究中不断完善和提高。

目 录

第一编 理论篇

第一章 中国治安管理处罚制度的发展概况 ………………………… 3
 第一节 古代中国治安管理处罚制度 ………………………… 4
 第二节 中国近代治安管理处罚制度 ………………………… 6
 第三节 新中国治安管理处罚制度 …………………………… 10
 第四节 域外治安管理处罚制度 ……………………………… 14
 第五节 新时代治安管理处罚制度的变革 …………………… 16

第二章 治安管理处罚概述 …………………………………………… 24
 第一节 治安管理处罚的概念和特征 ………………………… 24
 第二节 治安管理处罚的原则 ………………………………… 28
 第三节 治安管理处罚的法律依据 …………………………… 33

第二编 实体篇

第三章 违反治安管理行为 …………………………………………… 41
 第一节 违反治安管理行为概述 ……………………………… 41
 第二节 违反治安管理处罚行为的构成要件 ………………… 47

· 1 ·

第三节　违反治安管理行为的种类 …………………… 57
第四章　治安管理处罚的种类及适用 …………………… 67
　　第一节　治安管理处罚的种类 …………………… 67
　　第二节　治安管理处罚的相关措施 …………………… 71
　　第三节　治安管理处罚适用的规定 …………………… 77

第三编　程序篇

第五章　治安案件的受案 …………………… 85
　　第一节　治安案件的概述 …………………… 85
　　第二节　治安案件的受案 …………………… 87
　　第三节　治安案件的管辖和回避 …………………… 95
第六章　治安案件的调查 …………………… 111
　　第一节　治安案件调查概述 …………………… 111
　　第二节　治安案件调查取证的方式 …………………… 113
第七章　治安管理处罚的决定 …………………… 123
　　第一节　治安管理处罚决定概述 …………………… 123
　　第二节　治安管理处罚的告知与听证 …………………… 130
　　第三节　治安管理处罚决定的流程 …………………… 138
第八章　治安管理处罚的执行 …………………… 140
　　第一节　治安管理处罚执行概述 …………………… 140
　　第二节　罚款、行政拘留及其他处理决定的执行 …………………… 142
　　第三节　治安管理处罚决定执行的法律救济 …………………… 148

第九章　治安管理处罚的简易程序和快速办理…………………… 155
　　第一节　治安管理处罚的简易程序 ……………………………… 155
　　第二节　治安管理处罚的快速办理 ……………………………… 161
第十章　治安案件的调解………………………………………………… 164
　　第一节　治安案件调解的概述 …………………………………… 164
　　第二节　治安案件调解的程序 …………………………………… 170
第十一章　治安管理处罚的执法监督……………………………………… 173
　　第一节　治安管理处罚执法监督概述 …………………………… 173
　　第二节　治安管理处罚执法监督的内容 ………………………… 175

第四编　释义篇

第十二章　《中华人民共和国治安管理处罚法（修订草案）》释义……… 181
　　第一节　《中华人民共和国治安管理处罚法（修订草案）》修改前后
　　　　　　对照 ……………………………………………………… 181
　　第二节　《中华人民共和国治安管理处罚法（修订草案）》重点法条
　　　　　　释义 ……………………………………………………… 229

参考文献……………………………………………………………………… 301

第一编　理论篇

第一章 中国治安管理处罚制度的发展概况

古代中国没有独立的治安管理处罚制度，直到近代随着法律制度的逐渐创立和发展，中国才开始建立独立的违警处罚法律制度。新中国的治安管理处罚制度在形成过程中，受到了战前大陆法系国家以及20世纪五六十年代苏联行政处罚制度的影响。在此基础上，新中国不断对治安管理处罚制度进行发展完善，取得了显著的进展。在发展过程中，治安管理处罚制度在多个方面进行了改革和完善，包括基本原则、理念、处罚种类和适用、处罚程序、违反治安管理的行为及其处罚、执法监督以及治安调解等。这些改革不仅更加适应中国的实际情况，也体现了中国特色。此外，随着社会的不断进步和法治建设的深入，治安管理处罚制度也在不断适应新的社会需求，以更好地维护社会治安和保障人民安全。

中国的治安管理处罚制度在历经多个阶段的发展后，已经形成了具有中国特色的、较为完善的制度体系，为社会的和谐稳定提供了重要的法治保障。

第一节　古代中国治安管理处罚制度

古代中国没有独立的治安管理处罚制度，治安管理处罚与刑罚是紧密结合的，治安管理秩序主要依赖刑罚手段来维护。在古代，社会治安的维护被视为国家治理的重要一环，而刑罚作为最具强制力的手段，被广泛应用于维护治安秩序。

古代中国的治安管理处罚制度历经多个朝代的演变和实施，形成了各具特色的法规体系。每个朝代都会根据自身的政治、经济和社会状况，制定相应的治安管理法规，以应对不同时期的治安问题。这些法规往往包含了对于违反治安管理行为的处罚规定，如罚金、杖责、流放，甚至死刑等。

同时，古代中国的治安管理处罚制度也体现了儒家思想的影响，强调德治与法治相结合，在维护治安秩序的过程中，不仅依赖刑罚的威慑力，还注重通过道德教化来引导民众遵守社会秩序。这种德治与法治并重的思想，在一定程度上影响了古代治安管理处罚制度的制定和实施。然而，由于古代社会的复杂性和局限性，治安管理处罚制度往往存在一些问题，如刑罚过重、执法不公等。这些问题在一定程度上影响了古代社会的和谐稳定。

古代中国的治安管理处罚制度虽然没有形成独立的体系，但在维护社会治安方面发挥了重要作用。通过不断演变和完善，这一制度逐渐适应了古代社会的需求，为后世治安管理处罚制度的发展奠定了基础。

一、夏商西周时期

1. 夏朝

在夏朝，对于违反治安管理的行为，主要采取刑罚手段进行惩处。根据违法行为的性质和严重程度，刑罚可轻可重，常见的有鞭刑、杖刑、死刑等。

同时，夏朝还实行了罪刑相应的原则，即根据犯罪者的主观意图和客观行为来判定其应受的刑罚。

2. 商朝

商朝继承了夏朝的治安管理处罚制度，并在此基础上增加了新的内容。商朝对于违反治安管理的行为，除了采取刑罚手段外，还加强了对犯罪者的身份识别和分类管理。同时，商朝还实行了"三宥"制度，区分了故意犯罪、过失犯罪和偶然犯罪，并给予不同的处罚。

3. 周朝

周朝对夏、商两朝的治安管理处罚制度进行了整合和发展。周朝将治安管理处罚措施分为三类：刑罚、流放和罚款。同时，周朝还强调了对犯罪者的教育和改造，通过实行"五听"制度，对犯罪者进行心理分析和改造，预防其再次犯罪。

二、秦汉时期

1. 秦朝

秦朝的治安管理处罚制度比较严格。秦朝将治安管理处罚措施分为两类：刑罚和行政处罚。刑罚包括死刑、拘役、劳役等；行政处罚包括罚款、警告、驱逐出境等。同时，秦朝还实行了连坐制度，对家族成员的犯罪行为进行惩罚。

2. 汉朝

汉朝继承了秦朝的治安管理处罚制度，并在此基础上进一步发展。汉朝将治安管理处罚措施分为三类：刑罚、行政处罚和社会防范措施。刑罚包括死刑、拘役、劳役等；行政处罚包括罚款、警告、驱逐出境等；社会防范措施包括强制教育、隔离审查等。同时，汉朝还实行了保甲制度，将居民组织起来进行自我管理和防范。

三、隋唐时期

隋唐时期是中国法律制度的鼎盛时期之一。隋朝的《开皇律》和唐朝的《唐律疏议》对治安管理处罚做出了明确规定。其中，《唐律疏议》中的"斗讼"篇涉及对斗殴、诉讼等行为的处罚，同时也强调了调解优先的原则。此外，唐朝还实行了"捕亡"制度，即对逃亡者进行追捕的制度。

唐律中还有诸多关于治安管理处罚（广义）的法律规定，涉及治安秩序管理、户籍管理、交通管理等治安行政领域。如在治安秩序管理方面，唐律规定："诸博戏赌财者，各杖一百"；"诸向城及官私宅，若道经射者，杖六十"；"诸犯夜者，笞二十，有故者，不坐"；"诸库藏及仓内，皆不得燃火。违者，徒一年"；"诸在市及人众中，故相惊动，令扰乱者，杖八十；以故杀伤人者，减故杀伤一等，因失财物者，坐赃论"。在户籍管理方面规定："诸脱户，家长徒三年，无课役者，减两等，女户，又减三等。"在交通管理方面规定："诸于城内街巷及人众中，无故走车马者，笞五十，以故杀伤人者，减斗杀伤一等。"因此，唐代对于违反治安管理的行为，一般以笞、杖等肉刑以及三年以下刑罚予以处罚。

第二节　中国近代治安管理处罚制度

一、近代最早的治安处罚法规的出台——《违警罪章程》

1906年出台的《违警罪章程》是我国近代最早的治安处罚法规，违警罚法是我国近代第一个适用于全国范围的治安法规，其应用历史长达一百多年。

近代的治安管理处罚制度起源于清朝末年的"新政"，当时清廷统治者为了应对亘古未有之变局，开始推行一系列改革，其中就包括官制改革和修律变法。在这个背景下，《违警罚法》作为中国近代首个通行于全国的治安法规，开始登上历史舞台。《违警罚法》是渐进式的四部曲，从1906年的《违警罪章程》开始，到1943年的《违警罚法》，结构与内容不断完善。

二、《违警罚法》立法演变的过程

《违警罚法》的立法演变过程体现了近代中国法律制度的逐步发展和完善。从最初的《违警罪章程》到最终的《违警罚法》，这一过程不仅反映了社会治安管理需求的变化，也体现了法律对于人权保障的日益重视。

清廷于光绪三十二年（1906年）仿照日本明治十六年公布的《改定刑律》第四编《违警罪之体制》，制定颁布了《违警罪章程》，共五条，二十六款，在京师内外城巡警总厅试行。光绪三十三年（1907年），民政部拟定了《违警律草案》，光绪三十四年（1908年），经宪政编查馆考核后，《违警律》正式颁行。清《违警律》为十章四十五条，可分为三个部分。第一部分为第一章总例，规定了违警罪法定的基本原则及拘留、罚金、充公、停业、勒令歇业5种处罚方法。其中拘留和罚金各分三等，二者可以相互选择。第二部分为第二章至第九章分则，分别规定了"关于政务之违警罪""关于公众危害之违警罪""关于交通之违警罪""关于通信之违警罪""关于秩序之违警罪""关于风俗之违警罪""关于身体及卫生之违警罪""关于财产之违警罪"等8种违警罪名。第三部分为附条，规定了该律生效时间、各地方根据本地情形酌量变通的原则等。至此，清《违警律》作为我国近代警察史上第一部关于治安管理处罚的警察法规正式产生了。这一举措标志着中国开始借鉴国外先进的法律制度，以应对日益复杂的社会治安问题。

然而，随着时代的变迁和政治局势的动荡，北洋政府时期对《违警律》又进行了修改补充。1915年，北洋政府以清《违警律》为蓝本，修改补充后改称《违警罚法》公布施行。这部法律在结构上和内容上基本沿用了前清的法律，但也有一些细微的改动，如增加了处罚程序和违警行为的分类等。《违警罚法》计9章53条。第1章总纲规定了"无正条者，不论何种行为，不得处罚"的违警罚法适用原则及5种不予处罚的违警者。第2章至第9章分别规定了违警罚则以及各类违警行为。违警罚则分为主罚和从罚两大类。主罚有拘留（1日以上15日以下）、罚金（1角以上15元以下）和训诫3种。从罚有没收、停止营业和勒令歇业3种。《违警罚法》把违警行为分为"妨害安静的违警行为""妨害秩序的违警行为""妨害公务的违警行为""诬告、伪证及湮没证据的违警行为""妨害交通的违警行为""妨害卫生的违警行为""妨害他人身体财产的违警行为""妨害风俗的违警行为"等8类。《违警罚法》还规定了处罚程序。

南京国民政府成立后，对违警罚法进行了更为深入的修订。1928年，国民政府颁布了新的《违警罚法》，该法在结构和内容上都有所创新，更加注重对违警行为的分类和处罚的公正性。此后，随着抗日战争的爆发和国内局势的变化，国民政府再次对《违警罚法》进行了修订，以应对特殊时期的治安问题。

在这一过程中，我们可以看到《违警罚法》的立法理念逐渐从单一的惩罚转向惩罚与教育相结合，更加注重对违警者的人权保障和改造。同时，随着社会的不断进步和法治建设的深入，《违警罚法》的适用原则也日趋完善，为维护社会治安和保障人民安全提供了有力的法律支持。

《违警罚法》的立法演变过程是一个不断适应时代需求、不断完善的过程。它不仅展示了近代中国法律制度的逐步发展和完善，也为制定和实施更加科学、合理的治安管理处罚制度提供了宝贵的经验和借鉴。

三、治安管理处罚制度的变化

近代的治安管理处罚制度经历了一个复杂且深入的立法演变过程，同时在这个过程中，对违警与犯罪关系的界定也经历了重要的转变。传统上，人们往往将违警与犯罪视为性质相似的行为，只是对社会的危害程度有所不同。然而，随着近代社会的法治进步和理念更新，这种观念逐渐发生了变化。

近代治安管理处罚制度的去刑法化（或去行政法化）轨迹，实际上反映了法律体系的日益精细化和专业化。这一过程中，治安管理处罚制度逐渐从刑法和行政法的笼统框架中独立出来，形成了自己特有的法律基础和实施机制。这不仅有助于更加精确地界定和处罚违警行为，也体现了对公民权利的更加尊重和保护。

随着近代社会的不断发展，治安管理处罚制度在法律基础、实施机制、处罚手段等多个方面发生了显著的变化。

一是在法律基础方面。在清朝末年，治安管理处罚制度的法律基础主要是以《大清律例》为基础，同时参照了其他一些地方性的法规和条例。但是，这些法律法规并没有对违警行为进行明确的界定和分类，也没有规定具体的处罚措施。随着社会的进步和法律制度的不断完善，治安管理处罚制度的法律基础也逐渐得到了完善。1949年新中国成立后，治安管理处罚制度得到了进一步的发展和完善，逐渐形成了以《中华人民共和国治安管理处罚条例》为基础的法规体系。

二是在实施机制方面。清朝末年的治安管理处罚制度存在一些显著的问题。当时处罚主要由各级官府负责执行，而且这些官府在执法过程中往往存在着执法不严、监督不力的情况，这就导致了制度执行的不规范和不公平。这种情况不仅削弱了法律的权威性，也影响了社会的稳定和民众对法治的信心。

随着社会的进步和民主法制建设的不断推进，治安管理处罚制度的实施机制得到了显著的改善。在现代社会，治安管理处罚制度的实施主要由公安机关负责，这使得执法行为更加专业化和规范化。公安机关具备专门的执法队伍和严格的执法程序，能够确保处罚的准确性和公正性。

同时，现代治安管理处罚制度还建立了严格的执法监督机制。这一机制包括内部监督和外部监督两个方面。内部监督主要通过公安机关内部的纪律检查和监督机构来实现，确保执法人员在执行职务时遵守法律法规和职业道德。外部监督则主要通过司法审查、社会监督等方式进行，确保处罚决定的合法性和合理性。

此外，现代治安管理处罚制度还注重公民权利的保障。在处罚过程中，充分尊重被处罚人的合法权益，如听证权、申诉权等，确保其在受到处罚时能够得到公正对待。同时，对于处罚决定的执行也进行了严格的规范，防止了滥用权力和侵犯人权的情况发生。

三是在处罚手段方面。在清朝末年，治安管理处罚制度的处罚手段主要是以监禁、罚金、劳役等为主，但是这些手段存在着过于严厉、缺乏人性化等问题。随着社会的不断发展进步，治安管理处罚制度的处罚手段也逐渐得到了完善。现代的治安管理处罚制度主要以警告、罚款、拘留等为主，同时针对不同的违法行为和情节规定了更加细致的处罚措施，使得处罚更加公正合理。

第三节　新中国治安管理处罚制度

新中国的治安管理处罚法律制度建立于新中国成立初期，至今已有三部治安管理处罚方面的法律问世。

一、1957 年的《中华人民共和国治安管理处罚条例》

1957 年的《中华人民共和国治安管理处罚条例》是新中国成立后第一部正式的治安管理处罚条例，它标志着新中国治安管理处罚法律制度的正式确立。该条例是在废除旧法的基础上，结合新中国的实际情况和社会需求制定的，具有鲜明的时代特色和中国特色。

《中华人民共和国治安管理处罚条例》共 34 条，内容涵盖了总则与处罚、分则、处罚程序和处罚的具体运用四个方面，既包含了实体规范，也包含了程序规范，体现了法律的系统性和完整性。它明确规定了违反治安管理的行为类型，包括扰乱公共秩序、妨害公共安全、侵犯公民人身权利、损害公私财产等，并规定了相应的处罚措施。

《中华人民共和国治安管理处罚条例》的颁布实施，为公安机关依法查处违反治安管理行为提供了明确的法律依据，也为预防和减少犯罪、维护社会秩序、保障公共安全、保护公民的合法权益等方面发挥了重要的作用。它是公安机关进行治安管理处罚的主要法律武器，也是保障社会治安稳定的重要法律保障。

二、1986 年的《中华人民共和国治安管理处罚条例》

1986 年的《中华人民共和国治安管理处罚条例》是在新中国成立后的社会发展和治安形势变化背景下进行的一次重要修订。这次修订在保留 1957 年法律条例的基本框架的基础上，根据社会治安形势的发展进行了相应的补充和修改，使得新的治安管理处罚条例更加符合当时社会的实际需求。

《中华人民共和国治安管理处罚条例》共计 5 章 45 条，对原条例规定的违法行为进行了增删，废弃了一些明显不符合社会发展的条款，同时增加了处罚的幅度，特别是罚款的幅度，使得处罚更加灵活和有针对性。此外，还修改了原来的立法宗旨和适用原则，取消了"类推"制度，提高了法律的明确性和可操作性。在立法技术上也作了一些改进，使得法律条文更加规范和严谨。

本次修订具有重要意义，它不仅是对原有治安管理处罚制度的完善和发展，也是对社会治安形势变化的积极回应。它的一些基本思想延续至今，对后来的《中华人民共和国治安管理处罚法》的制定产生了很大的影响。

实践证明，1986年的《中华人民共和国治安管理处罚条例》在公安机关尤其是治安管理部门实施治安管理处罚方面发挥了重要作用。它成为公安机关查处各类违反治安管理行为、预防和减少违法犯罪、维护社会治安秩序、保障公共安全、保护公民的合法权益的主要法律武器。同时，它也奠定了新中国治安管理处罚制度的核心内容，为后续的治安管理处罚工作提供了坚实的法律基础。

三、2005年的《中华人民共和国治安管理处罚法》

2005年颁布的《中华人民共和国治安管理处罚法》（简称《治安管理处罚法》）无疑是中国法治建设进程中的又一重要里程碑。这部法律历经多年精心修订，最终在第十届全国人民代表大会常务委员会第十七次会议上得以通过，并于2006年3月1日正式施行。它的出台不仅标志着治安管理处罚制度的进一步完善，也体现了国家对于依法实施治安管理处罚、保护公民正当权益的高度重视。

《治安管理处罚法》相较于1986年的《中华人民共和国治安管理处罚条例》，在内容上有了大幅的增加和完善。整部法律共分为六章，119条，涵盖了总则、处罚的种类和适用、违反治安管理的行为和处罚、处罚程序、执法监督以及附则等多个方面。这样的结构设置使得法律内容更为全面和系统，能够更好地适应复杂多变的治安形势。

在立法原则上,《治安管理处罚法》明确规定了处罚与违法行为相当、公开公正、尊重和保障人权等原则。这些原则的确立,既体现了法律的公正性和权威性,也体现了对公民权利的尊重和保障。同时,法律还强调了社会治安管理必须坚持综合治理的方针,要求各级人民政府采取有效措施化解社会矛盾、增进社会和谐。

在具体内容上,《治安管理处罚法》对治安管理工作的各个方面都作出了详细规定。例如,它完善了治安调解规定,增加了对违反治安管理行为的处罚种类和幅度,适当提高了罚款的数额,并扩大了并罚的适用范围。此外,它还限制了治安管理处罚的自由裁量权,将罚款和行政拘留的幅度细分为不同的档次,使得处罚更为公正和合理。

值得一提的是,《治安管理处罚法》在处罚程序和执法监督方面也作出了重要改进。它专章规定了处罚程序,对治安管理处罚的调查、决定、执行等环节都作出了详细可操作的规定。同时,它还加强了执法监督力度,确保公安机关及其人民警察在行使权力时能够依法行事、公正执法。

《治安管理处罚法》是一部具有里程碑意义的法律。它不仅为公安机关依法实施治安管理处罚提供了明确的法律依据,也为保护公民的正当权益、规范行政执法、限制警察的自由裁量权等方面提供了有力的法律保障。这部法律的出台和实施,对推动中国法治建设和社会治安管理工作的进一步发展产生了深远的影响。

第四节　域外治安管理处罚制度

一、域外有关违警罚概述

对于违反社会秩序的行为，世界上几乎所有国家和地区最早都无单独立法，一般以违警罪或轻罪设置在刑法中。所谓违警律，顾名思义，是指违反警察规则的行为规范和惩处的法律。

20世纪初，一些国家逐步把规定违反社会秩序行为的规范从刑法中独立出来。

世界上各个国家关于违反社会秩序处罚的立法形式主要有两种：一是用统一的法典式制定处罚法，如德国的《违反秩序法》、奥地利的《行政罚法》、苏联及其各加盟共和国的《行政违法行为立法纲要》和《行政违法行为法典》，以及纳入犯罪而又单独立法的日本的《轻犯罪法》和韩国的《轻犯罪处罚法》；二是组成刑法典的一部分，有的在刑法典中单列一编"违警罪"或"轻罪"，如《法国刑法典》《意大利刑法典》《瑞士刑法》《泰国刑法》等，有的散见在刑法典中，以处罚的刑期长短来区分为轻罪和一般刑事犯罪，如美国刑法规定，判处一年以下拘禁的为轻罪。这种立法形式有其相应的特点，其选择往往取决于该国的法律传统、社会文化背景以及对于社会秩序维护的重视程度。

二、德国《违反秩序法》考察

在1902年召开的德国第26届法学者会议上，有人认为违警罪是秩序违反行为，建议其应从刑法法典中独立出来，制定一部独立的法典。西德在战后至1951年开始修改刑法，并于1952年1月2日通过了《违反秩序法》，规定在实体法上和程序法上的问题，以作为行政公署执行的依据。1954年成立的刑法修改委员会根据《违反秩序法》已经公布实行的事实，对于违警罪的解决提出两个原则：一是违警罪自刑法中独立出来，而不再规定于新刑法中；二是违警行为中有必要升格为犯罪行为的，则仍规定在新刑法中，其余的违警行为则规定于《违反秩序法》中。

《违反秩序法》主要的特点有如下三方面：一是德国行政处罚的设定权集中在联邦议会，政府和各州不能另行设定新的行政处罚，议会可以在法律范围内授权政府制定法令，对行政处罚的适用范围具体规定；二是行政处罚的基本形式是罚款，数额在5马克至1000马克之间，但因不许违法者从违法行为中获益，罚款应当超过行为人从违法行为中获得的经济利益，在此情形下，罚款数额可以超出1000马克以上；三是详细规定行政处罚的程序，希望通过严格的程序规定来规范行政机关作出的处罚决定，防止行政机关滥用权力，保护相对人的合法权益不受侵犯。

德国《违反秩序法》制度是对社会秩序管理的一种重要法律工具，其特点体现了法治国家对行政处罚权的严格控制与规范。从该制度的设立背景、特点以及对社会的影响来看，我们可得到以下分析。

第一，从设立背景来看，《违反秩序法》的出台是对当时社会秩序管理需求的一种直接回应。德国法学者会议上的讨论以及随后的立法行动，均表明了对原有刑法体系中违警罪处理的反思与改进。将违警罪从刑法中独立出来，不仅使得法律体系更为清晰，也便于行政机关更为高效地处理日常中的轻微违法行为。

第二，从特点上来看，《违反秩序法》的设定权集中在联邦议会，这体现了德国在行政处罚方面的中央集权特点。政府和各州不能另行设定新的行政处罚，确保了法律体系的统一性和权威性。此外，行政处罚的基本形式是罚款，并且罚款数额有明确的上限和特殊情况下可以超出的规定，这既体现了法律的严肃性，也考虑到了实际操作的灵活性。同时，对行政处罚程序的详细规定，则体现了对行政权力运行的监督和制约，保护了公民的合法权益。

第三，从社会影响来看，《违反秩序法》的实施有助于维护社会秩序，促进社会的和谐稳定。通过明确的法律规定和严格的程序要求，行政机关在处理轻微违法行为时能够有法可依，减少了权力的滥用和误用。同时，对于公民而言，这也为他们提供了一个清晰的行为指南，有助于培养他们的法治意识和自我约束能力。

《违反秩序法》虽然在一定程度上规范了行政处罚权的行使，但也可能存在一些问题。例如，过于严格的程序规定可能会导致行政效率降低，而罚款数额的设定也可能需要根据社会经济的发展进行适时调整。

第五节　新时代治安管理处罚制度的变革

随着全面依法治国深入推进、社会治安形势发展变化，一些新的治安问题也不断涌现，因此就需通过修改完善《治安管理处罚法》加以解决。现行治安管理法于2005年制定，2012年修订。自2006年3月1日施行以来，现行治安管理法在维护社会秩序、保障公共安全、保护人民群众生命财产安全等方面发挥了重要作用。

近年来，我国社会治安工作出现许多新情况，公共治安管理面临许多新问题。为更好适应新时代新形势需要，治安管理处罚法修改被纳入全国人大常委会、国务院2023年立法工作计划。

被称作"小刑法"的《中华人民共和国治安管理处罚法》施行17年后迎来首次大修，修订草案有关内容引发社会关注。中国人大网曾公开发布治安管理处罚法修订草案全文，向社会征求意见。对此，全国人大常委会法制工作委员会发言人办公室回应称，社会公众通过正常渠道对法律草案提出意见，是群众关心和有序参与国家立法工作的具体体现，具有重要意义。

一、《治安管理处罚法（修订草案）》的看点[①]

《治安管理处罚法（修订草案）》于 2023 年 8 月 28 日提请第十四届全国人大常委会第五次会议审议。治安管理处罚包括治安管理领域出现的新情况和创新，以法律形式确认了治安管理的一些良好机制和做法，优化和完善了治安管理处罚，并努力更好地维护社会秩序。作为一部维护社会治安秩序、保障公民人身财产安全、促进社会和谐稳定的法律，治安管理处罚法与公民的社会生活息息相关。

看点一：增列数种应予处罚的行为。

现行治安管理处罚法自 2006 年 3 月 1 日起施行，2012 年作一处修改。17 年来，我国经社会发展发生显著变化，对治安管理处罚法进行修改完善，旨在更好适应新时代新形势的需要。

此次修订案增列数种应予处罚的行为，其中包括考试作弊、组织领导传销、以抢夺方向盘等方式妨碍公共交通工具驾驶、升放携带明火的孔明灯、高空抛物、无人机"黑飞"、非法使用窃听窃照器材等。

随着经济、社会、科技不断发展演变，社会治安问题也呈现出多样化、复杂化的趋势，亟需法律予以回应。例如，近年来，无人机在监测、农业、救援等领域得到广泛应用，与此同时，无人机"黑飞"也存在安全隐患。对无人机"黑飞"这类现象进行规范，可以弥补类似的治安管理空白。修订草案中将违法出售或者提供公民个人信息增列为侵犯人身、财产权利的行为并

[①] 熊丰, 任沁沁, 冯家顺. 治安管理处罚法修订草案有哪些看点？[N]. 新华每日电讯, 2023-8-31（003）.

给予处罚，将非法使用窃听窃照器材增列为妨碍社会管理的行为并给予处罚。

当前，非法窃取隐私已经成为侵犯个人隐私、非法获取个人信息等违法犯罪行为的主要方式，同时也是电信网络诈骗、敲诈勒索等犯罪链条的源头之一。刑法、民法典对侵犯个人隐私的行为都已规定法律责任，这次设定行政法律责任，有助于做到对该类违法活动的全方位打击、全流程规制。

虽然刑法已对非法使用窃听、窃照专用器材罪作出明确规定，但有时未造成严重后果，不构成犯罪。这次将非法使用、提供窃听、窃照等专用器材增列为妨害社会管理的行为，可以更好地实现行刑衔接。

修订草案适应治安形势发展需要，以问题为导向，将新出现的影响社会治安的行为纳入管理范围，织密了法网，并进一步优化、完善了办理治安案件的程序规定，为公安机关依法维护社会治安秩序，保障公共安全，保护公民、法人和其他组织的合法权益提供了更为完善的法律保障。

看点二：加强对未成年人的保护。

修订草案中，加强对未成年人的保护是修订的重要方面。其中包括，对涉及损害未成年人权益的行为，明确规定从重处罚；增加对未成年人违反治安管理记录封存制度的规定等。

第一，损害未成年人权益行为从重处罚。对引诱、容留、介绍未成年人卖淫的，相关淫秽物品或者淫秽信息中涉及未成年人的，组织未成年人从事组织播放淫秽音像的，引诱、教唆、欺骗或者强迫未成年人吸食、注射毒品的，都将"从重处罚"。

第二，未成年人违反治安管理记录封存。"修订草案"中规定，对违反治安管理时不满十八周岁的人，违反治安管理的记录应当予以封存，不得向任何单位和个人提供，但监察机关、司法机关为办案需要或者有关单位根据国家规定进行查询的除外。依法进行查询的单位，应当对被封存的违法记录的情况予以保密。

通过增加对未成年人违反治安管理记录封存等人权保障措施，防止实践中未成年人犯罪记录和相关记录管理不当导致信息泄露，尽量避免这些未成年人将来在考试、升学、就业、生活等方面受到影响。

第三，已满十四周岁不满十六周岁未成年人一年内二次以上违法可执行行政拘留。针对已满十四周岁不满十六周岁的违反治安管理行为人多次违法，如一律不执行行政拘留处罚，难以有力惩治、挽救的现实情况，修订草案明确规定，已满十四周岁不满十六周岁的未成年人一年内二次以上违反治安管理的，可以执行行政拘留处罚。

"惩治既是惩罚，更是教育。"对其违法行为的必要惩治，是通过惩罚使其知错改错，避免从违法滑入犯罪深渊的重要制度安排。

修订草案还规定，询问不满十六周岁的违反治安管理行为人，其父母或者其他监护人不能到场的，可以通知其他合适成年人到场。修订草案以现实问题为导向，解决询问不满十六周岁违反治安管理行为人却无监护人到场的办案困境，旨在保护未成年人合法权益和保障相关案件的及时查办，增强法律的实用性和可操作性。

看点三：合理设定处罚措施与幅度。

修订草案坚持教育与处罚相结合原则，注重发挥和解、调解的积极作用，明确符合法定条件的轻微违法的当事人达成和解、调解协议并履行的，不予处罚，建立认错认罚从宽制度和快速办理制度，明确办理治安案件释法说理要求，对公安机关及时化解矛盾纠纷和促进社会和谐具有重要的规范作用。

第一，规定认错认罚从宽。修订草案增加从轻处罚规定，建立认错认罚从宽制度。增加的新规定为违法行为人主动采取措施化解矛盾、纠正违法行为提供了激励，有利于激活违法行为人自觉守法的内在驱动力，降低治安执法成本。

第二，发挥和解、调解的积极作用。修订案还首次规定因民间纠纷引起的打架斗殴或者损毁他人财物等情节较轻的违反治安管理行为，当事人自行和解或者经人民调解委员会调解达成协议并履行，书面申请经公安机关认可的，不予处罚。这一规定，在维护"违法行为应受法律惩处"之严肃性的同时，保障了情节较轻的治安管理处罚案件中当事人对自身权利的自主处分，保证公安执法有温度，进一步促进社会和谐。

第三，增加可暂缓行政拘留的情形。修订案规定被处罚人不服行政拘留处罚决定、申请行政复议、提起行政诉讼的，或者遇有参加升学考试、子女出生或者近亲属病危、死亡等情形的，可以提出暂缓执行行政拘留的申请，满足法定条件的，公安机关可暂缓执行行政拘留处罚决定。

修订草案以同理之心彰显法治温度，展现了社会共同体对每一位公民的关爱，有利于激活社会内生的规范秩序，避免社会失范，促进社会和谐，从而提升社会综合治理的效能。

二、《治安管理处罚法（修订草案）》修改的亮点[①]

一是回应现实，满足社会发展和人民群众新需求。

法律是治国之重器，良法是善治之前提。自 2006 年 3 月 1 日施行以来，现行治安管理处罚法在维护社会治安秩序等方面发挥了重要作用。本次修订是该法自 2012 年首次修改以来，又一次与时俱进。

民有所呼，法有所应。从此次治安管理处罚法新增的处罚行为来看，都是关涉社会发展和人民群众需求的内容。如，随着社会科技水平的不断发展，

[①] 我国拟修订治安管理处罚法 以立法"小切口"解决治安领域"新问题"[EB/OL]. 仙海长安网，2023-9-8. https://www.xh.mianyangpeace.gov.cn/gcsy/20230908/2785310.html

无人机已经在各种场景广泛应用，但这一新生事物却伴生了"黑飞"等危及国家安全、公共安全的违法犯罪行为，有必要予以强力规制。又如，高空抛物，对广大人民群众的生命财产造成重大威胁，当然有必要严密法网，保护人民群众"头顶上的安全"。

现行治安管理处罚法第九条规定了"调解"制度，但目前该项制度仅限于情节较轻的、因民间纠纷引起的打架斗殴或者损毁他人财物等违反治安管理行为。然而，随着社会生活的不断丰富，社会矛盾的类型也越发多样化，因此有必要从法律制度层面进一步完善社会矛盾化解工作。此次修订推进了治安管理处罚与调解相衔接，充分体现了社会矛盾化解、社会治理创新的新举措。

此次修订治安管理处罚法充分回应了社会治理的热点堵点问题，满足了社会发展和人民群众新需求，有利于及时排除、预警、化解各类矛盾隐患和风险，提升社会治理的法治化水平。

二是严密法网，实现与刑法的有效衔接过渡。

考试作弊、高空抛物等近年来社会治理亟需解决的新问题，其实在刑法中基本都有涉及。修订草案将其纳入治安管理处罚范围，既有效弥补了该法的空白领域，又严密了法网，实现了治安管理处罚法与刑法的有效衔接。例如，《刑法》第二百八十四条之一虽然规定了"组织考试作弊罪"，但其犯罪主体为考试作弊的"组织者"，而非"作弊者"，治安管理处罚法在修订时则新增了对"作弊者"的处罚。

又如抢夺方向盘问题，《刑法》第一百三十三条之二也有所规定："对行驶中的公共交通工具的驾驶人员使用暴力或者抢控驾驶操纵装置，干扰公共交通工具正常行驶，危及公共安全的，处一年以下有期徒刑、拘役或者管制，并处或者单处罚金。"

同时，此次修订也对刑事诉讼领域的诸多实践经验、优秀成果进行了有益借鉴。例如，认罪认罚从宽制度自2016年开展试点发展至今，已然成为刑事诉讼领域的一项重要制度，被广泛应用于司法实践。此次修订将其借鉴创新为认错认罚从宽制度，体现了治安管理处罚领域立法水平的提升。认罪认罚从宽制度的"实体从宽、程序从简"理念将在治安管理处罚领域开辟新天地、营造新生机。此外，"合适成年人在场制度""未成年人前科封存制度"等新修改亮点，同样是对刑事诉讼法的有益借鉴，在对未成年人的保护中充分平衡了保护与处罚的关系。

将刑法中已有规定的犯罪行为增列到治安管理处罚法，有效提升了法网的严密性，使得刑事处罚与治安处罚得以合理、明确的衔接过渡，既可有效规避过度执法、罪不当罚的情形，也不令社会危害性未达到犯罪程度的一般违法行为成为法治社会的"漏网之鱼"。

三是继续完善，确保法秩序的统一稳定。

"徒法不足以自行"，法律的生命力在于实施，法律的权威也在于实施，治安管理处罚法的修订对完善配套执法机制、理顺法律竞合关系等提出了新要求。

治安管理处罚法修订后，相关配套执法机制亦应随之修订完善。比如《公安机关办理行政案件程序规定》有必要随之修改，公安机关内部执法规范化、公安民警执法理念的革新也有必要迈上新台阶。同时，治安管理绝不是公安机关一家的事，相关党政职能部门也应将治安管理处罚法的新理念、新精神与自身执法机制改革有机结合，凝聚社会治理的新合力。

治安管理处罚法的修订不仅意味着该法本身有所变化，也有必要理顺该法与其他法律的竞合关系。例如，2021年7月15日起施行的新修订的《行政处罚法》，该法与治安管理处罚法存在密切联系，如何理顺二者之间的法律竞合关系尤其需要关注。

现行《治安管理处罚法》第二十二条规定："违反治安管理行为在六个月内没有被公安机关发现的，不再处罚。"《行政处罚法》第三十六条规定："违法行为在二年内未被发现的，不再给予行政处罚；涉及公民生命健康安全、金融安全且有危害后果的，上述期限延长至五年。法律另有规定的除外。"显然，二者在追诉时效上存在显著差异。此次修订治安管理处罚法有必要对此问题给予关注，尽量缩小法律之间的差异，确保法秩序的统一稳定。此外，行政处罚法确立的"初次不罚""无错不罚"等制度，对于治安管理处罚法的修订也具有重要参考意义。

法律是治国之重器，良法是善治之前提。党的二十大报告强调，"必须更好发挥法治固根本、稳预期、利长远的保障作用，在法治轨道上全面建设社会主义现代化国家。"

第二章　治安管理处罚概述

第一节　治安管理处罚的概念和特征

一、治安管理的概念

治安管理，也称为治安行政管理，是指公安机关为维护社会治安秩序，保障社会生活正常进行而依法从事的行政管理行为。它是国家行政管理工作的重要组成部分，涉及社会的每一个行业、每一个角落和每一个人。治安管理的范围广泛，包括户籍管理、公共秩序管理、危险物品管理、消防管理、边防管理、出入境管理等多个方面。其核心目标是创造一个安全、稳定和有序的社会环境。

治安管理不仅是公安机关的职责，也需要政府机关、社会组织以及广大公民的共同参与。通过一系列手段和措施，共同维护社会秩序，保护人民财产和生命安全。治安管理是一项重要的社会管理工作，它对于维护社会稳定、保障人民安居乐业具有不可替代的作用。

二、治安管理处罚的概念

治安管理处罚，是指公安机关依照《治安管理处罚法》等法律法规、规章，对违反治安管理规定的行为人实施的行政处罚。

（1）治安管理处罚是一种行政处罚行为。

（2）治安管理处罚的对象是违反治安管理的行为。

（3）治安管理处罚的范围主要是针对情节轻微但尚未构成犯罪的违法行为。

治安管理处罚与刑事处罚的区别：

（1）法律性质不同。治安管理处罚属于行政处罚，而刑事处罚是司法机关对犯罪行为作出的制裁措施。

（2）适用范围不同。治安管理处罚的对象主要是违反治安管理的行为，即尚未构成犯罪的违法行为，而刑事处罚的对象是犯罪行为。

（3）实施主体不同。治安管理处罚由公安机关实施，而刑事处罚是由人民法院、人民检察院和公安机关依照法律规定执行。

（4）实施的依据不同。治安管理处罚依据的是《中华人民共和国治安管理处罚法》等法律，而刑事处罚依据的是《中华人民共和国刑法》等法律。

（5）实施的程序不同。治安管理处罚按照简易程序和普通程序进行审理，而刑事处罚则必须依照法定程序进行审理。

三、治安管理处罚的特征

（一）治安管理处罚的实施主体是公安机关

根据《治安管理处罚法（修订草案）》的第7条规定，国务院公安部门负责全国的治安管理工作。县级以上地方各级人民政府公安机关负责本行政区域内的治安管理工作。公安机关在治安管理处罚中扮演着重要的角色。作为执法机构，公安机关有权对违反治安管理规定的行为进行处罚，以维护社会秩序和公共安全。

在实施治安管理处罚时，公安机关必须遵循法律程序和规定，确保处罚的合法性和公正性。首先，公安机关需要对违反治安管理规定的行为进行调查和取证，收集相关证据并查明事实。其次，公安机关需要根据调查结果，对违反治安管理规定的行为人进行相应的处罚决定。在这个过程中，公安机关必须遵循法律程序，保障当事人的合法权益，确保处罚的公正性和合法性。

除了对违反治安管理规定的行为进行处罚外，公安机关还需要积极开展预防和教育工作，加强社会治安综合治理。通过加强与社区、企事业单位等各方面的合作，积极开展宣传教育活动，提高公众对治安管理规定的认识和遵守意识，共同维护社会治安秩序和公共安全。

公安机关作为治安管理处罚的实施主体，需要在法律框架内积极履行职责，保障社会秩序和公共安全；同时，也需要加强与社会各界的合作，共同推动社会治安综合治理工作的开展。

（二）治安管理处罚对象是违反治安管理行为的人

《治安管理处罚法（修订草案）》第三条规定："扰乱公共秩序，妨害公共安全，侵犯人身权利、财产权利，妨害社会管理，具有社会危害性，依照《中华人民共和国刑法》的规定构成犯罪的，依法追究刑事责任；尚不够刑事处罚的，由公安机关依照本法给予治安管理处罚。"据此，违反治安管理行为的人应给予治安管理处罚。在《治安管理处罚法》第三章专章中明确设定了具体违反治安管理的行为，这为确定治安管理处罚对象提供了基本依据。

（三）治安管理处罚的性质是依职权的具体行政行为

1. 治安管理处罚行为是一种行政行为

所谓行政行为，是指行政主体实施行政管理、行使行政职权过程中所作出的具有法律意义的行为。治安管理处罚行为是公安机关针对违反治安管理规定的行为人所采取的处罚措施，包括警告、罚款、行政拘留等。这些处罚措施具有强制力和约束力，能够促使行为人遵守治安管理规定，维护社会秩序和公共安全。在治安管理处罚中，公安机关需要依法行使职权，确保处罚行为的合法性和公正性。同时，被处罚人也应当自觉遵守法律法规和社会公德，共同维护社会的和谐稳定。

2. 治安管理处罚是具体的行政行为

所谓具体的行政行为，是指行政机关在行政管理过程中，针对特定的人或事所采取的具体措施的行为。治安管理处罚是公安机关依法对特定的人或事所实施的行政行为，其行为的内容和结果将直接影响相对人的权益，所以是具体行政行为。

3. 治安管理处罚是依职权的行政行为

根据《治安管理处罚法（修订草案）》等相关规定，公安机关对报案、控告、举报或者违反治安管理行为人主动投案，在日常执法执勤中发现以及其他行政主管部门、司法机关移送的违反治安管理案件，应当及时受理，并进行登记，认为属于违反治安管理行为的，应当立即进行调查。在治安管理处罚过程中，公安机关是治安管理处罚活动的决定者和主导者，应依职权主动调查取证，查明案件事实，作出处理决定。

（四）治安管理处罚是一种行政制裁程序，以制裁性义务为内容

在《治安管理处罚法（修订草案）》中设定了治安管理处罚的程序，公安机关应严格按照法定程序确保实体处理的公正性。对违反治安管理行为的人应通过给予治安管理处罚来实现。因此，治安管理处罚是制裁违法行为的法律制度和法律措施的组成部分，以制裁义务为内容，其结果是对违反治安管理行为人处以相应制裁。

第二节　治安管理处罚的原则

一、治安管理处罚原则的概念

治安管理处罚原则，是指公安机关在实施治安管理处罚的过程中应当遵循的基本准则。治安管理处罚的原则贯穿于始终，具有全局性、根本性、指导性。

二、治安管理处罚的原则

依据《治安管理处罚法（修订草案）》第一章总则第6条的规定，治安管理处罚的原则具体体现为以下几个方面。

1. 以事实为依据的原则

以事实为依据的原则，是指公安机关在处理治安案件或问题时，必须以事实为依据，即根据客观事实来进行判断和决策。这一原则是现代法律体系和司法实践的基础之一，旨在确保案件处理的公正性和合理性。

具体来说，以事实为依据的原则具体包括以下几个方面：

（1）尊重事实。公安机关在处理案件或问题时，必须尊重客观事实，不能主观臆断或偏听偏信。调查和收集证据是确保事实真相的关键步骤，必须认真对待，决不能以主观想象、主观分析和主观判断作为依据。

（2）全面调查。在调查案件或问题时，必须进行全面、深入的调查，尽可能收集与案件相关的各种证据。同时，调查范围也不能局限于案件本身，还要考虑相关背景和环境因素。

（3）相互印证。在判断证据时，必须遵循相互印证的原则，即多个证据之间要相互印证，形成一个完整的证据链，以确保事实真相的准确性。

（4）排除合理怀疑。在处理案件或问题时，必须排除合理怀疑，确保所有证据的真实性和可信度。如果有任何合理怀疑存在，应当暂时搁置案件或问题，继续进行调查和收集证据。

（5）公开透明。在处理案件或问题时，应当公开透明，让公众了解案件或问题的进展和情况。这有助于增强公众对司法公正和合理性的信任和支持。

2. 过罚相当原则

过罚相当原则，是指行政机关在行使行政处罚权时，应当根据违法行为人的违法过错程度、社会危害程度等因素，合理地确定其所适用的处罚种类和幅度，避免出现处罚不当的情况。这一原则要求行政机关在设定和实施行政处罚时，应当遵循公正、公平、公开的原则，确保处罚的合理性和公正性。具体来说，过罚相当原则要求立法在设定治安管理处罚的种类、规定违反治安管理行为及其相应的处罚幅度、确定量罚时，要综合考虑各种不同的情况，做到每一项违反治安管理行为与其相应的处罚、各种违反治安管理行为及其处罚之间轻重合理、平衡，罚当其过，不能重罪轻罚或轻错重罚。

过罚相当原则的具体要求包括：

（1）行政处罚的种类和幅度应当与违法行为的事实、性质、情节以及社会危害程度相适应。

（2）对于情节轻微、尚未造成严重后果的违法行为，应当优先考虑给予批评教育、责令改正等较轻的行政处罚。

（3）对于情节严重、已经造成严重后果的违法行为，应当依法给予较重的行政处罚。

（4）对于连续违法、屡教不改的违法行为人，应当依法从重处罚。

（5）在实施行政处罚时，应当严格遵守法定程序和规定，确保处罚的合法性和公正性。

过罚相当原则是行政处罚中应当遵循的重要原则之一，它有助于确保行政处罚的合理性和公正性，维护社会公平正义。

3. 公开、公正原则

公开原则，包括治安管理处罚的依据公开和治安管理处罚公开两个方面。根据《治安管理处罚法（修订草案）》的规定，公安机关应当向社会公布治安管理处罚的依据，以便当事人和社会公众了解和监督。同时，公安机关在实施治安管理处罚时，应当依法公开处罚的程序、决定和结果，以便当事人和其他人了解和监督。这样做的目的是保障当事人的合法权益不受侵犯，同时也可以教育当事人和其他人，加强人民群众对公安机关治安管理工作的监督。具体来说，公开原则在《治安管理处罚法（修订草案）》中具体的体现包括：一是实施治安管理处罚的人员身份要公开，即办理治安案件的人民警察要在调查和实施处罚时，应向行政相对人出示证件，以表明其执法人员的身份；二是在作出治安管理处罚决定前，应当告知当事人作出治安管理处罚所依据的事实和理由，告知当事人依法享有的权利，要给当事人陈述和申辩的机会；三是制作治安管理处罚决定应公开，并向被处罚人宣布、送达，同时抄送给被侵害人。行政处罚决定书应当载明被处罚人的姓名、性别、年龄、身份证件的名称和号码、住址；违法事实和依据；处罚的种类和依据；处罚的执行方式和期限；对处罚决定不服，申请行政复议、提起行政诉讼的途径和期限；作出处罚决定的公安机关的名称及作出决定的日期。

公正原则要求在实施治安管理处罚时对当事人要平等对待，不得偏袒。公正包括实体公正和程序公正两个方面。实体公正是指公安机关在决定治安管理处罚时应当根据事实和法律规定进行裁决，不得偏袒任何一方。具体来讲，违法行为在情节、社会危害程度等方面基本相当的案件，对行为人的处罚也应当大体相同；违法行为在情节、社会危害程度等方面差异较大的，相应的处罚也应有明显区别。对违法情节、社会危害性相当的行为，施以不同的处罚，或者对违法情节、社会危害性相差悬殊的行为，施以相同的处罚，都违背公正原则。

程序公正是指在实施治安管理处罚时应当遵守法定程序，保障当事人的合法权益不受侵犯。公安机关在处理治安案件时，应当遵循公正原则，确保当事人的合法权益得到充分保障。程序公正的具体要求：（1）实施治安管理处罚的公安机关应保持中立，不得与案件的当事人或案件的处理结果有任何利害关系。（2）在个案中平等对待当事人，不得偏袒，不得因当事人身份、性别、职业、民族和宗教信仰等不同而区别对待。（3）充分保障违反治安管理行为人享有法律规定的各项程序性权利，如陈述、申辩和申请回避、要求听证等权利，以及提起行政复议、行政诉讼的救济权利，以便确保治安管理处罚的公正，维护当事人合法权益。

4. 尊重和保障人权原则

这一原则是《宪法》中关于"国家尊重和保障人权"规定在《治安管理处罚法（修订草案）》中的具体体现。公安机关在实施治安管理处罚时，必须充分尊重和保障人权，这是对人民警察执行职务的基本要求。

尊重和保障人权原则在治安管理处罚中的具体要求：公安机关在执行职务时，必须严格遵守法律规定的程序和权限，不得滥用职权或超越职权范围；必须以事实为依据，以法律为准绳，做到证据确凿、定性准确、处罚适当、适用法律正确；必须遵守法定程序，实行回避制度，保障当事人合法权益；必须尊重当事人的人格尊严和宗教信仰自由，不得歧视、侮辱或虐待当事人。

《治安管理处罚法（修订草案）》规定的违反治安管理行为的范围非常广泛，有扰乱公共秩序、妨害公共安全、侵犯人身权利和财产权利、妨害社会管理秩序等行为，几乎涉及自然人社会生活的方方面面，认定行为人是否构成违反治安管理行为，本身关系到违反治安管理行为人和被侵害人的合法权益；《治安管理处罚法（修订草案）》规定的调查取证措施、强制措施和处罚手段等对公民人身和财产权利的影响也很大，如涉及财产权利的扣押、收缴、追缴措施和罚款处罚，涉及经营权利的吊销许可证的处罚，尤其是涉及人身权利的行政拘留处罚。因此，尊重和保障人权，保护公民人格尊严的原则在治安管理处罚中尤为重要。这一原则在《治安管理处罚法（修订草案）》部分条款中有所体现，如严禁刑讯逼供或采取威胁、引诱、欺骗等非法手段取证的规定；关于检查、传唤询问程序和时限的规定；不得体罚、虐待、侮辱他人、不得超过传唤询问时间限制人身自由的规定；关于保障当事人的知情权、陈述权和申辩权、申请回避权、申请听证权、申请复议权、提起行政诉讼权等。

在治安管理处罚中贯彻保障公民权利的原则，有利于促进公安机关严格依法办事，增强执法公信力；有利于保护公民的合法权益不受侵犯，维护社会稳定和谐；有利于推动社会主义法治建设进程。因此，公安机关必须认真贯彻执行，始终坚持尊重和保障人权原则，以实际行动维护社会公正和法治秩序。

5. 教育与处罚相结合的原则

教育与处罚相结合原则，意味着在实施治安管理处罚时，不能单纯以惩罚为目的，而应当注重对违法者进行教育引导，使其认识到自己的错误并积极改正，达到维护社会治安秩序的目的。这一原则要求公安机关在办理治安案件时，应当对违法行为进行深入调查和分析，了解违法行为的背景和原因，掌握违法者的心理和行为特点，然后根据具体情况采取相应的教育措施，如批评教育、警示教育、责令改正等；同时，在实施处罚时，也应当根据违法行为的具体情况和社会危害程度，依法给予相应的处罚，如警告、罚款、行政拘留等。处罚的目的不是单纯的惩罚违法行为，而是要通过惩罚来强化社会治安秩序，维护社会公正和公平。这一原则体现了公安机关在办理治安案件中注重人性化、理性化和科学化的管理方式，旨在促进社会和谐稳定、维护人民群众的合法权益。

教育与处罚相辅相成，教育要以处罚为后盾，处罚要以教育为前提；处罚是一般结果，教育与处罚是整个治安案件办理过程中不可或缺的两种具体手段；通过治安案件办理过程中的教育与处罚两种手段的具体运用来达到教育本人、其他公民、法人和组织自觉守法的目的，预防和减少违法犯罪的发生。这一原则贯彻于治安管理处罚过程的始终。

第三节 治安管理处罚的法律依据

治安管理处罚的法律依据，是指公安机关对违反治安管理行为实施治安管理处罚所依据的法律、法规和规章的统称。治安管理处罚的法律依据，主要包括宪法、治安法律、治安行政法规、治安地方性法规、治安行政规章、司法解释。

一、宪法

宪法是国家的基本法律，是治国安邦的总章程，适用于全体公民，具有最高的法律效力。它规定了国家的根本制度和根本任务，是国家的根本法，具有不可替代的重要性。宪法所规定的内容，不仅关系到国家的长治久安，也关系到每个公民的基本权利和自由。因此，宪法是每个公民必须遵守的基本法律。宪法是国家的根本大法，是由最高国家权力机关——全国人民代表大会制定、通过和修改。

宪法包含了与治安相关的原则性规定，主要有：治安管理活动基本原则的规定、国家行政机关组织的规定、公民基本权利和义务的规定等。

从法律内涵来讲，治安与宪法有着密切的关系。一是我国宪法规定，国家尊重和保障人权，保护公民的人身自由、公民的合法财产不受侵犯。这是治安工作孜孜以求的价值目标。国家通过宪法与相关法律、法规赋予公安机关一定的权力，来维护社会秩序与保障公民权利等，通过人民警察的执法活动落实宪法的精神和价值。二是宪法中体现的尊重和保障人权、保护公民人身和财产安全的基本精神，不仅要依靠国家治安管理主体行使治安权来实现，更需要每个公民、社会组织等参与。

二、法律

法律有广义和狭义之分。广义法律是所有具有法律效力的规范性文件的统称。狭义法律，是指由全国人民代表大会及其常务委员会按照立法程序制定的规范性法律文件。狭义法律又分为基本法律和非基本法律。基本法律是由全国人民代表大会制定的，调整国家和社会生活中带有普遍性的社会关系的规范性法律文件的统称；非基本法律是由全国人民代表大会常务委员会制定的，调整国家和社会生活中某种具体社会关系或某一方面内容的规范性法律文件的统称。

我国现行关于治安管理处罚的法律有很多，属于基本法律层次的主要有《行政处罚法》和《行政诉讼法》。这两部法规定了治安行政案件的实体和诉讼程序，是治安管理处罚有关实体、程序方面的重要依据；属于非基本法律层次的主要有《治安管理处罚法》《公民出入境管理法》《人民警察法》《枪支管理法》《消防法》《居民身份法》《行政复议法》《交通安全法》《集会游行示威法》等。以上法律是我国公安机关在治安行政管理过程中实施治安管理处罚的重要法律依据。

三、行政法规

行政法规是指国家最高行政机关即国务院所制定的规范性文件，其法律地位和效力仅次于宪法和法律。国务院制定的行政法规，不得与宪法和法律相抵触。全国人大常委会有权撤销国务院制定的同宪法、法律相抵触的行政法规、决定和命令。

行政法规是国务院为领导和管理国家各项行政工作，根据宪法和法律，并且按照《行政法规制定程序条例》的规定而制定的政治、经济、教育、科技、文化、外事等各类法规的总称。行政法规的制定主体是国务院，行政法规根据宪法和法律的授权制定，行政法规必须经过法定程序制定。行政法规具有法的效力。行政法规一般以条例、办法、实施细则、规定等形式组成。发布行政法规需要国务院总理签署国务院令。

关于治安管理处罚依据的行政法律主要有《娱乐场所管理条例》《旅馆业治安管理办法》《大型群众性活动安全管理条例》《旅馆业治安管理办法》《民用爆炸物品安全管理条例》《烟花爆竹安全管理条例》《旅馆业治安管理办法》《卖淫嫖娼人员收容教育办法》《计算机信息系统安全保护条例》《计算机信息网络国际联网安全保护管理办法》等。

四、地方性法规

地方性法规，是指省、自治区和直辖市的人民代表大会及其常务委员会根据本地区的具体情况和实际需要，在法定权限内制定发布的适用于本地区的规范性文件。其效力仅次于宪法和法律，并遵循不抵触原则，即不得与宪法、法律和行政法规相抵触。

地方性法规的制定和发布需要经过法定的程序，并报全国人大常委会和国务院备案。在制定地方性法规时，需要依据宪法和有关组织法的规定，确保符合当地的实际情况和需要，并且具有规范性内容。

地方性法规的制定和发布对于促进地方经济和社会发展、规范地方行政管理和司法行为具有重要意义。同时，它也是我国法律体系的重要组成部分，对于保障公民权利、维护社会稳定和促进社会进步具有重要的作用。如河南省人大常委会制定的《河南省社会治安综合治理条例》及各地人大和人大常委会制定的《禁止赌博条例》和《严厉禁止卖淫嫖娼条例》等，均属于本行政区域公安机关实施治安管理处罚的具体法律依据。

五、自治条例和单行条例

自治条例和单行条例是民族自治地方根据当地民族的政治、经济和文化特点，依法制定和实施的地方性法规。

（1）自治条例是民族自治地方的综合性法规，涵盖了实行区域自治的基本原则、组织机构、权利义务、工作制度等方面的内容。

（2）单行条例则是针对某一方面事项制定的规范性法律文件，例如民族自治地方的经济、教育、文化、卫生等方面的具体规定。

自治条例和单行条例的区别主要在于批准和生效程序有所不同。自治区的自治条例和单行条例需要报全国人大常委会批准后生效；自治州、自治县的自治条例和单行条例需要报所在省或自治区的人大常委会批准后生效，并报全国人大常委会备案。

自治条例和单行条例是民族自治地方的重要法律文件，旨在促进民族地区的各项建设事业的发展，并维护当地民族的合法权益。在我国，内蒙古自治区、新疆维吾尔自治区、广西壮族自治区、宁夏回族自治区、西藏自治区的权力机关依照法定权限和程序制定和颁布适合本自治行政区的自治条例和单行条例。

六、行政规章

行政规章,是指国务院各部委以及各省、自治区、直辖市的人民政府和省、自治区的人民政府所在地的市以及设区市的人民政府根据宪法、法律和行政法规等制定和发布的规范性文件。

行政规章分为部门规章和地方政府规章两种。部门规章是指国务院的部、委员会和直属机构依照法律、行政法规或者国务院的授权制定的在全国范围内实施行政管理的规范性文件。地方政府规章是指有地方性法规制定权的人民政府依照法律、行政法规、地方性法规或者本级人民代表大会或其常务委员会授权制定的在本行政区域实施行政管理的规范性文件。如公安部或者公安部联合国务院其他部、委制定的部门规章也是治安管理处罚的重要依据,主要包括公安部《公安机关办理行政案件程序规定》《计算机病毒防治管理办法》《易制毒化学品购销和运输管理办法》《吸毒检测程序规定》《公安机关治安调解工作规范》等。与治安管理相关的地方政府规章,如2020年郑州市人民政府发布的《非机动车管理办法》等。

七、法律解释

法律解释,是指对法律和法规条文的含义所作的说明。法律解释可以按照不同标准分为多种类型。根据法律解释的主体和效力的不同,可分为有权解释和无权解释。有权解释也称正式解释、法定解释,是由特定的国家机关依照法律赋予的职权而作的解释,包括立法解释、司法解释和行政解释。法律解释一般有两种情况:一是法律规定需要进一步明确含义的;二是法律规定后出现新的情况,需要明确法律依据的。无权解释又分为学理解释和任意解释。

在《治安管理处罚法》《行政诉讼法》和《行政处罚法》施行以来,公

| 治安管理处罚的发展与变革 |

安部对如何具体应用法律进行了系统和系列性的解释和说明,如《公安机关执行〈中华人民共和国治安管理处罚法〉有关问题的解释》《关于公安机关贯彻实施〈行政诉讼法〉若干问题的通知》等。这些均是各级公安机关适用治安管理处罚的具体法律依据。

第二编 实体篇

第三章 违反治安管理行为

第一节 违反治安管理行为概述

一、违反治安管理行为的概念

《治安管理处罚法（修订草案）》第三条规定："扰乱公共秩序，妨害公共安全，侵犯人身权利、财产权利，妨害社会管理，具有社会危害性，依照《中华人民共和国刑法》的规定构成犯罪的，依法追究刑事责任；尚不够刑事处罚的，由公安机关依照本法给予治安管理处罚。"依据该规定，违反治安管理行为，是指违反治安管理法律法规，扰乱公共秩序、妨害公共安全、侵犯人身权利、财产权利，妨害社会管理，具有社会危害性，依照刑法的规定尚不够刑事处罚，由公安机关给予治安管理处罚的行为。

二、违反治安管理行为的特征

从违反治安管理行为的概念揭示了其有以下四个特征。

（一）社会危害性

行为人实施的违反治安管理行为，无疑具有一定的社会危害性质。这些行为，诸如扰乱公共秩序、妨害公共安全、侵犯公民人身权利、公私财产以及破坏社会管理秩序等，无一不在挑战法律和社会道德的底线。它们破坏了和谐的社会环境，侵害了他人的权益，甚至威胁到社会的稳定和安宁。因此，我们每个人都应该坚守法律和道德的规范，尊重他人的权利和尊严，自觉维护社会的和谐与稳定。

在实践中，社会危害性是公安机关认定某种行为是否属于违反治安管理行为的基础和前提条件。

（二）治安行政违法性

治安行政违法性，是指行为人违反了治安管理法律法规的规定，具有违法性，应受治安管理法律法规制裁的特性。从本质上说，违反治安管理行为违反的治安行政法律、法规、规章属于行政法范畴，行为的根本性质是治安行政违法行为。治安行政违法性是行为的社会危害性在法律上的一种表现，也是法律对违反治安管理行为的否定性评价。根据治安处罚法定原则，没有治安行政违法性，也就没有违反治安管理行为。

（三）情节轻微性

情节轻微性，是指某一违法行为的性质较轻，对社会的危害程度也较低。这样的违法行为往往被视为不够严重，因此在法律实践中，通常会采取较为宽大的处理方式。

依据《刑法》第十三条的规定，情节显著轻微且危害不大的行为，不被认为是犯罪。这一规定明确界定了情节轻微性在刑法中的适用范围，即当行为的性质和社会危害程度都显著轻微时，该行为就不会被视为犯罪。这体现了刑法对轻微违法行为的宽容态度，有助于实现刑法的公正与合理。

在法律实践中，对于具有轻微性质的违法行为，通常会采取一系列宽大的处理方式。这些方式可能包括口头警告、罚款、责令改正等，旨在纠正违法行为并防止其再次发生，同时避免对违法者造成过重的法律后果。这样的处理方式既体现了法律的严肃性，又兼顾了人性的关怀。

此外，违反治安管理行为往往被视为情节轻微且尚不够刑事处罚的违法行为。这类行为虽然违反了治安管理规定，但其性质和社会危害程度相对较低，因此通常不会受到刑事追究。然而，这并不意味着这些行为可以被忽视或纵容。相反，对于这类行为，公安机关和其他相关部门通常会依据治安管理法进行处理，以维护社会的公共秩序和安定。

（四）应受治安管理处罚性

应受治安管理处罚性是违反治安管理行为的一个显著特征，它强调了这类行为所应受到的特定法律制裁。这种处罚性质并非随意设定，而是基于违反治安管理行为的性质和危害程度来确定的。

治安管理处罚法所规定的处罚行为确实具有一定的社会危害性。这些行为虽然扰乱了公共秩序，侵犯了他人权益，但其性质和程度尚未达到构成犯罪的标准。因此，对于这类行为，我们不能以刑罚来论处，而是应该依据治安管理处罚法的相关规定进行处罚。

这种处罚的性质是由违反治安管理行为的性质和危害程度共同决定的。对于性质较轻、危害程度较小的行为，可能会受到警告或罚款等较轻的处罚；而对于性质较严重、危害程度较大的行为，则可能会受到拘留等更为严厉的处罚。

同时，违反治安管理行为的事实和证据必须确凿。只有在事实和证据充分、确凿的情况下，才能对行为人进行处罚。这也是保障法律公正、维护公民权益的重要原则。

此外，对于处警告或者二百元以下罚款的治安管理处罚决定，可以当场作出。这种快速、简便的处罚方式有助于提高执法效率，及时制止和纠正违法行为。然而，对于更为严重的违法行为或者涉及较大金额的罚款，则需要按照更为严格的程序进行处理。相比之下，依照刑法追究犯罪分子的刑事责任则必须严格遵循刑事诉讼程序。这是因为刑事责任的追究涉及对公民人身自由、财产权利等重大利益的剥夺或限制，因此必须确保程序的公正、合法和透明。

综上所述，应受治安管理处罚性是违反治安管理行为区别于犯罪的重要特征。这种处罚性质既体现了对违法行为的制裁和纠正，又保障了公民的合法权益和法律的公正实施。

应受治安管理处罚性与是否实际受到治安管理处罚是两个不同的概念。在《治安管理处罚法（修订草案）》第八十一条中第二款规定，有前款第1项行为（"非法种植罂粟不满五百株或者其他少量毒品原植物的"），在成熟前自行铲除的，不予处罚。该不予处罚相当于《刑法》规定的免予处罚，以行为构成违反治安管理行为为前提。因此，构成违反治安管理行为的不一定都实际受到治安管理处罚。

三、违反治安管理处罚行为与其他违法行为的区别

（一）违反治安管理处罚行为与犯罪行为的区别

违反治安管理处罚行为与犯罪行为虽然都是对社会规范的违反，但二者在多个方面存在显著的区别。

（1）性质不同。违反治安管理处罚行为属于行政违法的范畴，主要违反了社会管理的行政规定，是对公共秩序和社会安宁的轻微侵犯。犯罪行为则属于刑事违法的范畴，是对国家刑法所保护的社会关系的严重侵犯，具有刑事违法性。

（2）社会危害程度不同。违反治安管理处罚行为的社会危害性相对较小，通常表现为轻微扰乱公共秩序、侵犯他人权益等行为，如公共场所的轻微争执、不按规定饲养宠物等。犯罪行为的社会危害性则很大，包括杀人、抢劫、

强奸等严重侵犯人身、财产安全的行为，这些行为对社会的稳定和安全构成严重威胁。

（3）社会影响不同。违反治安管理处罚行为的社会影响相对有限，主要局限于特定场所或特定群体。犯罪行为则往往引起广泛的社会关注，对公众的安全感和社会稳定产生深远影响，甚至可能引发社会恐慌。

（4）法律后果不同。违反治安管理处罚行为的法律后果主要是行政处罚，如罚款、拘留等，这些处罚旨在纠正违法行为并维护社会秩序。犯罪行为的法律后果则是刑事责任，包括有期徒刑、无期徒刑、死刑等刑罚，这些刑罚的严厉性体现了对犯罪行为的严厉打击和惩罚。

（5）案件处理程序不同。违反治安管理处罚行为通常构成治安案件，由公安机关依据《治安管理处罚法》等行政法律法规进行处理，程序相对简便。犯罪行为则构成刑事案件，由司法机关依据《刑法》《刑事诉讼法》等刑事法律进行侦查、起诉和审判，程序严格且复杂。

（二）违反治安管理处罚行为与民事违法行为的区别

违反治安管理处罚行为与民事违法行为虽然都是对法律规范的违反，但二者在性质、处罚方式、归责原则和救济途径等方面存在显著的区别。

（1）从性质上看，违反治安管理处罚行为主要涉及对行政法规或治安管理规定的违反。这些规定旨在维护社会秩序和公共安全，确保公民的基本生活秩序得到保障。例如，在公共场所吸烟、大声喧哗或扰乱公共秩序等行为，都可能构成违反治安管理处罚行为。而民事违法行为则主要涉及到对民事法律关系的破坏，包括合同违约、侵犯他人财产权、名誉权等。这些行为可能对当事人之间的民事权益造成损害，影响社会经济秩序的正常运行。

（2）从处罚方式上来看，违反治安管理处罚行为通常由公安机关进行调查和处理。公安机关作为国家行政机关，拥有一定的行政强制力，可以对违法行为人进行罚款、拘留等行政处罚。这些处罚措施旨在及时纠正违法行为，维护社会治安秩序。而民事违法行为则主要通过民事诉讼或仲裁等方式解决。当事人需要向法院或仲裁机构提起民事诉讼或仲裁申请，通过司法程序来维护自己的合法权益。在民事诉讼中，法院会根据事实和证据作出判决，要求违法行为人承担相应的民事责任，如赔偿经济损失等。

（3）在追究法律责任的归责原则上，违反治安管理处罚行为与民事违法行为也存在差异。对于违反治安管理处罚行为，通常适用过错责任归责原则。这意味着要追究行为人的法律责任，必须证明其主观上存在过错，即故意或过失地违反了相关规定。而对于民事违法行为，除了过错责任归责原则外，还可能适用无过错责任和公平责任原则。这些原则在某些特定情况下，即使行为人没有过错，也可能需要承担一定的民事责任。

（4）在救济途径方面，两者也有所不同。对于违反治安管理处罚行为，当事人如果认为自己的权益受到侵害或处罚不当，可以通过行政复议或行政诉讼等方式寻求救济。这些途径旨在保护当事人的合法权益，确保行政机关依法行使职权。而对于民事违法行为，当事人则需要通过民事诉讼或仲裁等方式来维护自己的权益。在民事诉讼中，法院会根据事实和证据作出判决，为当事人提供法律救济。

（三）违反治安管理处罚行为与其他公安行政违法行为的区别

（1）从行政案件类别的角度来看，处理违反治安管理行为成立的是治安案件，这是其独特的案件性质。而其他公安行政违法行为，如道路交通安全违法行为，成立的是交通案件；违反户口和居民身份证管理行为则对应户口和居民身份证管理类案件；违反边防出入境管理行为对应边防出入境管理类案件等。这些不同类别的案件反映了各自特定的违法行为性质和涉及的法律领域。

（2）从违反的法律规定的角度来看，违反治安管理行为主要违反了《治安管理处罚法》。这是一部专门规定治安管理处罚的法律，对违反治安管理行为的性质、种类、处罚等作了明确规定。而其他公安行政违法行为则分别违反了各自领域的法律规定，如道路交通安全违法行为违反了《道路交通安全法》，违反户口和居民身份证管理行为违反了《户口登记条例》和《居民身份证法》，违反边防出入境管理行为违反了《出入境管理法》等。这些法律分别针对不同领域的公安行政违法行为进行了规范。

第二节 违反治安管理处罚行为的构成要件

一、违反治安管理行为的客体

违反治安管理行为的客体，即治安管理侵犯客体，是指违反治安管理行为直接指向并产生影响的对象。这些对象本质上是受法律保护的特定社会关系，这些关系涵盖了公共秩序、公共安全、公民的人身权利和财产权利等多个方面。

公共秩序作为治安管理的一个重要客体，它反映了社会生活的有序性和稳定性。任何破坏公共秩序的行为，如聚众扰乱公共场所秩序、交通秩序等，都会对社会生活的正常运转造成干扰，因此受到治安管理的制约。公共安全同样是治安管理关注的核心。公共安全涉及公众的生命、健康和财产安全，任何可能危害公共安全的行为，如非法携带、使用枪支弹药，或者违反爆炸物管理规定等，都是治安管理严厉打击的对象。公民的人身权利和财产权利也是治安管理保护的重要客体。公民的人身权利包括生命权、健康权、名誉权等，任何侵犯这些权利的行为，如殴打他人、侮辱他人等，都会受到治安管理的制裁。同时，公民的财产权利也受到严格的保护，盗窃、抢劫等侵犯财产权利的行为同样会受到法律的惩处。社会管理秩序也是违反治安管理行为可能侵犯的客体。这包括各种社会管理制度和规范的运行秩序，如赌博行为就是对社会管理秩序的破坏，因此也是治安管理打击的对象。

根据违反治安管理行为侵犯的社会关系的内容，可以将客体分为一般客体、同类客体和直接客体三种。这种分类有助于我们更加清晰地理解违反治安管理行为的性质、特点以及其所带来的社会影响。

一般客体，即共同客体，是指所有违反治安管理行为所共同侵犯的，受《治安管理处罚法》保护的社会关系整体。这种客体体现了违反治安管理行为的普遍性，无论何种形式的违反治安管理行为，都在一定程度上破坏了社会的和谐稳定与秩序。研究一般客体，有助于我们从整体上把握违反治安管理行为的本质，认识其与社会的对立关系，以及对其进行斗争的重要性。

同类客体，是指某一类违反治安管理行为所共同侵犯的某一部分或某一方面的社会关系。这种分类有助于我们深入理解各类违反治安管理行为的具体性质和社会影响。通过将不同的违反治安管理行为按照其侵犯的同类客体进行归类，我们可以更加准确地把握各类行为的特点和规律，为制定有效的治安管理措施提供依据。《治安管理处罚法（修订草案）》正是以违反治安管理行为的同类客体不同把所有的违反治安管理行为分为四大类：扰乱公共秩序的行为，妨害公共安全的行为，侵犯他人人身权利、财产权利的行为，妨害社会管理的行为。

直接客体，是指某一种违反治安管理行为直接侵害的具体的社会关系。这种客体反映了违反治安管理行为的直接性和具体性。通过分析直接客体，我们可以精确地了解每一种违反治安管理行为所侵犯的具体社会关系，从而有针对性地采取措施进行防范和打击。

在直接客体中，又分为单一客体和复杂客体。单一客体是指一种违反治安管理行为只侵犯一种具体社会关系,如盗窃行为只侵犯公私财产所有权;而复杂客体则是指一种违反治安管理行为侵犯两种以上具体社会关系,如寻衅滋事行为既侵犯公共秩序,也可能侵犯他人的人身或财产权利。在复杂客体中,主要客体决定了行为的类属,如寻衅滋事行为因主要侵犯公共秩序而被列入扰乱公共秩序行为之中。

侵害客体与侵害对象在违反治安管理行为中存在区别,同时它们之间也有着紧密的联系。这种区分和联系为我们深入理解违反治安管理行为的本质和影响提供了重要的视角。

首先,侵害客体是指违反治安管理行为所侵犯的社会关系,这是抽象的、非具体的。它代表了法律所保护的社会利益和价值,是判断行为是否违法的关键要素。而侵害对象则是违反治安管理行为直接作用的具体的人或物。它可以是受害者、被破坏的物品,或者是受到干扰的社会秩序等。侵害对象是侵害客体在现实生活中的具体体现,是客体得以存在的物质基础。

其次,侵害客体和侵害对象之间的联系在于,侵害对象作为载体,体现了侵害客体的存在和受损。换句话说,违反治安管理行为通过作用于具体的侵害对象,从而侵犯了相应的社会关系即侵害客体。侵害对象的变化和受损,是侵害客体受到侵害的直接反映。因此,在分析和判断违反治安管理行为时,我们需要同时考虑侵害客体和侵害对象,以全面把握行为的性质和后果。

最后,理解侵害客体和侵害对象的区别与联系,有助于我们更加准确地把握违反治安管理行为的本质和特点,为制定有效的治安管理策略提供指导。例如,在打击赌博行为时,我们不仅要关注赌博活动的具体参与者和赌资等侵害对象,更要深入理解赌博行为所侵犯的社会管理秩序这一侵害客体,从而制定更加有针对性的打击措施。

二、违反治安管理行为的客观方面

违反治安管理行为的客观方面,是指违反治安管理行为的具体表现形式,它是具体的、客观的。违反治安管理行为客观事实的情节有很多,如时间、地点、方法、危害行为、危害结果等。其中,危害行为、危害结果是违反治安管理行为必要要件,其他为选择要件。

(一)必要要件

1. 危害行为

危害行为在违反治安管理行为中扮演着核心角色,它既是行为人主观意识和意志的客观外在表现,也是判断行为是否构成违反治安管理的重要依据。危害行为的表现形式主要包括作为和不作为两种。

作为是指行为人用积极的行动实施《治安管理处罚法(修订草案)》所禁止的危害社会的行为。这种行为是直接的、明显的,对社会的危害也是显而易见的。在《治安管理处罚法(修订草案)》中,大部分违反治安管理行为都是以作为的形式表现出来。例如,非法限制他人人身自由、非法侵入住宅、非法搜查他人身体、卖淫、嫖娼和为赌博提供条件等行为,都属于作为的范畴。这些行为不仅违反了治安管理秩序,也对社会的公共安全和稳定造成了威胁。

与作为相反,不作为是指行为人有义务实施并且能够实施某种积极的行为而未实施的消极行为。这种行为的危害性虽然不如作为那么直接和明显,但同样不能忽视。例如,不按规定登记住宿旅客信息、不制止住宿旅客带入危险物质、明知住宿旅客是犯罪嫌疑人不报告等行为,都属于不作为的范畴。这些行为虽然看似是消极的,但它们却可能导致社会治安隐患的产生和扩大,甚至可能引发更严重的社会问题。

因此,在治安管理实践中,我们必须充分认识到危害行为的重要性,加强对作为和不作为两种形式的监管和打击力度;同时,也要加强对行为人主观意识和意志的引导和教育，提高他们的法律意识和道德素质，从根本上预防和减少违反治安管理行为的发生。

需要注意的是，对危害行为的认定和处罚应当遵循法律的原则和精神，确保公正、公平和合法。在认定危害行为时，应当综合考虑行为人的主观意图、行为的性质、情节和后果等因素，确保处罚的准确性和合理性；同时，也应当加强对行为人的教育和帮助，引导他们积极改正错误，回归社会正常生活。

2. 危害结果

危害结果是判断违反治安管理行为性质和处罚力度的重要依据，它反映了危害社会行为对《治安管理处罚法（修订草案）》所保护的社会关系造成的实际或潜在的损害。这种损害可以表现为实际发生的危害结果，也可以表现为具有发生一定危害结果的危险（可能）。

实际危害结果是指危害行为已经造成了一定的损害后果，例如盗窃行为造成被侵害人财产损失的事实，故意伤害行为导致他人身体受到伤害等。这些实际发生的危害结果是违反治安管理行为对社会关系造成的直接损害，必须依法予以处罚。

除了实际危害结果外，危害危险也是危害结果的一种重要表现形式。它指的是危害行为在一定条件下具有发生一定危害后果的可能性和危险性。例如，在铁路上放置障碍物的行为，即使没有实际阻碍火车通行或造成火车损坏的后果，但由于这一行为已经使铁路运输处于危险状态，具有潜在的社会危害性，因此也被视为一种危害结果。对于这类危害危险行为，虽然不要求实际危害结果发生，但同样需要依法予以处罚，以防止潜在危害的扩大和转化为实际危害。

在认定危害结果时，需要综合考虑行为的性质、情节、手段以及后果或潜在危害的严重性。对于情节、手段是否恶劣，后果或潜在危害是否严重，往往需要参照《刑法》及其司法解释的规定加以认定。例如，对于非法携带枪支、弹药、管制器具的行为，客观上只要求有危及公共安全的危险，不要求有实际危害结果，但情节必须不恶劣，否则可能构成犯罪。同样，对于非法携带管制刀具的数量也有明确的限制，超过一定数量就可能构成犯罪。

3. 因果关系

在探讨违反治安管理行为的因果关系时，我们关注的是危害行为与所引发的社会危害性之间的内在联系。这种联系应当是内在的、必然的、直接的，它揭示了行为与其结果之间的逻辑链条。因果关系不仅是理解违反治安管理行为性质的关键，也是确定行为人责任的基础。

具体而言，因果关系要求危害行为直接导致了某种危害结果或危险状态的发生。这种直接性排除了其他外部因素的干扰，确保了行为与结果之间的直接联系。同时，必然性意味着在相同或相似的条件下，该行为通常会引发相应的结果，体现了因果关系的稳定性和可预测性。

在判断因果关系时，我们需要运用逻辑推理和常识判断，结合具体的案件情况进行分析。例如，对于非法携带管制刀具的行为，我们需要分析该行为是否增加了公共安全的风险，以及这种风险是否实际导致了危害结果的发生。如果行为确实增加了风险，且该风险最终导致了实际危害结果，那么我们可以认定该行为与结果之间存在因果关系。

需要注意的是，因果关系并非简单的"一对一"关系。在复杂的情况下，一个危害结果可能由多个行为共同导致，或者一个行为可能引发多个危害结果。因此，在认定因果关系时，我们需要全面考虑各种可能的情况，确保分析的准确性和客观性。

此外，我们还应当注意区分事实上的因果关系与法律上的因果关系。事实上的因果关系是客观存在的，而法律上的因果关系则是基于法律规定和司法实践对事实因果关系的认定和解释。在处理违反治安管理行为的案件时，我们应当依据法律规定和司法解释，正确认定和处理因果关系问题。

通过深入分析和理解因果关系，我们可以更加准确地把握行为的本质和危害程度，为制定有效的治安管理措施提供有力的支持。

（二）选择要件

选择要件在违反治安管理行为中扮演着特定的角色，它并非所有此类行为的必备条件，而是针对某些特定行为的特殊要求。这些选择要件通常包括时间、地点、方法（手段）等因素，它们对于判断行为的性质、程度和法律责任具有重要意义。

以公共场所故意裸露身体的行为为例，这一行为之所以被认定为违反治安管理，关键在于其发生的地点——"公共场所"。这里的"公共场所"就是该行为的选择要件之一，它限定了行为发生的空间范围，从而突出了该行为的社会危害性和违法性。然而，并非所有违反治安管理的行为都需要在特定的地点发生，因此，"公共场所"这一要件对于整体而言是选择性的。

在选择要件的应用中，我们需要注意其针对性和灵活性。针对不同的违反治安管理行为，选择要件可能有所不同，这就要求我们在具体案件中根据实际情况进行分析和判断。同时，选择要件的存在也体现了法律的精细化和差异化，使得对违反治安管理行为的认定和处理更加准确和公正。

此外，我们还需要认识到选择要件与必备要件之间的关系。虽然选择要件并非所有行为的必备条件，但在某些特定行为中却是必不可少的。因此，在处理违反治安管理行为的案件时，我们既要关注必备要件的存在与否，也要重视选择要件的作用和影响。

三、违反治安管理行为主体

违反治安管理行为主体是《治安管理处罚法（修订草案）》中一个关键的概念，它指的是实施了该法律所禁止的危害社会行为，并依法应承担治安行政责任的公民或单位。这一主体概念的明确，对于准确认定和处理违反治安管理行为具有重要意义。

（一）自然人

自然人作为违反治安管理行为的主体，其承担治安行政责任的能力受到年龄和法定责任能力的限制。根据《治安管理处罚法（修订草案）》的相关规定，我们可以对自然人主体的条件进行如下详细解析。

首先，自然人必须达到治安行政责任年龄。法律明确了不同年龄段的责任能力。不满14周岁的人被视为无责任能力者，因此他们即使实施了违反治安管理的行为，也不会受到处罚。但法律同时规定，监护人应对其进行严加管教，以确保其不再犯类似错误。14周岁至18周岁的人属于相对负责任年龄阶段，他们在违反治安管理时，处罚会相对从轻或减轻。对于18周岁以上的成年人，他们被视为完全负责任年龄阶段，需要对自己的行为承担全部责任。

其次，自然人必须具有法定责任能力。这包括辨认能力和控制能力两个方面。辨认能力意味着自然人能够清楚地认识到自己行为的性质、意义和可能产生的后果。控制能力则是指自然人能够按照自己的意愿和判断来支配自己的行为。除了年龄因素，精神状态也是判断自然人责任能力的重要因素。例如，精神病人在无法辨认或控制自己行为的情况下违反治安管理，不会被处罚，但监护人需要对其进行严格看管和治疗。而间歇性的精神病人在精神正常时违反治安管理，则需要承担相应的责任。《治安管理处罚法(修订草案)》第十三条规定，"精神病人在不能辨认或者不能控制自己行为的时候违反治安管理的，不予处罚，但是应当责令其监护人严加看管和治疗。间歇性的精神病人在精神正常的时候违反治安管理的，应当给予处罚。"《治安管理处罚法（修订草案）》第十四条规定，"盲人或者又聋又哑的人违反治安管理的，可以从轻、减轻或者不予处罚。"

此外，自然人主体还可以分为一般主体和特殊主体。一般主体是指只要达到责任年龄、具备责任能力的自然人，都有可能成为违反治安管理行为的主体。这类主体涉及的违法行为较为普遍，如抢夺、诈骗、敲诈勒索等。而特殊主体则是指在具备一般主体条件的基础上，还需要具备特定的身份、资格或状态。例如，某些违反治安管理行为只有具备特定身份的人才能实施，如旅馆业工作人员不按规定登记住宿旅客信息的行为。

总的来说，自然人作为违反治安管理行为的主体，其责任能力的判断受到年龄、精神状态以及特定身份等多种因素的影响。在执法过程中，必须充分考虑这些因素，确保对自然人的处罚既合法又合理。

（二）单位

单位包括公司、企业、事业单位、机关、团体等。

单位作为违反治安管理行为的主体，具有其独有的特征和处理方式。

（1）单位违反治安管理行为必须是经过单位决策，并以单位的名义实施的。这意味着单位的决策机构或负责人或授权的主管人员必须同意并决定这一行为。这种决策过程体现了单位的集体意志和行动。

（2）单位违反治安管理行为的目的是为了谋取不正当利益，且违法所得归单位所有。这表明单位作为一个整体，通过违反治安管理的行为来获取经济利益或其他不正当利益。

对于单位违反治安管理的处罚，存在双罚制和单罚制两种方式。双罚制既处罚单位本身，也处罚单位的直接责任人员。这种处罚方式旨在既对单位进行惩罚，又追究个人责任，以达到全面遏制违法行为的效果。而单罚制则只处罚单位的直接责任人员，不对单位本身进行处罚。具体采用哪种处罚方式，需要根据相关法律法规的规定和具体案件的情况来确定。

根据《治安管理处罚法（修订草案）》第十八条的规定，"单位违反治安管理的，对其直接负责的主管人员和其他直接责任人员依照该法进行处罚。"这意味着对于单位违反治安管理的行为，个人的责任是不可推卸的。同时还规定，如果其他法律、行政法规对同一行为规定了对单位的处罚，那么还应依照这些规定进行处罚。

以《民用爆炸物品安全管理条例》为例，该条例对非法制造、买卖、运输、储存民用爆炸物品的行为进行了明确规定。对于单位未经许可购买、运输民用爆炸物品的行为，公安机关可以责令停止相关活动，并处以罚款，同时没收非法购买、运输的民用爆炸物品及其违法所得。在处罚时，对单位的直接负责的主管人员和其他直接责任人员的处罚适用《治安管理处罚法（修订草案）》第十八条，而对单位的处罚则适用《民用爆炸物品安全管理条例》的相关规定。

四、违反治安管理行为的主观要件

违反治安管理行为的主观要件是判断行为人是否承担治安行政责任的关键因素。它涉及行为人对自己行为可能产生的社会危害性的认识和态度。根据行为人的主观心理态度，可以将违反治安管理行为分为故意和过失两种形式。

故意是行为人明知自己的行为会导致危害社会的结果，并且对这种结果持希望或放任的态度。故意包括直接故意和间接故意。直接故意是行为人预见到行为必然或可能导致危害结果，并希望这种结果发生。间接故意则是行为人预见到行为可能导致危害结果，但采取放任的态度，既不积极追求也不设法避免。

过失是行为人应当预见到自己的行为可能产生危害社会的结果，但由于疏忽大意没有预见，或者已经预见但轻信能够避免。过失分为疏忽大意的过失和过于自信的过失。疏忽大意的过失是行为人因粗心大意未能预见到可能的危害结果。过于自信的过失则是行为人虽然预见到可能的危害结果，但错误地认为能够避免，从而导致了危害结果的发生。

正确区分故意和过失对于治安案件的查处至关重要。这不仅关系到行为人的法律责任认定，也关系到维护社会公正和治安秩序的稳定。在实际执法过程中，执法人员需要仔细分析行为人的主观心理态度，结合客观事实和证据，准确判断行为人的主观要件，确保治安案件得到公正、合理的处理。

此外，对于故意和过失的区分，还需要考虑行为人的认知能力和精神状态等因素。不同人的认知能力和精神状态可能影响他们对行为可能产生后果的预见和判断，因此在判断行为人主观要件时，需要充分考虑这些因素。

第三节　违反治安管理行为的种类

《治安管理处罚法（修订草案）》第三章专章规定了违反治安管理的行为。对违反治安管理行为依据其侵犯的同类客体分为四大类：扰乱公共秩序行为，妨害公共安全的行为，侵犯人身权利、财产权利的行为，妨害社会管理的行为。《治安管理处罚法（修订草案）》第二十五条至八十七条规定了这四种违反治安管理的行为。

一、扰乱公共秩序行为

扰乱公共秩序行为是指故意扰乱公共场所的秩序，使工作、生产、营业和教学等活动无法正常进行的行为。扰乱公共秩序行为侵害的同类客体是公共秩序。公共秩序主要包括社会管理秩序、生产秩序、工作秩序、交通秩序和公共场所秩序等。它是由法律、行政法规，以及国家机关、企业事业单位和社会团体的规章制度等所确定的，为维护社会公共生活所必需的秩序。遵守公共秩序是中国公民的基本义务之一，关系到人们的生活质量，也关系到社会的文明程度。

《治安管理处罚法》第二十五条至三十四条规定了扰乱公共秩序行为。

（1）扰乱单位、公共场所、公共交通和选举秩序行为。具体包括扰乱机关、团体、企业、事业单位秩序；扰乱车站、港口、码头、机场、商场、公园、展览馆或者其他公共场所秩序的；扰乱公共汽车、电车、火车、船舶、航空器或者其他公共交通工具上的秩序的；非法拦截或者强登、扒乘机动车、船舶、航空器以及其他交通工具，影响交通工具正常行驶的；破坏依法进行的选举秩序的。

（2）扰乱国家考试的行为。具体包括组织作弊的；为他人组织作弊提供作弊器材或者其他帮助的；为实施考试作弊行为，向他人非法出售或者提供考试试题、答案的；代替他人或者让他人代替自己参加考试的。

（3）扰乱大型群众性活动秩序行为。具体包括强行进入场内的；在场内燃放烟花爆竹或者其他物品的；展示侮辱性或者煽动扰乱公共秩序等内容的标语、条幅等物品的；围攻裁判员、运动员或者其他工作人员的；向场内投掷杂物，不听制止的等行为。

（4）散布谣言，谎报险情、疫情、警情；投放虚假的爆炸性、毒害性、放射性、腐蚀性物质或者传染病病原体等危险物质扰乱公共秩序的；扬言实施放火、爆炸、投放危险物质等行为扰乱公共秩序的行为。

（5）寻衅滋事行为。具体包括结伙斗殴的；追逐、拦截他人的；强拿硬要或者任意损毁、占用公私财物行为。

（6）利用封建迷信、会道门进行非法活动行为。具体包括组织、教唆、胁迫、诱骗、煽动从事邪教、会道门活动，利用邪教、会道门、迷信活动危害社会和冒用宗教、气功名义危害社会等。

（7）故意干扰无线电业务、对无线电台（站）产生有害干扰行为。具体包括故意干扰无线电业务正常进行，拒不消除对无线电台（站）的有害干扰等。

（8）危害计算机信息系统安全行为。具体包括非法侵入计算机信息系统，非法改变计算机信息系统功能，非法改变计算机信息系统数据和应用程序，故意制作、传播计算机破坏性程序等。

（9）实施传销活动。具体包括组织、领导传销活动，胁迫、诱骗他人参加传销活动，多次参加传销活动的行为。

（10）有损纪念英雄烈士行为。具体包括在公共场所从事有损纪念英雄烈士环境和氛围的活动，在公共场所或者强制他人在公共场所穿着、佩戴有损中华民族精神、伤害中华民族感情的服饰、标志，制作、传播、宣扬、散布有损中华民族精神、伤害中华民族感情的物品或者言论，亵渎、否定英雄烈士事迹和精神，宣扬、美化侵略战争和侵略行为，寻衅滋事以侮辱、诽谤或者其他方式侵害英雄烈士的姓名、肖像、名誉、荣誉，损害社会公共利益，侵占、破坏、污损英雄烈士纪念设施的行为。

二、妨害公共安全的行为

妨害公共安全的行为是一种极其严重的违法行为，它直接威胁到社会公共秩序和公众的生命财产安全。这种行为包括但不限于非法活动、暴力威胁、破坏行为以及骚扰行为等，它们对个人和社会造成的伤害是巨大的，而且可能引发连锁反应，导致更为严重的后果。

妨害公共安全的行为侵害的同类客体是公共安全，即不特定多数人的生命、健康、重大公司财产以及社会生产、工作、生活的安全。具体包括社会公众生活安全、国家领土安全、航空安全、铁路行驶安全、道路运输安全等。《治安管理处罚法》第三十五条到四十六条规定了多种妨害公共安全的行为。

（1）制造、买卖、储存、运输、邮寄、携带、使用、提供、处置危险物质行为。

（2）危险物质被盗、被抢或者丢失，未按规定报告的行为。

（3）非法携带枪支、弹药或者弩、匕首等国家规定的管制器具行为。

（4）盗窃、损毁公共设施，移动、损毁国（边）境标志设施，影响国（边）境管理行为。具体包括盗窃、损毁公共设施，移动、损毁国家边境的界碑、界桩以及其他边境标志、边境设施、领土、领海基点标志设施，非法进行影响国（边）界限走向的活动，非法修建有碍国（边）境管理的设施等行为。

（5）妨害公共交通工具的行为。具体包括盗窃、损毁油气盗窃、损坏、擅自移动使用中的公共交通工具设施、设备，或者强行进入公共交通工具驾驶舱；在使用中的航空器上使用可能影响导航系统正常功能的器具、工具，不听劝阻的；以抢夺方向盘或者拉扯、殴打驾驶人等方式妨碍公共交通工具驾驶的行为。

（6）妨害铁路、城市轨道交通安全行为。具体包括盗窃、损毁或者擅自移动铁路、城市轨道交通设施、设备、机车车辆配件或者安全标志的；放置障碍物，或者故意向列车投掷物品的；在铁路、城市轨道交通线路、桥梁、涵洞处挖掘坑穴、采石取沙的；私设道口或者平交过道的；在铁路、城市轨道交通线路上行走坐卧，抢越铁路、城市轨道的行为。

（7）擅自安装使用电网、道路施工妨碍通行安全、破坏道路施工安全设施、路面公共设施行为、升放携带明火的孔明灯和从建筑物中抛掷物品，有危害他人人身安全、公私财产安全或者公共安全危险的行为。

（8）违反规定举办大型活动行为。

（9）公共场所经营管理人员违反安全事故规定行为。

（10）治安保卫重点单位存在治安隐患的行为

（11）"黑飞"等危及国家安全、公共安全的违法行为。

三、侵犯人身权利、财产权利的行为

侵犯人身权利、财产权利的行为，是指行为人违反法律，给公民的人身权利和财产权利造成损害的违法行为。

中华人民共和国宪法明确规定了公民的基本权利与义务，其中包括对生命健康权、人格尊严权、通信自由和通信秘密等重要权利的法律保护。这些规定体现了国家对公民个人权益的尊重和保障，是构建法治社会的基础。

在《治安管理处罚法（修订草案）》中，对于人身权利的保护有一定的界定。该法主要关注的是那些尚未构成犯罪，但违反了治安管理规定的行为。因此，它对于人身权利的保护并不包括生命权和妇女性不可侵犯权等具有严重人身侵害性的权利。这些权利一旦受到侵害，其性质往往更为严重，通常会被视为犯罪行为，由刑法来进行规制和处罚。

同时，《治安管理处罚法（修订草案）》也明确了对财产权利的保护，包括财产所有权和使用权。这意味着，对于侵犯他人财产所有权和使用权的行为，即使尚未构成犯罪，也可以根据该法进行处罚。这有助于维护社会的经济秩序和公民的财产安全。

《治安管理处罚法（修订草案）》第四十七条到五十八条规定了侵犯人身权利、财产权利的行为。

（1）非法进行恐怖表演、强迫劳动、限制自由、侵入住宅和搜查人身行为。具体包括组织、胁迫、诱骗不满十六周岁的人或者残疾人进行恐怖、残忍表演的；强迫他人劳动的；非法限制他人人身自由、非法侵入他人住宅或者非法搜查他人身体的行为。

（2）非法乞讨行为。具体包括胁迫、诱骗或者利用他人乞讨；反复纠缠、强行讨要或者以其他滋扰他人的方式乞讨的行为。

（3）非法威胁、侮辱、诽谤、陷害、打击报复、信息干扰和侵犯他人隐私权行为。具体包括威胁他人人身安全公然侮辱他人或者捏造事实诽谤他人；捏造事实诬告陷害他人；对证人及其近亲属进行威胁、侮辱、殴打或者打击报复；违反监察机关在监察工作中、司法机关在刑事诉讼中采取的禁止接触证人、鉴定人、被害人及其近亲属保护措施的；多次发送淫秽、侮辱、恐吓等信息或者采取滋扰、纠缠等其他方法，干扰他人正常生活的；偷窥、偷拍、窃听、散布他人隐私行为。

（4）殴打、伤害他人行为。具体包括结伙殴打、伤害他人的；殴打、伤害残疾人、孕妇、不满十四周岁的人或者六十周岁以上的人的；多次殴打、伤害他人或者一次殴打、伤害多人的行为。

（5）猥亵他人行为。具体包括猥亵他人；猥亵智力残疾人、精神病人、不满十四周岁的人。

（6）虐待和遗弃家庭成员行为。

（7）破坏交易行为。

（8）破坏民族团结行为。具体包括煽动民族仇恨、民族歧视，或者在出版物、计算机信息网络中刊载民族歧视、侮辱内容的行为。

（9）侵犯个人信息的行为。具体包括向他人出售或者提供个人信息的；窃取或者以其他方法非法获取个人信息的行为。

（10）冒领、隐匿、毁弃、倒卖、私自开拆或者非法检查他人寄递物品的行为。

（11）盗窃、诈骗、哄抢、抢夺或者敲诈勒索的行为。

（12）故意损毁公私财物的行为。

四、妨害社会管理的行为

妨害社会管理行为确实侵害的是社会管理活动及其维护的社会管理秩序，这是对社会正常运作和公共利益的直接威胁。社会管理活动涉及众多领域，包括行政机关、司法机关以及各种社会组织的管理活动，它们共同构成了社会管理的主体。

国家机关及其工作人员在社会管理中发挥着至关重要的作用。他们通过制定和执行法律法规，维护社会秩序，保障公民的合法权益。同时，各种社会组织也积极参与社会管理，通过提供服务、协调关系等方式，推动社会和谐稳定发展。

本类行为侵害的社会管理秩序具体包括国家机关正常公务活动，国家对印章、公文、证件、证明文件、有价票证、特种行业等的治安管理秩序，国边境管理秩序，文物管理秩序以及国家对"黄赌毒"等社会丑恶现象的查禁活动等。

《治安管理处罚法（修订草案）》第五十九条到八十七条规定了妨害社会管理的行为。

（1）拒不执行政府的决定、命令和阻碍执行公务行为。具体包括拒不执行人民政府在紧急状态情况下依法发布的决定、命令的；阻碍国家机关工作人员依法执行职务,或者拒不执行公安机关出具的禁止家庭暴力告诫书的;阻碍执行紧急任务的消防车、救护车、工程抢险车、警车等交通工具通行的;强行冲闯公安机关设置的警戒带、警戒区或者检查点的行为。

(2)招摇撞骗行为。

(3)伪造、变造、买卖、倒卖公文、证件、印章以及有家票证、船舶户牌等行为。具体包括伪造、变造或者买卖、出租、出借、买卖或者使用伪造、变造的国家机关、人民团体、企业、事业单位或者其他组织的公文、证件、证明文件、印章的;伪造、变造、倒卖车票、船票、航空客票、文艺演出票、体育比赛入场券或者其他有价票证、凭证的;伪造、变造船舶户牌,买卖或者使用伪造、变造的船舶户牌,或者涂改船舶发动机号码的行为。

(4)船舶擅自进入、停靠国家禁止、限制进入的水域或者岛屿的。

(5)违反规定进行社团活动的擅自经营特许行业行为。具体包括非法以社团名义活动,被撤销登记的社团继续活动和擅自经营需公安机关许可的行业。

(6)煽动、策划非法集会、游行、示威行为。

(7)旅馆业违反规定行为。具体包括不按规定登记住宿人员姓名、有效身份证件种类和号码等信息的,或者为身份不明、拒绝登记身份信息的人提供住宿服务的;明知住宿人员违反规定将危险物质带入住宿区域,不予制止的;明知住宿人员是犯罪嫌疑人员或者被公安机关通缉的人员,不向公安机关报告的;明知住宿人员利用旅馆实施犯罪、违反治安管理行为,不向公安机关报告的行为。

(8)房屋出租违反规定行为。具体包括房屋出租人将房屋出租给身份不明、拒绝登记身份信息的人的,或者不按规定登记承租人姓名、有效身份证件种类和号码等信息的;房屋出租人明知承租人利用出租房屋实施犯罪、违反治安管理行为，不向公安机关报告的行为。

（9）行业经营者不按规定登记信息或者未将登记信息报送公安机关的行为。

（10）非法使用、提供窃听、窃照等专用器材的行为。

（11）典当业、收购业违反规定行为。具体包括典当业工作人员承接典当的物品，不查验有关证明、不履行登记手续，或者明知是违法犯罪嫌疑人、赃物，不向公安机关报告的；收购铁路、油田、供电、电信、矿山、水利、测量和城市公用设施等废旧专用器材的；收购公安机关通报寻查的赃物或者有赃物嫌疑的物品的行为。

（12）妨害执法秩序行为。具体包括隐藏、转移、变卖、擅自使用或者损毁行政执法机关依法扣押、查封、冻结、扣留、先行登记保存的财物的；伪造、隐匿、毁灭证据或者提供虚假证言、谎报案情，影响行政执法机关依法办案的；明知是赃物而窝藏、转移或者代为销售的；明知是犯罪的人而为其提供隐藏处所、财物，帮助其逃匿的；被依法执行管制、剥夺政治权利或者在缓刑、暂予监外执行中的罪犯或者被依法采取刑事强制措施的人，有违反法律、行政法规或者国务院有关部门的监督管理规定的行为；违反人民法院刑事判决中的禁止令或者职业禁止决定的行为。

（13）依法被关押的违法行为人脱逃的行为。

（14）违反文物管理规定行为。具体包括刻划、涂污或者以其他方式故意损坏国家保护的文物、名胜古迹的；在文物保护单位附近进行爆破、钻探、挖掘等活动，危及文物安全的行为。

（15）非法驾驶交通工具行为。具体包括偷开他人机动车的；未取得驾驶证驾驶或者偷开他人航空器、机动船舶的行为。

（16）破坏他人坟墓、尸体行为。具体包括故意破坏、污损他人坟墓或者毁坏、丢弃他人尸骨、骨灰的;在公共场所停放尸体或者因停放尸体影响他人正常生活、工作秩序,不听劝阻的行为。

(17)卖淫、嫖娼和在公共场所拉客招嫖的行为。

(18)在公共场所故意裸露身体的行为。

(19)引诱、容留、介绍他人卖淫的行为。

(20)作、运输、复制、出售、出租淫秽物品和传播淫秽信息的行为。

(21)组织播放淫秽音像、组织或者进行淫秽表演和参与聚众淫乱活动的行为。

(22)参与赌博和为赌博提供条件的行为。

(23)违反毒品原植物管理规定行为。具体包括非法种植罂粟不满五百株或者其他少量毒品原植物的;非法买卖、运输、携带、持有少量未经灭活的罂粟等毒品原植物种子或者幼苗的;非法运输、买卖、储存、使用少量罂粟壳的行为。

(24)非法持有、向他人提供、吸食、注射毒品和非法开具麻醉、精神药品行为。

(25)引诱、教唆、欺骗或者强迫他人吸食、注射毒品的行为。

(26)非法生产、经营、购买、运输用于制造毒品的原料、配料的行为。

(27)吸毒、赌博、卖淫、嫖娼活动通风报信的行为。

(28)制造噪声干扰正常生活的行为。

(29)饲养、放任动物干扰正常生活行为。

第四章 治安管理处罚的种类及适用

第一节 治安管理处罚的种类

《治安管理处罚法（修订草案）》第十条，对于违反治安管理行为的处罚有着明确的分类和规定。治安管理处罚的种类分为：警告、罚款、行政拘留、吊销公安机关发放的许可证。此外，对违反治安管理的外国人，可以附加适用限期出境或者驱逐出境。这一条不仅涵盖了针对一般违反治安管理行为的处罚种类，还特别提到了对违反治安管理的外国人的附加处罚措施。

一、警告

警告是治安管理处罚中最轻微的一种形式，它主要侧重于对违法者的精神惩戒和名誉警示，而不是直接限制或剥夺其人身、财产等实体权利。

警告，是指公安机关依法对违反治安管理的行为人以处罚决定的方式作出谴责和告诫，指出其违法行为，使其不致再犯的一种治安管理处罚。公安机关通过正式的决定方式，对违反治安管理的行为人进行谴责和告诫，明确指出其违法行为，并警示其不再重犯。

警告通常适用于那些违反治安管理情节轻微、危害后果较轻的情况。通过警告，可以使违法者认识到自己的错误，并提醒其注意遵守法律法规，从而起到预防和避免再次违法的作用。

此外，警告作为一种申诫罚，也体现了处罚与教育相结合的原则。它不仅仅是对违法者的惩罚，更是一种教育和引导的手段，旨在帮助违法者认识到自己的错误，并促使其自觉遵守法律法规，维护社会治安和公共秩序。因此，在实际执法过程中，公安机关应当根据违法行为的性质、情节和社会危害程度等因素，合理运用警告这一处罚方式，既达到惩戒违法的目的，又注重教育和引导违法者改过自新。

二、罚款

罚款是公安机关对违反治安管理行为人实施的一种财产罚，它要求违法者在一定期限内向国家缴纳一定数额的金钱。这种处罚方式在治安管理处罚中具有广泛的适用性，既可以单独适用，也可以与其他处罚方式并用。

《治安管理处罚法》根据不同性质的违反治安管理行为，设定了不同幅度的罚款，以体现处罚的针对性和合理性。这些罚款幅度的设定，既考虑了违法行为的性质和情节，也考虑了违法者的经济承受能力。通过这样的设定，既可以确保罚款处罚既能起到惩戒作用，又不会过分加重违法者的经济负担。

《治安管理处罚法（修订草案）》对不同性质的违反治安管理行为，规定了不同的罚款幅度，大致可分为：200 以下；200 元以上 500 元以下；500 元以下；1000 元以下；500 元以上 1000 元以下；1000 元以上 5000 元以下；2000 元以下；3000 元以下；5000 元以下等。

需要注意的是，罚款只是一种处罚手段，其目的在于教育和引导违法者认识错误、改正行为。因此，在实施罚款处罚时，公安机关应当遵循法定程序，确保处罚的公正、公平和合法。同时，也应当加强对罚款执行的监督和管理，防止出现滥用罚款、乱罚款等现象。

三、行政拘留

行政拘留是治安管理处罚种类中最严厉的一种处罚。行政拘留确实是治安管理处罚中最严厉的一种形式，它直接限制了违法者的人身自由。这种处罚方式通常适用于那些严重违反治安管理但尚未构成犯罪的情况，当警告和罚款等较轻的处罚方式不足以起到惩戒作用时，公安机关会考虑采取行政拘留。行政拘留的期限虽然相对较短，但对于被拘留者来说，无疑是一种严厉的惩罚，能够起到有效的震慑作用。

行政拘留，是指公安机关依法对违反行政管理秩序的公民短期采取限制其人身自由的一种治安管理处罚。

行政拘留的特点：

（1）行政拘留的裁决权属于县级以上公安机关。这意味着，只有县级以上公安机关才有权对违反治安管理的行为人作出行政拘留的决定。这种权力的设置，确保了行政拘留的严肃性和权威性，同时也避免了权力的滥用。

（2）行政拘留作为一种处罚方式，其严厉性仅次于刑事处罚。它通常适用于那些严重违反治安管理规定，但尚未构成犯罪的行为。当警告和罚款等较轻的处罚方式无法起到有效的惩戒作用时，公安机关会考虑采取行政拘留。这种处罚方式能够直接限制违法者的人身自由，从而起到强烈的震慑作用。

（3）行政拘留的期限特点是短而明确。根据《治安管理处罚法（修订草案）》的规定，行政拘留的期限为1日以上15日以下。当违法行为人因多个违法行为被合并处罚时，其被拘留的总期限最多不得超过20日。同时，法律还根据违法行为的性质和情节，将拘留期限分为三个等级：5日以下、5日以上 10 日以下和 10 日以上 15 日以下。这种规定既体现了对违法行为的惩戒力度，又确保了处罚的公正性和合理性。

四、吊销公安机关发放的许可证

吊销公安机关发放的许可证，是一种资格罚，其目的在于剥夺违法者从事特定活动或行业的资格，以达到预防和制止其再次违法的目的。这种处罚方式具有针对性和有效性，能够直接针对违法者的行为能力和资格进行限制，从而起到强烈的震慑作用。

公安机关发放的许可证种类繁多，涵盖了特种行业、烟花爆竹运输、民用爆炸物品购买和运输等多个领域。这些许可证的发放和管理，是公安机关履行治安管理职责的重要方面。通过严格审查和管理，公安机关能够确保相关行业的安全和秩序，维护社会的稳定和安宁。

当行为人违反治安管理规定，且情节严重到需要吊销其许可证时，公安机关会依法作出吊销许可证的决定。这种处罚不仅剥夺了行为人从事特定活动的资格，还对其声誉和信誉造成了严重影响，有助于引导行为人自觉遵守法律法规，维护行业的良好秩序。

五、限期出境或者驱逐出境

限期出境是一种相对较为温和的处罚方式，它主要是给予违反治安管理的外国人一定的期限，要求其在规定的时间内自行离境。这种处罚方式既体现了对违法行为的惩戒，又给予了被处罚人一定的自主性。在限期出境期间，公安机关会注销被处罚人的有效签证或停留居留证件，并监督其离开。如果被处罚人未能在规定的期限内离境，公安机关可以进一步采取遣送出境的措施。

而驱逐出境则是一种更为严厉的处罚方式。它是对在我国境内违反治安管理的外国人采取的强制离境措施。与限期出境不同，驱逐出境可以采取强制带离等强制措施，确保被处罚人离开我国国（边）境。此外，被驱逐出境的外国人还会受到一定期限的入境限制，这进一步体现了对违法行为的严厉打击。

这两种处罚方式虽然有所不同，但都是针对违反治安管理的外国人的有效管理手段。它们既能够维护我国的治安秩序，又能够保障外国人在我国的合法权益。在实际应用中，公安机关会根据违法行为的性质、情节以及被处罚人的具体情况，灵活选择适用哪种处罚方式，以达到最佳的管理效果。

同时，这两种处罚方式也都遵循了法律程序，确保了处罚的公正性和合法性。外国人对处罚决定不服的，可以依法申请行政复议，这体现了我国法律制度的完善和对人权的尊重。

第二节　治安管理处罚的相关措施

除上述治安管理处罚措施外，还有与之相配套的非处罚性质的措施，与治安管理处罚相辅相成。

一、对财物的法律措施

1. 收缴

收缴，是指公安机关依法将办理治安案件所查获的违禁品等非法财物，强制地收归国家所有的一种法律措施。《治安管理处罚法（修订草案）》第11条第一款规定，"办理治安案件所查获的毒品、淫秽物品等违禁品，赌具、赌资、吸食、注射毒品的用具以及直接用于实施违反治安管理行为的本人所有的工具,应当收缴,按照规定处理。"据此,收缴的范围非常明确,包括毒品、淫秽物品等违禁品,赌具、赌资,吸食、注射毒品的用具,以及直接用于实施违反治安管理行为的本人所有的工具。这些物品由于其非法性和危害性,必须被收缴并依法处理。

关于收缴的决定权,通常由县级以上公安机关来行使。但是,对于某些特定情况,如违禁品、吸食或注射毒品的器具,以及非法财物价值较小且当事人对财物价值无异议的情况,公安派出所也可以进行追缴。这样的规定既确保了收缴工作的严肃性和权威性,又体现了灵活性和效率性。

2. 追缴

追缴,是指公安机关在办理治安案件中,对于违反治安管理所得的财物依法追回并予以处理的一种强制措施。《治安管理处罚法(修订草案)》第十一条第二款规定,"违反治安管理所得的财物,追缴退还被侵害人;没有被侵害人的,登记造册,公开拍卖或者按照国家有关规定处理,所得款项上缴国库。"

在追缴过程中,决定权通常由县级以上公安机关行使。然而,如果追缴的财物应当退还给被侵害人,那么公安派出所也可以进行追缴。这一规定既确保了追缴工作的专业性和权威性,又提高了处理效率,使得受害者能够更快地获得赔偿。

二、对人身的法律措施

1. 责令严加管教

责令严加管教,是指公安机关对不满十四周岁的违反治安管理的人,要求其监护人对其进行管教的义务,避免其再次违反治安管理处罚的措施。这一措施的核心在于,通过强化监护人的管教责任,预防未成年人再次涉及违法行为。《治安管理处罚法（修订草案）》第十二条规定，"不满十四周岁的人违反治安管理的，不予处罚，但是应当责令其监护人严加管教。"这一规定体现了法律对未成年人的宽容和教育为主的原则。但同时，法律也要求责令其监护人严加管教，以确保未成年人能够在正确的引导下健康成长，避免再次走上违法之路。

责令严加管教的实施，需要公安机关与监护人之间的紧密配合。公安机关应当明确告知监护人其管教责任的重要性，并提供必要的指导和帮助。监护人则应当切实履行管教义务，加强对未成年人的日常教育和监督，确保其遵守法律法规，树立正确的价值观念。

此外，为了更有效地实施这一措施，还可以考虑建立相关的监督机制，对监护人的管教情况进行定期检查和评估。对于未能履行管教责任的监护人，可以依法采取相应的措施，以确保未成年人的权益得到切实保障。

2. 责令严加看管和治疗

责令严加看管和治疗，是指公安机关对精神病人违反治安管理的，要求其监护人对其履行看管、治疗的义务，避免其再次违反治安管理处罚的措施。这一措施的实施，既是对精神病人的一种约束，也是对其监护人履行看管、治疗义务的一种督促。《治安管理处罚法（修订草案）》第十三条规定，"精神病人在不能辨认或者不能控制自己行为的时候违反治安管理的，不予处罚，但是应当责令其监护人严加看管和治疗。间歇性的精神病人在精神正常的时候违反治安管理的，应当给予处罚。"该条体现了法律对于精神病人特殊状况的考虑，避免对其进行不当的处罚。然而，这并不意味着对精神病人的行为放任不管。相反，法律明确要求责令其监护人严加看管和治疗，以防止其再次违反治安管理。对于间歇性的精神病人，当其精神正常时违反治安管理，则应当给予相应的处罚。

3. 保护性约束措施

保护性约束措施，是指公安机关对醉酒的人或精神病人，在本人有危险或对他人的人身、财产或对公共安全有威胁时，采取的限制其人身自由的一种保护性措施。《治安管理处罚法（修订草案）》第十五条第2款规定，"醉酒的人在醉酒状态中，对本人有危险或者对他人的人身、财产或者公共安全有威胁的，应当对其采取保护性措施约束至酒醒。"

三、对行为的法律措施

1. 限制进入特定场所或区域

限制进入特定场所是指公安机关根据法律法规等相关规定，对实施危害社会治安秩序或者威胁公共安全的行为人禁止进入特定的区域和场所。这些区域和场所可能包括小学、幼儿园等儿童集中的场所，也可能包括给他人带来潜在危险的场所等。根据《治安管理处罚法（修订草案）》第二十七条第二款规定，"因扰乱体育比赛秩序被处以拘留处罚的，可以同时责令其一至三年内不得进入体育场馆观看同类比赛。"

2. 强行带离现场

强行带离现场，是指公安机关依法对正在实施危害社会治安秩序或者威胁公共安全的行为人，依法采取必要手段将其强行带离现场的一种强制措施。根据《治安管理处罚法（修订草案）》第二十七条第二款规定，"违反规定进入体育场馆的，强行带离现场，处五日以下拘留或者一千元以下罚款。"

3. 责令停止活动

责令停止活动，是指公安机关为了维护公共安全，防止发生安全事故，对于违反有关规定、有发生安全事故危险的文化、体育等大型群众性活动，责令其举办停止活动，并立即将人员疏散的行政强制措施。根据《治安管理处罚法（修订草案）》第四十三条规定，"举办文化、体育等大型群众性活动，违反有关规定，有发生安全事故危险，经公安机关责令改正而拒不改正或者无法改正的，责令停止活动，立即疏散。"

4. 责令改正

责令改正，是指公安机关责令违反治安管理行为人停止和纠正违法行为，以消除或减轻不良后果，恢复正常秩序的行政命令。责令改正具有事后救济性，其目的是为了恢复原状，维持法定的秩序或者状态。根据《治安管理处罚法（修订草案）》第四十四条规定，"旅馆、饭店、影剧院、娱乐场、运动场、展览馆或者其他供社会公众活动的场所违反安全规定，致使该场所有发生安全事故危险，经公安机关责令改正而拒不改正的，对其直接负责的主管人员和其他直接责任人员处五日以下拘留；情节较重的，处五日以上十日以下拘留。"

5. 取缔

取缔，是指公安机关对于擅自经营的按照国家规定需要由公安机关许可的行业，明令取消和禁止经营的行政强制措施。根据《治安管理处罚法（修订草案）》第六十三条规定，"未经许可，擅自经营按照国家规定需要由公安机关许可的行业的。有前款第三项行为的，予以取缔。被取缔一年内又实施的，处十日以上十五日以下拘留，并处三千元以上五千元以下罚款。"

四、其他特殊措施

1. 社区戒毒

社区戒毒，是指由城市街道办事处、乡（镇）人民政府负责，在社区的牵头和监管下，整合家庭、社区、公安以及卫生、民政等力量和资源，使吸毒成瘾人员在社区里实现戒毒。这一概念主要源于2008年6月1日开始实施的《中华人民共和国禁毒法》，该法指出，乡镇（街道、社区）政府是基层开展禁毒、戒毒工作的主体，并确定了自愿戒毒、社区戒毒、强制隔离戒毒、社区康复戒毒等几种戒毒形式，其中社区戒毒成为戒毒的主阵地。

为了搞好社区戒毒工作，社区需要整合力量，与戒毒人员签订协议书。每个社区戒毒人员将由家属、社区干部、公安以及卫生、民政部门人员组成监护小组，期限为3年。公安人员将随时对戒毒人员进行尿检。对于就业困难、生活困难的吸毒人员，有关部门将通过劳动技能培训、纳入低保等方式给予帮助。如不配合社区戒毒，将解除戒毒协议，由公安机关实行强制戒毒。

2. 强制隔离戒毒

强制隔离戒毒是《中华人民共和国禁毒法》所规定的戒毒措施之一。它是指对吸毒成瘾严重人员，由县级以上公安机关决定，送至由公安机关或司法行政部门设立的强制隔离戒毒所执行，为期2年的戒毒措施。该措施集生理脱毒、心理康复和社会回归为一体，旨在帮助戒毒人员戒除毒瘾，恢复健康。在强制隔离戒毒所，戒毒人员将接受有针对性的生理脱毒、心理治疗和身体康复、社会适应性训练，同时参加必要的生产劳动，接受职业技能培训，学习法律知识、禁毒知识和防复吸训练及不良行为矫治。

3. 社区康复

戒毒工作中的社区康复，是指对被解除强制隔离戒毒的人员，由城市街道办事处、乡（镇）人民政府利用社区资源，为戒毒人员提供必要的戒毒康复、心理辅导、职业技能培训等服务的戒毒措施。

社区康复是戒毒工作的重要环节，它通过在社区环境中实施一系列的康复措施，旨在帮助吸毒成瘾者戒掉毒品，并重新融入社会。社区康复不仅关注身体的康复，更注重心理和社会层面的康复，通过提供心理辅导、职业培训、家庭关系调整等方面的支持，帮助戒毒者建立健康的生活方式，提高自我控制能力，从而有效地防止复吸。

社区康复不超过3年，自期满之日起解除。对解除强制隔离戒毒的人员，强制隔离戒毒的决定机关可以责令其接受社区康复，制作社区康复决定书，送达本人和家属，通知本人户籍所在地或者现居住地乡（镇）人民政府、城市街道办事处。

社区康复在当事人户籍所在地或者现居住地乡（镇）人民、城市街道办事处执行，经当事人同意，也可以在县级以上地方各级人民政府开办的戒毒康复场所或者社会力量依法开办的公益性戒毒康复场所执行。被责令接受社区康复的人员，应当自收到社区康复决定书之日起15日内到户籍所在地或者现居住地乡（镇）人民政府、城市街道办事处报到，签订社区康复协议。

社区康复期限届满时，应当解除社区康复。社区康复执行地公安机关应当出具解除社区康复通知书，送达康复人员本人和家属，并在7日内通知社区康复执行地城市街道办事处、乡（镇）人民政府。

第三节 治安管理处罚适用的规定

一、影响治安管理处罚裁量幅度的情节

公安机关在对违法行为人进行治安管理处罚裁量时，应考虑违反治安管理行为以及行为人的各方面情况，方可判断行为人的责任程度，从而为选择治安管理处罚提供依据。

1. 法定情节

法定情节，是指法律、法规、规章明文规定的，在裁量时必须予以考虑的各种情节。法定情节有从重、从轻、减轻和免除处罚的情节。如《治安管理处罚法（修订草案）》第十二条规定，"已满十四周岁不满十八周岁的人

违反治安管理的，从轻或者减轻处罚"；第十四条规定，"盲人或者又聋又哑的人违反治安管理的，可以从轻、减轻或者不予处罚"。

2. 酌定情节

酌定情节，是指法律、法规、规章未作明文规定，但根据有关立法精神、法律原则，由公安机关在治安管理案件中总结出来的，裁量处罚时应酌情适用的情节。如主观动机、行为人的经济状况、品行、实施违反治安管理行为的时间和地点等。

3. 从宽情节

从宽情节，是指公安机关在对违反治安管理规定的行为人进行处罚时，根据其行为的具体情况，可以对其从轻、减轻或者不予处罚的情节。从宽情节，具体包括不予处罚、从轻处罚或者减轻处罚情节。

4. 从严情节

从严情节，是指在治安管理处罚过程中，对某些特定行为或情况的处理要比一般的处罚更加严格。从严情节，包括从重处罚情节和加重处罚情节。

二、治安管理处罚的适用方式

（一）不再处罚

在一定期限内，如果行为人实施了违反治安管理的行为，公安机关将依法追究其责任。但如果超过了规定的有效期限，将不再对其进行治安管理处罚。

《治安管理处罚法（修订草案）》第二十四条关于治安管理处罚的追究时效的规定，为我们理解和执行治安管理处罚提供了明确的指导。《治安管理处罚法（修订草案）》第二十四条第一款规定，"违反治安管理行为在六个月内没有被公安机关发现的，不再处罚。"可见，治安管理处罚的追究时效是6个月。该法第二十四条第二款规定,"前款规定的期限,从违反治安管理行为发生之日起计算;违反治安管理行为有连续或者继续状态的,从行为终了之日起计算。"

在本条规定中,应注意以下问题:(1)关于"发现"的理解。这里的"发现"应当指的是公安机关发现违反治安管理行为的事实,而非仅仅是发现行为人。这意味着,即使公安机关在六个月内未找到具体的行为人,但只要发现了违反治安管理行为的事实,那么该行为仍然可能受到处罚。(2)对于在六个月内已被公安机关发现的违反治安管理行为,如果因客观原因未能查明行为人,或者行为人逃避调查导致处罚无法执行,这并不意味着行为人就可以逃避处罚。公安机关仍然有权继续追究行为人的责任,确保法律的公正实施。(3)如果被侵害人在追究时限内向公安机关提出控告,公安机关应受理而未受理的,则不受治安管理处罚的追究时效的限制。(4)关于"不再处罚"的理解。这里的"不再处罚"指的是因超过追究期限而不再追究违反治安管理行为人的治安管理处罚责任。但这并不意味着对行为人完全不予处理。公安机关仍然可以对行为人进行批评教育,以帮助其认识错误并改正行为。同时,行为人仍然需要承担可能存在的其他法律责任。

(二)不予处罚、从轻处罚、减轻处罚、从重处罚与加重处罚

1. 不予处罚

不予处罚,是指行为人违反治安管理行为,或依法定情形不给予治安管理处罚的情形。

不予处罚的情形有两种:应当不予处罚和可以不予处罚。

应当不予处罚的情况:(1)不满十四周岁的人违反治安管理的,不予处罚。(2)精神病人在不能辨认或者不能控制自己行为的时候违反治安管理的,不予处罚。(3)对于因民间纠纷引起的打架斗殴或者损毁他人财物等

违反治安管理行为，情节较轻的，公安机关可以调解处理。经公安机关调解，当事人达成协议的，不予处罚。（4）非法种植罂粟不满五百株或者其他少量毒品原植物的，在成熟前自行铲除的，不予处罚。

可以处罚的情形：（1）盲人或者又聋又哑的人违反治安管理的，可以从轻、减轻或者不予处罚。（2）违反治安管理有下列情形之一的，从轻、减轻或者不予处罚：情节轻微的；主动消除或者减轻违法后果的；取得被侵害人谅解的；出于他人胁迫或者诱骗的；主动投案，向公安机关如实陈述自己的违法行为的；有立功表现的。

2. 从轻或减轻处罚

从轻处罚，是指在法律规定的处罚种类和幅度内对行为人适用较轻种类或者较小幅度的处罚。减轻处罚，是指在法律规定的处罚幅度以下确定具体的处罚种类和幅度。减轻处罚既包括处罚种类的减轻，也包括处罚幅度的减轻。

从轻或减轻处罚的情形：（1）已满十四周岁不满十八周岁的人违反治安管理的，从轻或者减轻处罚。（2）盲人或者又聋又哑的人违反治安管理的，可以从轻、减轻或者不予处罚。（3）违反治安管理有下列情形之一的，从轻、减轻或者不予处罚：情节轻微的；主动消除或者减轻违法后果的；取得被侵害人谅解的；出于他人胁迫或者诱骗的；主动投案，向公安机关如实陈述自己的违法行为的；有立功表现的。

《公安机关〈中华人民共和国治安管理处罚法〉有关问题的解释（二）》对于减轻处罚情形的具体规定，为公安机关在实际执法过程中提供了明确的指导。这些规定确保了治安管理处罚的公正性和合理性，同时也体现了对违法行为人的教育为主、惩罚为辅的原则。根据该规定，适用减轻处罚的情形：（1）法定处罚种类只有一种，在该法定处罚种类的幅度以下减轻处罚；（2）法定处罚种类只有一种，在该法定处罚种类的幅度以下无法再减轻处罚的，不予处罚；（3）拘留并处罚款的，在法定处罚幅度以下单独或者同时减轻拘留和罚款，或者在法定处罚幅度内单处拘留；（4）拘留可以并处罚款的，在拘留的法定处罚幅度以下减轻处罚，在拘留的法定处罚幅度以下无法再减轻处罚的，不予处罚。

3. 从重或加重处罚

从重处罚，是指在法律规定的处罚种类和幅度范围内对违反治安管理行为适用较重的处罚。加重处罚，是指在违反治安管理行为基本处罚内容上额外设定的处罚更重的情节。

从重处罚的情形：（1）违反治安管理有下列情形之一的，从重处罚：有较严重后果的；教唆、胁迫、诱骗他人违反治安管理的；对报案人、控告人、举报人、证人打击报复的；一年内曾受过治安管理处罚的。（2）以侮辱、谩骂、威胁、围堵、拦截等方式阻碍人民警察依法执行职务的，从重处罚。（3）冒充军警人员招摇撞骗的，从重处罚。（4）引诱、容留、介绍未成年人卖淫的，从重处罚。（5）淫秽物品或者淫秽信息中涉及未成年人的，从重处罚。（6）未成年人从事组织播放淫秽音像的；组织或者进行淫秽表演的；参与聚众淫乱活动的，从重处罚。（7）聚众、组织吸食、注射毒品的，对首要分子、组织者从重处罚。（8）引诱、教唆、欺骗或者强迫未成年人吸食、注射毒品的，从重处罚。

在《治安管理处罚（修订草案）》中有多处关于加重处罚的情形，其社会危害性较为严重。如在《治安管理处罚（修订草案）》第三十七条第一款中规定了对非法携带枪支、弹药或者弩、匕首等国家规定的管制器具的行为设定了基本处罚内容；第二款设定了非法携带枪支、弹药或者弩、匕首等国家规定的管制器具进入公共场所或者公共交通工具的加重处罚情节。

（三）单处或并处处罚

单处处罚，是指依照法律规定，对一种违反治安管理行为只能适用一种处罚种类的处罚。如《治安管理处罚法（修订草案）》第八十条规定，"以营利为目的，为赌博提供条件的，或者参与赌博赌资较大的，处五日以下拘留或者一千元以下罚款；情节严重的，处十日以上十五日以下拘留，并处一千元以上五千元以下罚款。"凡在条文中注明"处……拘留或以下……罚款"的或"处警告或者……以下罚款"的，均表示单处处罚。

并处处罚，是指依照法律规定，对一种违反治安管理行为可以适用两种或两种以上处罚种类的处罚。在《治安管理处罚法（修订草案）》中，对大部分违反治安管理行为的处罚规定了并处，以"可以并处"和"并处"注明。如《治安管理处罚法（修订草案）》第六十条规定，"冒充国家机关工作人员招摇撞骗的，处十日以上十五日以下拘留，可以并处一千元以下罚款；情节较轻的，处五日以上十日以下拘留。"又如第六十六条第一款规定，"房屋出租人明知承租人利用出租房屋实施犯罪、违反治安管理行为，不向公安机关报告的，处一千元以上三千元以下罚款；情节严重的，处五日以下拘留，并处三千元以上五千元以下罚款。"

第三编　程序篇

第五章 治安案件的受案

第一节 治安案件的概述

一、治安案件的概念

治安案件,又称为治安行政案件,是指那些涉及行为人违反治安管理法律法规,并由公安机关依法立案处理的法律事实。

这一概念涉及以下几个要点:

(1)违反治安管理法律法规。治安案件的核心在于行为人违反了与治安管理相关的法律法规。这些法律法规通常涉及公共秩序、公共安全、公民权益保护等方面,旨在维护社会的和谐稳定。

(2)公安机关依法立案。治安案件由公安机关负责处理。当公安机关接到报案、发现或者认为有必要对某一行为进行调查时,会依法对该案件进行立案,并展开相应的调查取证工作。

(3)法律事实。治安案件不仅是违法事实的发生,还涉及一系列的法律程序。公安机关在处理治安案件时,必须遵循法律程序,确保案件处理的公正性和合法性。

(4)行政性质。治安案件属于行政案件范畴,与刑事案件和民事案件有所不同。治安案件的处理结果通常涉及行政处罚，如罚款、拘留等，而非刑事责任的追究或民事责任的赔偿。

二、治安案件的构成要件

1. 前提条件

行为人有实施违反治安管理行为或违反治安管理嫌疑行为发生的事实。

（1）客观事实要件。行为人客观上实施了对社会有一定危害性的行为，这一行为必须是违反治安管理法律、法规的行为，而非违反其他行政管理法律或触犯刑法的行为。这一要件强调行为的客观性和违法性，即行为必须实际发生，且必须违反了治安管理的相关规定。

（2）行为主体要件。治安案件的行为主体必须是具有责任能力的自然人或单位。这意味着，只有具备相应行为能力的个人或组织，才能成为治安案件的违法行为人。同时，这些行为人必须达到治安管理处罚的责任年龄，具备相应的辨认和控制自己行为的能力。

（3）违法性要件。违法行为人必须实施了违反治安管理法律、法规的行为，这是构成治安案件的核心要件。这些行为通常包括扰乱公共秩序、妨害公共安全、侵犯他人人身权利、侵犯公私财物、妨害社会管理秩序等行为。

（4）处罚必要性要件。虽然行为人实施了违反治安管理法律、法规的行为，但并非所有此类行为都会构成治安案件。只有当这些行为达到一定程度，且有必要给予治安管理处罚时，才构成治安案件。例如，对于某些轻微违法行为，公安机关可能选择进行口头警告或批评教育，而不予处罚。

2. 程序要件

治安案件的构成还需要满足一定的程序要件，包括公安机关的立案、调查取证、告知权利、作出处罚决定等程序。这些程序要件确保了治安案件处理的合法性和公正性。

第二节　治安案件的受案

一、治安案件受案的概念

治安案件的受案，是指公安机关对报案、控告、举报或者违反治安管理行为人主动投案，以及其他机关移送的违反治安管理案件，进行受理、登记并予以审查、确认的法律活动。

二、治安案件受案的意义

（1）治安案件受案的意义在于启动案件处理程序，它是案件处理的开始，也是公安机关对报案、控告、举报等材料进行审查，判断是否立案的必经程序。只有经过受案，才能进一步开展调查、取证，从而查明案件事实，对违法行为人进行相应的处理，确保案件得到及时、公正、合法地处理。

（2）受案有助于维护社会秩序和公共安全。通过对治安案件的受案，公安机关能够及时发现和处置各种违法治安管理行为，可以对案件展开调查，收集证据，有效维护社会稳定和公共安全。

（3）受案也是保障公民合法权益的重要手段。在受案过程中，公安机关需要对违反治安管理的行为进行严格的审查和核实，以确保不会对无辜公民造成不必要的困扰和侵害。同时，受案也能够为当事人提供法律救济途径，保障其合法权益。

三、治安案件受案的来源

（1）报案。这是最常见的来源之一。当公民或单位发现有违反治安管理事实发生，有权向公安机关报案，以便公安机关能够及时介入调查。

（2）控告。被侵害人的人身权利、财产权利遭受违反治安管行为不法侵害的事实，向公安机关进行揭露与告发，要求依法追究其法律责任的行为。

（3）举报。个人或单位向公安机关检举、揭发违反治安管理行为人及其违反治安管理事实的行为。

（4）群众扭送。用于将违反治安管理行为的人送交公安机关处理。这种措施通常在紧急情况下使用，以防止治安管理行为的人逃脱或再次实施违反治安管理行为。在扭送过程中，公民应当遵守法律程序和规定，不得对嫌疑人进行虐待、侮辱或者伤害。同时，公安机关也应当依法接受扭送，并进行必要的调查和处理。

（5）违反治安管理行为人主动投案。行为人实施违反治安管理行为后，在行为被发现前，主动向公安机关自动投案，如实交代自己的违法行为。

（6）110报警服务台指令。110报警服务台作为公安机关的重要窗口和快速反应机制，在接到警情后会迅速、有效地进行指令和处置。针对不同类型的警情，110报警服务台会采取相应的指令措施，以确保警情得到及时、妥善的处理。

对于一般的警情，110报警服务台会通过内部网络系统，快速生成并派发警情单。这些警情单会详细记录警情的内容、地点、性质等关键信息，并直接发送至辖区派出所等相关单位。辖区派出所根据接收到的警情单，会迅速组织警力前往现场进行处置。同时，派出所还会通过警综平台，实时反馈处警情况，包括到达现场的时间、处置措施、处置结果等，以便110报警服务台能够全面掌握警情处置的进展情况。

对于重大紧急的警情，110报警服务台则会立即启动紧急处置程序。首先，他们会通过无线电台等通讯方式，迅速指令街面PTU巡逻组、应急处突力量以及其他街面巡逻警力前往现场进行先期处置。这些警力通常具备快速反应和处置突发事件的能力，能够在第一时间控制现场局势，防止事态进一步恶化。同时，110报警服务台还会同步指令辖区派出所和其他相关警种前往现场，根据现场情况采取相应的处置措施。

在重大紧急警情的处置过程中，110报警服务台还会与现场警力保持密切沟通，实时了解现场情况，并根据需要调整处置策略。同时，他们还会协调其他相关部门和单位，共同参与到警情的处置工作中，形成合力，确保警情得到快速、有效的解决。

（7）公安机关主动发现。公安机关在日常巡逻、执勤过程中，也可能主动发现一些违反治安管理行为的事实、线索，从而立案调查。

（8）其他部门移送。在某些情况下，其他行政主管部门或司法机关在工作中发现的治安案件，会移送公安机关进行进一步调查处理。

四、治安案件受案的步骤

（一）接受报案，及时受理登记

1.及时接受报案并做好报案登记

报案是公安机关获取案件线索的重要途径，因此，接报案人员需要保持高度的警觉性和责任心。当报案人通过电话、邮件或当面报案等方式联系公安机关时，接报案人员应迅速响应，确保报案人的陈述能够得到及时、准确的记录。

在听取报案人的陈述时，接报案人员应展现出礼貌和耐心，这不仅有助于建立信任，还能让报案人更加愿意提供详细和准确的信息。同时，接报案人员还需具备敏锐的观察力和判断力，以便从报案人的陈述中捕捉到关键信息。

报案登记是接报案环节的核心工作。接报案人员需要详细记录报案人的姓名、联系方式、报案时间、地点以及案件性质等基本信息。这些信息是后续案件调查和处理的基础，必须确保准确无误。此外，对于报案人提供的案件细节，如涉及人员、涉案金额、涉案物品等，接报案人员也需要进行认真核实和记录。

在完成报案登记后，接报案人员需要对案件进行初步调查。这一阶段的目的是了解案件的基本情况，为后续的调查和处理工作奠定基础。初步调查可能包括现场勘查、询问相关人员、收集证据等工作。通过这些工作，接报案人员可以对案件的性质、涉案人员的身份以及可能的犯罪动机等有一个初步的判断。

治安案件受案要求公安机关在接待报案或投案时，必须遵循一系列严谨而细致的操作规程，以确保案件处理的公正性、合法性和有效性

首先，在接收报案时，公安机关有责任向控告人、举报人明确说明几个重要事项。一是要确保所控告、举报的案件事实客观真实，这是案件得以正确处理的基础。公安机关应提醒控告人、举报人，在提供案件信息时，应尽可能提供真实、详细的情况，避免夸大或歪曲事实。二是要明确告知诬告应负的法律责任。诬告不仅会对被控告人造成名誉和利益的损害，也会扰乱正常的治安秩序，因此，公安机关必须严肃对待诬告行为，并依法追究诬告者的法律责任。三是要告知控告人、举报人必须如实提供证据。证据是案件处理的关键，任何伪造、篡改或隐瞒证据的行为都会影响到案件的公正处理。因此，公安机关应要求控告人、举报人提供真实、有效的证据，并告知其提供虚假证词应承担的法律责任。

其次，对于报案人不想公开自己信息的情况，公安机关应充分尊重其意愿，并在受案登记表中注明。这是保护报案人隐私权和人身安全的重要措施。同时，公安机关还应在询问笔录中详细注明报案人的具体情况，包括其不愿

意公开信息的原因、提供的案件线索以及相关的证据材料等。这样做既保证了案件的顺利处理，又维护了报案人的合法权益。

此外，公安机关在受案过程中还应遵循其他一些基本原则和要求。例如，应确保受案工作的及时性和高效性，尽快对报案进行登记、调查和处理；应确保受案工作的公正性和客观性，避免主观臆断和偏见影响案件的处理结果；应确保受案工作的规范性和合法性，严格按照法律法规和程序进行操作。

2. 制作相关法律文书。

（1）询问与案件有关人员，制作询问笔录。公安机关对报案人等相关人员问明情况，并制作询问笔录；必要时，可拍照、录音或录像。

（2）制作受案登记表和受案回执。制作受案登记表一式两份，一份由受案单位留存，一份随案附卷。当场制作受案登记表一式两份，一份交报案人，一份由报案人签名、捺手印后随案附卷。

（3）制作接受证据清单。接受证据清单一式三份，一份由办案单位留存附卷，一份交证据提交人，一份连同接受的证据交公安机关的保管人员妥善保管。

3. 出警

出警，是指警察接到警报后，迅速赶到现场，进行调查处理，维持秩序，保护人民生命财产安全等工作的过程。

出警的要求：

（1）及时出警。警方在接到报警后，应立即派遣警力前往现场，确保及时处理情况，维护公共安全。

（2）保持冷静。在处理案件时，警察应保持冷静、沉着，不因情绪波动影响判断和行动。

（3）尊重法律。警察在执法过程中应严格遵守法律法规，确保行为合法合规。

（4）保护公民权益。警察在执法过程中应尊重和保护公民的合法权益，包括人身安全、财产权益等。

（5）规范着装。警察在出警时应该按规定着装，保持整洁、得体的形象。

（6）携带必要装备。警察在出警时应携带必要的装备，如枪支、警棍、手铐等，以确保安全和处理案件的需要。

（7）做好现场记录。警察在处理案件时应做好现场记录，包括现场勘查、调查笔录、证人证言等，以确保案件处理的准确性和合法性。

（8）保护现场证据。警察在处理案件时应保护现场证据，避免证据被破坏或篡改。

（9）协助调查。警察在处理案件时应积极协助相关部门进行调查，提供必要的支持和建议。

（10）合理使用武力。在必要的情况下，警察可以使用武力来维护公共安全和制止犯罪行为，但必须符合相关法律法规和伦理规范。

4. 处警

处警，是指警方对紧急或危险情况进行处理和应对的一系列行动。处警作为警方的一项核心职责，涉及对多种紧急或危险情况的迅速、有效处理和应对。

首先，对群众报案、控告、举报的处置是警方日常工作的重要组成部分。警方需要耐心听取群众的陈述，仔细记录相关信息，并依据情况采取相应的调查措施。这不仅有助于警方了解案情，也能让群众感受到公正与关怀。

其次，对于群众扭送违法犯罪嫌疑人或违法犯罪嫌疑人投案自首的情况，警方需要迅速进行身份核实和案件调查。这要求警方具备敏锐的洞察力和严谨的工作态度，以确保案件得到妥善处理。

在处理刑事案件和治安案件时，警方需要依据相关法律法规进行侦查、取证和打击。这包括现场勘查、物证收集、证人询问等一系列工作，以收集足够的证据支持案件的定性和处理。

此外，紧急救助也是处警工作的一项重要内容。无论是交通事故、火灾还是其他突发事件，警方都需要迅速赶到现场，进行人员疏散、伤员救治和现场秩序维护等工作。这要求警方具备高度的应急处理能力和协作精神。

对于纠纷类警情和群体性事件的处理，警方则需要更加注重调解和疏导。通过耐心细致的沟通，警方可以帮助当事人化解矛盾，避免事态升级。同时，对于群体性事件，警方还需要制定科学的处置方案，确保既能维护现场秩序，又能保障群众的合法权益。

最后，其他需要进行现场取证的警情也是处警工作的重要组成部分。无论是交通事故调查还是其他需要取证的情况，警方都需要严格按照法定程序进行操作，确保证据的合法性和有效性。

在处警过程中，警方还需要注意保护自身安全。在应对一些危险或复杂的情况时，警方需要配备必要的防护装备和武器，以确保自身安全并顺利完成处警任务。在处理这些警情时，警方通常需要进行现场保护、调查访问、笔录制作、录音录像、物证收集等操作，以确保相关证据得到妥善保存，同时也为后续的法律程序提供支持。

在处警时，需要做到以下几个方面：

（1）保护现场。警方到达现场后，根据案件的具体情况，采取相应措施。①录音录像。到达现场后，根据《公安机关现场执法视音频记录工作规定》的要求，应立即开启执法记录仪等视音频记录设备，对处警过程进行视音频记录。开展现场执法视音频记录时，应对执法过程进行全程不间断记录，自到达现场开展执法活动时开始，至执法活动结束时停止；从现场带回违法犯罪嫌疑人的，应当记录至将违法犯罪嫌疑人带入公安机关执法办案场所办案区时停止。②及时报告情况。为确保警情的顺利处置，处警警方达到现场后，应立即报告下达处警指令的单位，并及时反馈现场处置的情况。③表明身份。警方到达现场时，应出示人民警察证并表明身份，因情况紧急来不出示的，应先表明身份，并在处置过程中出示人民警察证。④判断警情。警方应根据现场警情的性质、危害程度、影响的范围、涉及人数、当事人身份及警情敏感性等综合因素，快速判断，应及时调整处置措施。遇到复杂且难以控制局面的，应立即报告处警单位或及时向110报告要求增派警力。⑤制止违法行为。制止的措施包括口头、徒手制止、使用警械制止和使用武器制止。⑥控制现场。警方达到现场后，应加强对现场的管控，确保现场秩序和处置的安全、有序进行，做好控制事态、设置警戒、排除险情、保护现场。

（2）调查访问。访问人员不少于两人，且必须个别进行，要告知被访问人的法律权利和义务，访问记录应由被访问人核对。

（3）当场处罚、现场调解。在违法事实确凿的情况下，公安机关可以依法对违法行为人进行当场处罚。这个程序具有简便、快捷的特点，有助于及时纠正违法行为或在纠纷发生后，由公安机关民警对纠纷双方进行调解，以达成和解协议的方式解决纠纷。这个程序注重双方自愿、平等协商，有助于化解矛盾，维护社会稳定。这两种程序在实践中都有其适用范围和限制，需要依法依规实施。

第三节 治安案件的管辖和回避

一、治安案件的管辖

（一）治安案件管辖权概述

1. 治安案件管辖权的概念

治安案件管辖权，是指公安机关对各类治安案件的管辖权限和分工。它是公安机关在处理治安案件中的重要职责，也是确保案件得到公正、高效处理的前提条件。治安案件管辖权的确定，有助于避免管辖权争议，提高案件处理效率，保障当事人的合法权益。在实践中，公安机关通常会根据案件的性质、情节、影响范围等因素，综合考虑地域管辖、级别管辖和专门管辖等原则，来确定具体的管辖权归属。

2. 治安案件管辖权的意义

治安案件管辖权的意义在于确保案件得到及时、公正、有效的处理。一是管辖权的明确定义和划分有助于避免管辖权争议，提高案件处理的效率。二是管辖权的明确赋予了相关机构和人员处理治安案件的权力，确保了案件处理的合法性和权威性。此外，管辖权的合理配置和监督机制的建立有助于提高司法公正性和公信力，维护社会稳定和安全。例如，根据国家统计局的数据显示，近年来我国治安案件数量呈现出逐年上升的趋势。其中，涉及地域管辖争议的案件数量占比达到了20%，这主要是由于不同地区之间对于管辖权的划分不明确所致。因此，明确治安案件管辖权对于提高案件处理效率和司法公信力具有重要意义。

3. 治安案件管辖的原则

治安案件管辖权的确定需要遵循一系列原则。首先，要遵循"属地管辖"原则，即按照案件发生地或者当事人所在地确定管辖权。其次，要遵循"级别管辖"原则，即根据案件的性质、情节和影响范围等因素，由不同级别的公安机关承担相应的管辖权。此外，对于一些特定的治安案件，如涉及国安、刑侦等领域的案件，还需要遵循"专门管辖"原则，由专门的公安机关进行管辖。

在实践中，确定治安案件管辖权的具体操作需要考虑多种因素。例如，可以根据治安案件的性质、情节和影响范围等因素，综合考虑地域管辖、级别管辖和专门管辖的适用条件，合理确定管辖权。同时，在处理管辖权争议时，应当依法进行调解或裁定，确保争议得到及时、公正的解决。此外，为了提高治安案件管辖权的司法公正性，需要加强监督机制的建设，对治安案件的管辖和处理进行全程监督，确保案件得到依法、公正的处理。

（二）治安案件管辖权的种类

1. 地域管辖

地域管辖，是指根据公安机关的管辖区域，确定其查处治安案件的地域范围，是横向划分同级公安机关之间在各自管辖区内查处治安案件的权限分工。在治安案件中，由于案件的多样性和复杂性，地域管辖的确定对于保证案件的公正、高效处理具有重要意义。根据地域管辖的原则，公安机关应当按照案件发生地或者嫌疑人居住地的归属地来确定管辖权。这样可以保证案件得到及时、公正的处理，避免出现管辖混乱或者推诿扯皮的情况。同时，地域管辖也有利于发挥各地公安机关的优势和特长，提高案件处理的效率和质量。在实践中，地域管辖的具体操作需要根据案件的具体情况来确定。例如，对于一些涉及多个地区的治安案件，需要协调各地公安机关进行联合执法，确保案件得到统一处理。此外，在地域管辖的确定过程中，还需要考虑一些特殊情况。例如，对于一些涉及国际边境地区的治安案件，需要考虑到国家间的法律差异和司法协助等问题。因此，在治安案件管辖权的确定过程中，需要综合考虑各种因素，确保案件得到及时、公正、高效的处理。

《公安机关办理行政案件程序规定》中关于特殊案件的地域管辖的规定，充分体现了公安机关在处理不同治安案件时的灵活性和实效性。这些规定针对不同类型的治安案件，明确了相应的管辖原则，以确保案件能够得到及时、有效的处理。（1）针对利用网络实施的违反治安管理行为的地域管辖，规定明确了多个可以管辖的地点，包括网站服务器所在地、网络接入地、网站建立者或者管理者所在地、被侵害的网络及其运营者所在地、违法过程中使用的网络及其运营者所在地、被侵害人被侵害时所在地，以及被侵害人财产遭受损失地。这样的规定有助于确保无论违法行为发生在哪里，都能找到相应的公安机关进行管辖，从而有效打击网络违法行为。（2）对于行使中的客车上发生的治安案件，规定明确了由案发后客车最初停靠地的公安机关管辖，并在必要时可以由始发地、途径地、到达地的公安机关管辖。这样的规定考虑到了客车行驶的特点，确保了案件能够在最短时间内得到处理，同时也避免了因管辖权不明确而导致的推诿扯皮现象。

2. 级别管辖

级别管辖在公安机关工作中具有极其重要的意义，它确保了不同级别的公安机关能够根据其职责和能力，有效地处理各自管辖范围内的治安案件。这一制度的核心在于根据案件的性质、情节、影响范围和涉案金额等因素，科学合理地划分不同级别公安机关的管辖权限。根据这些因素的不同，治安案件可以分为不同级别，由相应级别的公安机关进行管辖。例如，对于一些情节严重、影响范围广的治安案件，可以由省级公安机关进行管辖；而对于一些情节较轻、影响范围较小的治安案件，则可以由县级公安机关进行管辖。这种级别管辖制度的设立，有利于公安机关根据案件的不同情况采取不同的处理方式，提高治安案件处理的针对性和效率。

在实践中，级别管辖的具体操作需根据相关法律法规和公安机关的内部规定进行。例如，我国《治安管理处罚法（修订草案）》明确规定了各级公安机关的管辖范围和职责权限。在第一百零九条中规定，"治安管理处罚由县级人民政府公安机关或者公安分局决定；其中警告、一千元以下的罚款，可以由公安派出所决定。"该规定有助于保证级别管辖制度的顺利实施，提高治安案件处理的规范性和公正性。

级别管辖制度的实施效果和质量对于治安案件的处理具有重要意义。一方面，级别管辖制度的实施有助于提高治安案件处理的效率和质量。不同级别的公安机关可以根据案件的不同情况采取不同的处理方式，使得案件处理更加科学、合理和高效。另一方面，级别管辖制度的实施也有助于提高治安案件处理的公正性和透明度。各级公安机关在处理治安案件时需要遵循相应的法律法规和内部规定，确保案件处理的公正性和透明度。

为了更好地实施级别管辖制度，需要采取一系列措施。首先，需要完善相关法律法规和内部规定，明确各级公安机关的管辖范围和处理程序，为级别管辖制度的实施提供更加明确的指导。其次，需要加强各级公安机关之间的协调配合，形成合力，共同推进治安案件的处理工作。此外，还需要加强监督机制的建设，对各级公安机关的治安案件处理工作进行监督和评估，确保案件处理的公正性和规范性。

3. 指定管辖

制定管辖，是指两个以上公安机关因治安案件管辖发生争议，由上级公安机关指定某一公安机关管辖的制度。根据《公安机关办理行政案件程序规定》第十五条的规定，对管辖权发生争议的，报请共同的上级公安机关指定管辖。对于重大、复杂的案件，上级公安机关可以直接办理或者指定管辖。上级公安机关直接办理或者指定管辖的，应当书面通知被指定管辖的公安机关和其他有关的公安机关。

4. 专门管辖

专门管辖，是指对于具有特定性质的治安案件，依照规定只能由特定公安机关管辖的制度。根据专门管辖的规定，对于涉及特定领域或特定行业的治安案件，由专门的机关进行管辖。例如，涉及互联网、金融、知识产权等领域的治安案件，往往由相应的专门机关进行管辖。这种管辖方式有利于更好地整合资源、提高办案效率和专业性。据统计，近年来涉及互联网平台的治安案件数量逐年上升，而通过专门管辖的方式，能够迅速有效地打击网络犯罪，保护用户权益。此外，专门管辖还有助于加强国际合作，共同打击跨国治安案件。例如，在打击跨国网络诈骗案件中，各国警方通过联合执法、信息共享等方式，取得了显著成效。因此，完善专门管辖制度，对于提高治安案件的办理质量和效率具有重要意义。

《公安机关办理行政案件程序规定》中关于治安案件专门管辖的规定，明确划分了不同公安机关在各自特定领域内的管辖范围。这一制度的实施，不仅有助于提升公安机关处理治安案件的专业性和效率，也确保了各类案件能够得到及时、公正、有效的处理。具体如下：

（1）铁路公安机关管辖列车上、火车站工作区域内以及铁路系统相关单位内发生的治安案件。这包括但不限于在铁路上放置障碍物、损毁或移动铁路设施等影响铁路运输安全的案件，以及盗窃铁路设施的案件。对于倒卖、伪造、变造火车票等案件，规定由最初受理的铁路或地方公安机关管辖，必要时，可以移送主要违法行为发生地的铁路或者地方公安机关管辖。这一规定充分考虑了铁路治安案件的特殊性，确保了相关案件能够得到专业、高效的处理。

（2）交通公安机关负责管辖港航管理机构管理的轮船上、港口、码头等工作区域内以及港航系统相关单位内发生的治安案件。这些区域通常涉及复杂的交通环境和人员流动，因此需要有专门的公安机关进行管理和维护。

（3）民航公安机关管辖范围包括民航管理机构管理的机场工作区域、民航系统相关单位以及民航飞机上发生的治安案件。这一规定确保了民航领域的治安安全，为乘客和机组人员提供了安全、稳定的飞行环境。

（4）国内林区的森林公安机关负责管辖林区内发生的治安案件。这一规定确保了林区的治安秩序，保护森林资源和生态环境。

（5）海关缉私机构负责管理阻碍海关缉私警察依法执行职务的治安案件。这一规定有助于打击走私等违法行为，维护国家经济安全和法律秩序。

（三）治安案件管辖的程序

1. 立案程序

在治安案件管辖中，立案程序是至关重要的环节。它既是启动案件管辖的标志，也是确保案件得到及时、公正处理的起点。立案程序的核心在于确保案件的合法性、关联性和可诉性。合法性要求案件必须符合法律法规的规定，具有明确的法律依据。关联性则强调案件与治安管理的直接相关性，避免管辖权的滥用。可诉性则指案件必须具备足够的证据和事实，确保案件在后续处理中能够得到有效的证明和辩护。

为了提高立案程序的效率和公正性，可以采用一些分析模型和工具。例如，可以采用风险评估方法，对案件进行初步的风险评估，以便将有限的司法资源用于处理更为严重的案件。同时，可以采用信息化手段，如电子化立案系统，提高立案的效率和透明度。

在立案程序中，还需要注意一些实践问题。例如，要避免管辖权的冲突和漏洞，确保案件得到及时、有效的处理。同时，要加强对于立案程序的监督，防止权力的滥用和不当干预。

为了完善立案程序，可以采取一系列措施。例如，可以加强相关法律法规的制定和修订，为立案提供更为明确的法律依据。同时，可以加强司法人员的培训和教育，提高其专业素质和职业道德水平。此外，还可以引入外部监督机制，如媒体监督、公众参与等，以增加立案程序的透明度和公信力。

2. 移送程序

移送程序是治安案件管辖中的重要环节，它涉及案件的流转和处理的效率。在实践中，由于各种原因，移送程序往往会出现一些问题，如移送不及时、移送错误等，这些问题不仅会影响案件的处理效率，还会给当事人带来不必要的困扰和损失。因此，完善移送程序是必要的。首先，应当明确移送的标准和程序，规定哪些案件需要移送，移送的条件和程序是什么，以及移送的时限等。其次，应当加强移送的监督和管理，确保移送工作的及时性和准确性。同时，对于移送错误的案件，应当及时纠正并追究相关人员的责任。此外，还应当注重提高司法人员的素质和能力，加强培训和教育，使他们能够更好地履行职责和处理案件。

为了更好地完善移送程序，可以采取一些具体的措施。例如，可以建立信息化管理系统，实现案件信息的共享和快速传递，提高移送的效率和质量。同时，可以加强与其他相关部门的沟通和协作，形成工作合力，共同推动治安案件的顺利处理。此外，还可以引入第三方监督机制，对移送程序进行监督和评估，确保程序的公正性和透明度。

在实践中，一些具体的案例也可以为完善移送程序提供有益的借鉴。例如，某地公安机关在处理一起治安案件时，由于移送不及时，导致案件处理受到影响。后来，该公安机关加强了对移送工作的管理，明确了移送的条件和程序，并建立了信息化管理系统，使得移送的效率和质量得到了显著提高。这个案例说明，完善移送程序需要加强管理和技术创新，只有这样才能更好地服务于治安案件的处理工作。

3. 管辖权异议程序

治安案件管辖异议程序是确保案件得到公正、合理处理的重要环节。这一程序允许当事人对管辖权提出异议,有助于防止因管辖权不当导致案件处理不公的现象。在实践中,对于当事人提出的管辖权异议,应当依法进行审查,并作出是否支持异议的裁定。然而,当前治安案件管辖异议程序存在一些问题,如审查标准不统一、异议处理周期长等。这些问题在一定程度上影响了案件处理的效率和公正性。因此,有必要对管辖权异议程序进行完善,制定更加明确、具体的审查标准,提高异议处理的效率和质量。同时,应当加强司法人员的培训和教育,提高其对管辖权异议程序的认识和重视程度,确保案件得到公正、合理的处理。

(四)治安案件管辖的实践问题

1. 管辖权冲突问题

治安案件管辖冲突问题,是指不同地区、不同级别、甚至不同国家的执法机关在处理治安案件时,由于管辖权不明确或重叠而导致的权力冲突和协调困难。这一问题不仅可能导致资源浪费和效率低下,还可能引发权力滥用和司法不公。近年来我国治安案件管辖冲突问题呈上升趋势,涉及的案件数量和范围不断扩大,给社会稳定和人民安全带来了严重威胁。解决这一问题需要从完善法律法规、加强监督协调、提高司法人员素质等多方面入手。

2. 管辖权漏洞问题

治安案件管辖的漏洞问题,是指在实际操作中,由于法律法规的不完善、管辖权界限不明确等原因,导致某些治安案件无法得到及时有效的处理。这一问题在实践中较为常见,例如,某些涉及多个地区的治安案件,由于各地管辖权规定不同,容易出现管辖权冲突,导致案件无法得到及时处理。为了解决这一问题，需要进一步完善相关法律法规，明确管辖权界限，加强协调配合，确保治安案件得到及时有效的处理。

3. 管辖权监督问题

治安案件管辖的监督问题是一个复杂而重要的议题。在实践中，由于缺乏有效的监督机制，常常出现管辖权滥用、管辖权冲突以及管辖权漏洞等问题。为了解决这些问题，需要加强对治安案件管辖权的监督，确保其合理、合法、公正地行使。

首先，完善相关法律法规是加强管辖权监督的基础。通过制定更加明确、具体的法律法规，明确各级公安机关的管辖范围和职责权限，减少模糊地带和解释空间，可以有效减少管辖权滥用和冲突的问题。同时，法律法规的制定和修改应当充分考虑实践情况，听取各方意见和建议，提高其针对性和可操作性。

其次，加强内部监督是关键。公安机关应当建立健全内部监督机制，对治安案件的管辖权进行全程跟踪和监督。例如，可以建立案件移送机制，确保案件及时、准确地移交给有管辖权的公安机关；可以加强内部审查机制，对重大、复杂案件进行专门审查，确保管辖权的行使合法、公正；可以完善考核机制，将管辖权的行使情况纳入考核指标体系，提高民警的责任心和执法水平。

再次，外部监督也不可或缺。社会公众、媒体、律师等都可以对治安案件的管辖权进行监督。通过公开透明的方式，让社会公众了解案件情况，参与案件处理过程，可以增强公众对公安机关的信任和支持。媒体可以对公安机关的管辖权行使情况进行客观报道和评论，促进舆论监督。律师则可以通过代理、辩护等途径，对管辖权的合法性进行审查和监督。

最后，提高司法人员素质是根本。司法人员的素质直接关系到治安案件管辖权的行使质量。因此，应当加强对司法人员的培训和教育，提高其法律素养、业务能力和职业道德水平。同时，应当建立严格的选拔机制，确保司法人员具备较高的综合素质和专业能力。

（五）治安案件管辖的完善建议

1. 完善治安案件管辖权的法律法规

完善治安案件管辖权的法律法规是解决管辖权争议、保障司法公正的重要途径。首先，应当制定更加明确、具体的管辖权法律法规，明确管辖权的范围和标准，减少模糊地带和歧义。其次，可以借鉴国际经验和惯例，引入国际法中的管辖原则，如属地管辖、属人管辖和保护管辖等，以增强法律制度的全面性和适应性。此外，应当加强法律制度的透明度和公开度，让当事人更好地了解管辖权的法律规定，减少因信息不对称而产生的争议。同时，应当建立有效的监督机制，对违反管辖权规定的行为进行监督和纠正，保障当事人的合法权益。最后，应当加强法律制度的宣传和教育，提高公众的法律意识和法律素养，让更多的人了解和遵守管辖权的法律规定。

在制定和完善治安案件管辖权的法律法规时，应当充分考虑各种因素，包括案件的性质、涉及的利益、社会影响等。例如，可以规定某些类型的治安案件必须由特定的机关管辖，或者根据案件的严重程度划分不同的管辖级别。此外，应当充分考虑当事人和律师的意见和诉求，尊重他们的合法权益，建立更加公正、合理的法律制度。

在完善治安案件管辖权的法律法规时，应当注重实践性和可操作性。应当根据实际情况和司法实践经验，制定更加具体、实用的规定，避免出现无法执行或者执行困难的情况。同时，应当注重法律的稳定性和连续性，避免频繁修改和调整导致法律制度的混乱和不公。最后，应当注重与其他法律制度的协调性和一致性，避免出现冲突和矛盾。

在完善治安案件管辖权的法律法规时，可以借鉴其他国家的法律制度和实践经验，了解不同国家的管辖权规定和实践操作方式，为完善我国治安案件管辖权的法律法规提供参考和借鉴。

2. 提高司法人员素质

在治安案件管辖的实践问题中，提高司法人员素质是至关重要的。司法人员是治安案件管辖制度的执行者，他们的素质直接影响到案件处理的公正性和效率。为了提高司法人员素质，可以从以下几个方面进行改进：首先，加强教育培训，提高司法人员的法律素养和业务能力。可以通过定期举办培训班、研讨会等形式，使司法人员不断更新法律知识，提高法律适用能力和案件处理水平。其次，建立完善的考核机制，对司法人员进行定期考核，激励优秀人才脱颖而出，同时淘汰不合格的人员。此外，还应该加强职业道德建设，培养司法人员的职业操守和社会责任感，使他们能够秉持公正、廉洁的原则处理案件。最后，引入竞争机制，推动司法人员不断提高自身素质。例如，可以推行竞争上岗、双向选择等制度，使优秀人才得到更好的发展机会和待遇。

3. 加强治安案件管辖权的监督机制

加强治安案件管辖权的监督机制是确保治安案件得到公正、高效处理的关键。为了实现这一目标，我们需要从多个方面入手，建立健全的监督机制。首先，要完善相关法律法规，明确各级公安机关的管辖权责，防止出现管辖权争议和推诿扯皮的现象。其次，要加强内部监督，通过上级公安机关对下级公安机关的监督、监察机关的专项监督等方式，确保治安案件得到及时、公正的处理。此外，还要发挥社会监督的作用，鼓励公民积极参与对治安案件处理的监督，提高公众的法治意识和监督能力。

在加强监督机制的过程中，还需要注意一些关键问题。首先，要提高监督的针对性和实效性，确保监督能够真正发现问题、解决问题。其次，要注重监督的全面性和系统性，不仅要对治安案件的处理过程进行监督，还要对相关人员的执法行为、执法依据等进行全面审查。最后，要提高监督的透明度和公开性，通过公开相关信息、接受媒体和公众的监督等方式，增强监督的公信力和影响力。

为了更好地加强治安案件管辖权的监督机制，我们可以借鉴一些成功的案例和经验。例如，某地公安机关通过建立完善的内部监督机制，有效提高了治安案件的处理效率和公正性；某监察机关通过专项监督，发现并纠正了一批违法违纪的治安案件。这些案例为我们提供了宝贵的经验，有助于我们更好地完善监督机制。

加强治安案件管辖权的监督机制是确保治安案件得到公正、高效处理的重要保障。我们需要从法律法规、内部监督、社会监督等多个方面入手，建立健全的监督机制。同时，还要注重提高监督的针对性和实效性、全面性和系统性以及透明度和公开性。通过借鉴成功案例和经验，不断完善监督机制，为维护社会治安、保障人民群众合法权益作出更大的贡献。

4. 提高治安案件管辖权的司法公正性

提高治安案件管辖权的司法公正性是确保法律公正实施的重要一环。为了实现这一目标，可以从以下几个方面进行改进：首先，完善相关法律法规，明确管辖权的范围和标准，减少模糊地带和解释空间。其次，加强监督机制，对治安案件管辖权的行使进行全程监督，防止权力滥用和不当干预。同时，提高司法人员的专业素养和职业道德，确保他们在审理案件时能够秉持公正、独立的原则。此外，还可以引入科技手段，如智能辅助系统等，提高案件审理的准确性和效率，减少人为因素对司法公正的影响。最后，建立健全的公众参与机制，让民众能够更加便捷地参与到治安案件的监督和评价中来，提高司法公信力。

在实践中，可以通过案例分析、数据统计等方法对治安案件管辖权的行使进行实证研究，找出存在的问题和不足，提出针对性的改进措施。例如，可以对近年来发生的典型治安案件进行梳理和分析，了解管辖权在实践中的运行情况，总结成功经验和不足之处。同时，可以引入第三方评估机构对治安案件管辖权的行使进行客观评估，发现问题及时整改。此外，还可以加强国际合作与交流，借鉴国际上先进的法律制度和司法实践经验，不断提高我国治安案件管辖权的司法公正性。

二、治安案件的回避

（一）治安案件回避的概念

治安案件的回避，是指办理治安案件的人民警察，在遇有法定原因不能或不宜参加案件处理时，应当退出案件处理的程序性制度。这一制度的设立旨在保障案件处理的公正性和客观性，防止办理治安案件的人民警察因个人偏见、利益关系等因素对案件处理造成不当影响。

（二）治安案件回避的对象

（1）公安机关负责人。虽他们不直接参与治安案件，但在治安案件办理程序中参与审核、审批等工作，可能会影响案件的公正性。

（2）办案的人民警察。他们主要负责具体办理治安案件。

（3）鉴定人、翻译人员。鉴定人和翻译人员的鉴定、检测、检验和翻译需做到客观、公正，从而才能让案件得到公正的处理。

（三）治安案件回避的适用情形

根据《治安管理处罚法（修订草案）》第九十三条规定，人民警察在办理治安案件过程中，遇有下列情形之一的，应当回避；违反治安管理行为人、被侵害人或者其法定代理人也有权要求他们回避：（1）是本案当事人或者当事人的近亲属的（这里的"近亲属"，是指夫妻、父母、子女、同胞兄弟姐妹）；（2）本人或者其近亲属与本案有利害关系的；（3）与本案当事人有其他关系，可能影响案件公正处理的。这里的"其他关系"可能包括上下级关系、亲朋好友关系、邻里关系等。需要注意的是，仅仅存在其他关系并不足以构成回避的理由，还需要这种关系可能影响案件的公正处理。

三、治安案件回避的程序

1. 回避提起的方式

（1）自行回避。自行回避，又称主动回避，是指具有法定回避情形之一的有关办案人员自行要求回避的情形。《公安机关办理行政案件程序规定》第18条规定，"公安机关负责人、办案人民警察提出回避申请的，应当说明理由。"

（2）申请回避。申请回避，是指应当回避的人员具有法定的回避情形却没有自行回避时，当事人及其法定代理人依据法定的理由要求他们回避的情形。

（3）指令回避。指令回避，是指具有法定应当回避情形的人员本人并未自动提出回避要求，当事人及其法定代理人也并未申请要求回避，有权决定回避的公安机关负责人应当进行审查并作出应否回避的决定。

2. 回避的决定

（1）对于人民警察的回避，由其所属的公安机关决定；公安机关负责人的回避，由上一级公安机关决定。鉴定和翻译人员的回避由指派或者聘请的公安机关决定。

（2）对于未自行回避、未申请回避的情形，有回避审查决定权的组织和公安机关负责人应主动审查，一旦发现有回避的情形应立即指定回避。

（3）对于申请回避的情形，有权决定的机关或负责人会进行审查，并在2日内将是否同意回避的决定和理由告知申请人。这一规定确保了申请人能够及时了解到其申请的处理结果，也体现了对申请人权益的尊重。在回避决定作出前，回避对象不停止对案件的调查。这是因为在调查阶段，收集证据和了解案情是非常重要的，如果因为申请回避而停止调查，可能会影响到案件的进展和处理效率。但是，这并不意味着回避对象在回避决定作出前可以随意进行诉讼活动，他们的行为仍然需要受到法律的规范和约束。

四、治安案件回避的实践操作

（一）申请与审查程序

在治安案件中，回避制度的申请与审查程序是确保案件公正处理的重要环节。根据我国相关法律规定，当事人有权申请办案人员回避，并在提出申请时说明理由。这一规定为当事人提供了法律保障，确保其在案件处理过程中不会受到不公正的待遇。对于一些典型案例，也可以进行深入分析和研究，总结经验教训，为今后的审查工作提供参考。

（二）回避的后果与补救措施

在治安案件中，如果涉及人员未依法回避，可能会对案件的公正处理产生负面影响。根据相关法律法规，回避的后果包括但不限于：撤销原判、发回重审，以及赔偿当事人因此产生的经济损失。这些后果对于涉案人员和机构来说是严重的，因此需要采取有效的补救措施。对于未依法回避的情况，当事人可以提出上诉或申请再审，同时还可以寻求司法救助和法律援助，以便更好地维护自身合法权益。

（三）监督与制约机制

在治安案件回避的实践操作中，监督与制约机制是确保程序公正和透明的重要环节。因此，为了防止权力滥用和不当行使，必须建立健全的监督与制约机制。首先，应当设立独立的监督机构，对治安案件回避的全过程进行监督，确保程序合法合规。同时，要加强对公安机关和司法人员的培训和教育，提高他们的法律意识和职业道德水平，防止因个人偏见或不当利益影响案件的公正处理。其次，应当完善信息公开制度，及时向社会公布治安案件回避的相关信息，接受社会监督。此外，还应建立有效的投诉机制，方便当事人和其他利害关系人及时反映问题，维护自身合法权益。近年来，通过加强监督与制约机制，治安案件回避的公正性和透明度得到了显著提高，公众对公安机关和司法机关的信任度也有所提高。

第六章 治安案件的调查

第一节 治安案件调查概述

一、治安案件调查的概念

治安案件调查，是指公安机关为了查明案件事实真相，依照法定方式和程序发现、取得一切与案件有关的情况和材料的活动。当公安机关认为属于违反治安管理行为时，应当立即进行调查，进行收集证据，查清事实，以便确定是否应作出拘留或罚款等行政处罚决定。

二、治安案件调查的特征

（1）调查范围的广泛性。治安案件调查的范围广泛，涵盖了各种违反治安管理的行为，如赌博、斗殴、盗窃等。

（2）调查方法的多样性。针对不同类型的治安案件，调查方法也多种多样。例如，对于涉及证人的案件，可以采用询问证人的方法；对于涉及物证的案件，可以采用收集物证的方法。

（3）调查程序的规范性。为了保证调查的公正性和合法性，治安案件调查必须遵循一定的程序规范。这些规范包括调查前的审批程序、调查过程中的证据收集程序、调查结束后的处理程序等。

（4）调查结果的时效性。治安案件调查的结果需要在规定的时间内上报，以便及时处理和解决治安问题。同时，调查结果也需要及时反馈给相关当事人，以便其了解案件的处理情况。

（5）调查目的的明确性。治安案件调查的目的是为了维护社会治安和公共安全，保障公民的合法权益。因此，调查工作必须始终围绕这一目的展开，不得偏离。

这些特征共同构成了治安案件调查的基本框架，为维护社会治安和公共安全提供了有力保障。

三、治安案件调查的基本要求

治安案件调查的基本要求是确保案件的合法、及时、客观、全面地收集、调取证据材料，保护当事人的合法权益，维护社会稳定和公共安全。

其基本要求包括以下几个方面：

（1）依法调查。公安机关在调查治安案件时，人民警察不得少于2人，必须遵守国家法律法规，严格按照法律程序进行，应向被调查取证人员表明执法身份。

（2）及时处理。公安机关应当在接到报案后及时展开调查，尽快查明事实真相。同时，及时采取措施防止事态扩大，保护当事人合法权益。

（3）全面收集证据。在调查治安案件时，公安机关必须全面收集证据，包括人证、物证、视听资料等。证据应当真实、完整、可靠，能够充分证明案件事实。调查人员应当采取多种手段获取证据，确保证据的充分性和准确性。

（4）保护当事人合法权益。在调查治安案件时，公安机关必须保护当事人的合法权益，不得对当事人进行非法侵害或者歧视对待。同时，应当尊重当事人的合法权益，依法保障其陈述、申辩、委托律师等权利。

（5）尊重事实真相。在调查治安案件时，公安机关必须尊重事实真相，以事实为依据，不得虚构或者隐瞒事实。同时，也要尊重科学原理，采用科学的方法进行调查。调查结果应当客观、真实、可信。需要查清的案件事实包括：违法行为人的基本情况、违法行为是否存在；违法行为是否为违法嫌疑人实施；实施违法行为的时间、地点、手段、后果及其他情节；违法嫌疑人有无法定从重、从轻、减轻或不予处理的情形；与案件有关的其他事实。

（6）协作配合。公安机关内部各部门之间应当加强协作配合，形成合力，共同推进治安案件调查工作。同时，也应当加强与其他相关部门的沟通协调，确保调查工作的顺利开展。

（7）严格保密。在调查治安案件时，公安机关应当严格保密，防止证据灭失或者泄露。同时，也应当做好保密工作，保护当事人的隐私和商业机密等敏感信息。

四、治安案件调查的案件事实

根据《公安机关办理行政案件程序规定》第 50 条规定，需要调查的案件事实包括："（1）违法嫌疑人的基本情况；（2）违法行为是否存在；（3）违法行为是否为违法嫌疑人实施；（4）实施违法行为的时间、地点、手段、后果以及其他情节；（5）违法嫌疑人有无法定从重、从轻、减轻以及不予行政处罚的情形；（6）与案件有关的其他事实。"

第二节　治安案件调查取证的方式

一、传唤

治安案件的传唤是公安机关在办理治安案件时，为了查明案情，通知违反治安管理行为人在规定时间内到达指定地点接受询问、调查的一种执法措施。

传唤一般应当遵循以下程序：

（1）需要传唤违反治安管理行为人接受调查的，经公安机关办案部门负责人批准，使用传唤证传唤。对现场发现的违反治安管理行为人，人民警察经出示执法证件，可以口头传唤，但应当在询问笔录中注明。

（2）公安机关应当将传唤的原因和依据告知被传唤人。告知的方式可以通过电话、传真等方式。

（3）对无正当理由不接受传唤或者逃避传唤的违反治安管理行为人，经公安机关办案部门负责人批准，可以强制传唤。强制传唤时，可以依法使用手铐、警绳等约束性警械。公安机关应当将传唤的原因和依据告知被传唤人，并通知其家属。

（4）使用传唤证传唤的，违法嫌疑人被传唤到案后和询问查证结束后，应当由其在传唤证上填写到案和离开时间并签名。拒绝填写或者签名的，办案人民警察应当在传唤证上注明。

二、询问

1. 询问的概念

询问，是指公安机关为查明违反治安管理事实，依法对违反治安管理行为人、被侵害人或其他证人进行了解、查询的一种调查活动。

2. 询问中应注意的问题

（1）询问对象。公安机关可以依法对违反治安管理行为的相关人员进行询问，包括对违反治安管理行为人、被侵害人或其他证人等。

（2）询问时间。对被传唤的违法嫌疑人，应当及时询问查证，询问查证的时间不得超过八小时；案情复杂，违法行为依法可能适用行政拘留处罚的，询问查证的时间不得超过二十四小时。

（3）询问地点。在公安机关询问违法嫌疑人，应当在办案场所进行。询问被侵害人或者其他证人，可以在现场进行，也可以到其单位、学校、住所、其居住地居（村）民委员会或者其提出的地点进行。必要时，也可以书面、电话或者当场通知其到公安机关提供证言。

（4）询问程序。在现场询问的，办案人民警察应当出示人民警察证。询问时，应当告知被询问人必须如实提供证据、证言和故意作伪证或者隐匿证据应负的法律责任，对与本案无关的问题有拒绝回答的权利。

询问结束后，被询问人应当在笔录上签名或者盖章。

（5）询问内容。首次询问违法嫌疑人时，应当问明违法嫌疑人的姓名、出生日期、户籍所在地、现住址、身份证件种类及号码，是否为各级人民代表大会代表，是否受过刑事处罚或者行政拘留、强制隔离戒毒、社区戒毒、收容教养等情况。必要时，还应当问明其家庭主要成员、工作单位、文化程度、民族、身体状况等情况。违法嫌疑人为外国人的，首次询问时还应当问明其国籍、出入境证件种类及号码、签证种类、入境时间、入境事由等情况。必要时，还应当问明其在华关系人等情况。

（6）询问查证期间，公安机关应当保证违反治安管理行为人的饮食和必要的休息时间。

（7）询问笔录应当交被询问人核对；对没有阅读能力的，应当向其宣读。记载有遗漏或者差错的，被询问人可以提出补充或者更正。被询问人确认笔录无误后，应当签名、盖章或者捺指印，询问的人民警察也应当在笔录上签名。

（8）被询问人要求就被询问事项自行提供书面材料的，应当准许；必要时，人民警察也可以要求被询问人自行书写。

（9）询问不满十六周岁的违反治安管理行为人，应当通知其父母或者其他监护人到场；其父母或者其他监护人不能到场的，也可以通知其他成年亲属，所在学校、单位、居住地基层组织或者未成年人保护组织的代表等合适成年人到场，并将有关情况记录在案。确实无法通知或者通知后未到场的，应当在笔录中注明。

（10）违反治安管理行为人、被侵害人或者其他证人在异地的，公安机关可以委托异地公安机关代为询问，也可以通过远程视频询问。远程视频询问的，应当向被询问人宣读询问笔录，被询问人确认笔录无误后，询问的人民警察应当在笔录上注明。询问和宣读过程应当全程同步录音录像。

（11）公安机关在执法办案场所进行询问的，可以由一名人民警察进行。由一名人民警察进行询问的，应当全程同步录音录像。未按规定全程同步录音录像或者录音录像资料损毁、丢失的，相关证据不能作为处罚的根据。

（12）询问聋哑的违反治安管理行为人、被侵害人或者其他证人，应当有通晓手语的人提供帮助，并在笔录上注明。询问不通晓当地通用的语言文字的违反治安管理行为人、被侵害人或者其他证人，应当配备翻译人员，并在笔录上注明。

三、现场勘验、检查

现场勘验、检查是公安机关在办理治安案件过程中非常重要的一环，它对于收集证据、查明案情具有至关重要的作用。

通过对与案件有关的人身、场所、物品等进行勘验，或者对被侵害人的人身进行检查，公安机关能够获取第一手资料，了解案件发生的具体情况，包括时间、地点、手段、工具、伤痕等，进而为后续的案件侦破和起诉提供有力的证据支持。

现场勘验、检查的要求主要包括以下几点：

（1）细致完备。现场勘验、检查是事故处理程序的基础工作，必须做到细致完备、有序。要全面、仔细地查勘现场，不仅要关注明显的痕迹证物，还要特别留意那些与案件有关的不明显的痕迹证物。避免走马观花、粗枝大叶的工作态度，以免因为一些意想不到的疏忽导致事故处理复杂化。同时，要注意当事人对事故叙述的关键部分是否符合常理（事故逻辑）。

（2）客观全面。在现场勘验、检查过程中，要坚持客观、科学的态度，遵守职业道德。对于可能出现完全相反的勘验、检查结果，要积极进行论证，并尽力防止和避免出现错误的勘验、检查结果。

（3）文明服务。在现场勘验、检查过程中，要爱护公私财物，尊重被勘验、检查人员的权利，尊重当地群众的风俗习惯，注意社会影响，维护相关机构的形象。

（4）专业性和资格要求。执行现场勘验、检查的人员需要具备相关的专业知识和技能，持有相应的资格证书。

（5）现场勘验、检查需要遵循一定的程序。在进行现场勘验、检查前，公安机关应当向被侵害人或者家属告知程序和注意事项，并告知被侵害人或者家属有申请回避的权利。同时，公安机关应当制作现场勘验、检查笔录，记录现场勘验、检查的情况，并由参加现场勘验、检查的人员和见证人签字或者盖章。

在检查时应注意以下问题：

（1）为了确定违反治安管理行为人、被侵害人的某些特征、伤害情况或者生理状态，经公安机关办案部门负责人批准，可以对人身进行检查，可以提取或者采集肖像、指纹等人体生物识别信息和血液、尿液等生物样本。对已经提取、采集的信息或者样本，不得重复提取、采集。违反治安管理行为人拒绝检查、提取、采集，人民警察认为必要的，经公安机关办案部门负责人批准，可以强制检查、提取、采集。

（2）公安机关对与违反治安管理行为有关的场所、物品、人身可以进行检查。检查时，人民警察不得少于二人，并应当出示执法证件。对场所进行检查的，经公安机关办案部门负责人批准，使用检查证检查；对确有必要立即进行检查的，人民警察经出示执法证件，可以当场检查。检查公民住所应当出示县级以上地方人民政府公安机关开具的检查证明文件。检查妇女的身体，应当由女性工作人员或者医师进行。

（3）检查的情况应当制作检查笔录，由检查人、被检查人和见证人签名、盖章或者捺指印；被检查人不在场或者被检查人、见证人拒绝签名的，人民警察应当在笔录上注明。

四、鉴定

（一）鉴定的概念

鉴定，是指在治安案件中，为了确定案件的性质、查明事实真相，由公安机关指派或聘请具有鉴定资格的专门技术人员进行检验、鉴别和判断的一种活动。

（二）鉴定的原则

（1）独立性原则。鉴定人应当独立进行鉴定，不受任何行政机关、社会团体和个人的干涉。

（2）科学性原则。鉴定人应当根据科学技术手段和鉴定方法进行鉴定，确保鉴定意见的科学性和准确性。

（3）公正性原则。鉴定人应当以客观公正的态度进行鉴定，不受任何利益关系的影响，确保鉴定意见的公正性和客观性。

（4）合法性原则。鉴定人应当遵守相关法律法规和规章制度，确保鉴定意见的合法性和合规性。

（5）及时性原则。鉴定人应当及时进行鉴定，尽快出具鉴定意见，以便公安机关及时处治安案件。

（三）鉴定的要求

（1）对人身伤害的鉴定由法医进行；对精神病的鉴定，由有精神病鉴定资格的鉴定机构进行；对电子数据涉及的专门性问题难以确定的，由司法鉴定机构出具鉴定意见，或者由公安部指定的机构出具报告；对涉案物品价值不明或者难以确定的，公安机关应当委托价格鉴定机构估价。

（2）为了查明案情，需要解决案件中有争议的专门性问题的，应当指派或者聘请具有专门知识的人员进行鉴定；鉴定人鉴定后，应当写出鉴定意见，并且签名。

（3）鉴定人鉴定后，应当出具鉴定意见。禁止强迫或者暗示鉴定人作出某种鉴定意见。鉴定人对鉴定意见负责，不受任何机关、团体、企业、事业单位和个人的干涉。多人参加鉴定，对鉴定意见有不同意见的，应当注明；鉴定人故意作虚假鉴定的，应当承担法律责任。

（4）办案人民警察应当对鉴定意见进程审查；鉴定费用由公安机关承担，但当事人自行鉴定的除外。

五、辨认

（一）辨认的概念

辨认，作为治安案件办理中的一种重要调查取证手段，旨在通过特定的程序和方式，让涉案的相关人员协助公安机关查明案情。治安案件的辨认，是指公安机关在办理治安案件过程中，为了查明案情，依法让违法嫌疑人、被侵害人或者其他证人对与违法行为有关的物品、场所或者违法嫌疑人进行辨认的一种调查取证手段。

通过这种辨认活动，公安机关能够收集到更多关于案件的直接或间接证据，进一步还原案件发生的情景，揭示违法行为的真相。辨认不仅可以增强证据的可靠性和说服力，还有助于公安机关更准确地锁定违法嫌疑人，为后续的案件处理提供有力支持。同时，辨认活动必须依法进行，确保参与人员的合法权益得到充分保障。公安机关在组织辨认时，应当严格遵守法定程序，确保辨认过程的公正、公开和透明。此外，辨认结果也需要经过严格的审查和核实，以确保其真实性和有效性。

（二）辨认应注意的事项

（1）为了查明案情，人民警察可以让违反治安管理行为人、被侵害人和其他证人对与违反治安管理行为有关的场所、物品进行辨认，也可以让被侵害人、其他证人对违反治安管理行为人进行辨认，或者让违反治安管理行为人对其他违反治安管理行为人进行辨认。辨认应当制作辨认笔录，由人民警察和辨认人签名、盖章或者捺指印。

（2）辨认由两名以上办案民警主持；组织辨认前，应当向辨认人详细询问辨认对象的具体特征，并避免辨认人见到辨认对象。辨认时应当采用随机选取的方式，确保被辨认人不知道辨认对象的顺序或者特征，以避免主观因素的影响。

（3）公安机关在执法办案场所进行辨认的，可以由一名人民警察进行。由一名人民警察进行辨认的，应当全程同步录音录像。未按规定全程同步录音录像或者录音录像资料损毁、丢失的，相关证据不能作为处罚的根据。

（4）多名辨认人对同一辨认对象或者一名辨认人对多名辨认对象进行辨认时，应当个别进行。辨认时，应将辨认对象混杂在特征相似的其他对象中，不得给辨认人任何暗示。

（5）辨认违法嫌疑人时，被辨认的人数不得少于七人；对违法嫌疑人照片进行辨认的，不得少于十人的照片。辨认每一件物品时，混杂的同类物品不得少于五件。

六、扣押

（一）扣押的概念

治安案件的扣押，是指公安机关在依法履行职务过程中，对涉及违反治安管理规定的行为人或物品，采取的一种暂时性的控制措施。其主要目的是为了防止证据损毁、丢失或被篡改，以及保障调查工作的顺利进行。在扣押过程中，公安机关必须严格遵守相关法律法规的规定，确保被扣押人员或物品的合法权益不受侵犯。同时，扣押的期限也受到法律的限制，公安机关需要在法定期限内对被扣押的人员或物品进行处理。

（二）扣押的基本要求

（1）公安机关办理治安案件，对与案件有关的需要作为证据的物品，可以扣押；对被侵害人或者善意第三人合法占有的财产，不得扣押，应当予以登记。对与案件有关的必须鉴定的物品，可以扣押，鉴定后应当立即解除。对与案件无关的物品，不得扣押。

（2）对扣押的物品，应当会同在场见证人和被扣押物品持有人查点清楚，当场开列清单一式二份，由调查人员、见证人和持有人签名或者盖章，一份交给持有人，另一份附卷备查。

（3）实施扣押前应当报经公安机关办案部门负责人批准；因情况紧急，需要当场实施扣押的，人民警察应当及时向其所属公安机关办案部门负责人报告，并补办批准手续。公安机关办案部门负责人认为不应当扣押的，应当立即解除。

（4）对扣押的物品，应当妥善保管，不得挪作他用；对不宜长期保存的物品，按照有关规定处理。经查明与案件无关或者经核实属于被侵害人或者他人合法财产的，应当登记后立即退还；满六个月无人对该财产主张权利或者无法查清权利人的，应当公开拍卖或者按照国家有关规定处理，所得款项上缴国库。

（5）公安机关在执法办案场所进行扣押的，可以由一名人民警察进行。由一名人民警察进行扣押的，应当全程同步录音录像。未按规定全程同步录音录像或者录音录像资料损毁、丢失的，相关证据不能作为处罚的根据。

第七章　治安管理处罚的决定

第一节　治安管理处罚决定概述

一、治安管理处罚决定的概念

治安管理处罚决定，是指在违反治安管理规定的情况下，由公安机关依法对违法行为人作出的处罚决定。它是一种行政处罚措施，具有强制性和制裁性。

从概念来看，治安管理处罚决定主要包括以下几个方面：

首先，治安管理处罚决定是由公安机关依法作出的行政处罚措施，具有法律效应。这意味着治安管理处罚决定是依据国家相关法律法规的规定，由公安机关对违反治安管理规定的行为人作出的具有法律约束力的处罚决定。

其次，治安管理处罚决定针对的是违反治安管理规定的行为。这些行为通常涉及社会治安、公共安全等方面的问题，如打架斗殴、寻衅滋事、非法集会等。治安管理处罚决定是对这些行为的一种制裁措施，旨在维护社会秩序和公共安全。

最后，治安管理处罚决定具有强制性和制裁性。这意味着一旦作出治安管理处罚决定，违法行为人必须履行相应的处罚义务，否则将面临更加严厉的法律制裁。同时，治安管理处罚决定也是一种制裁措施，通过对违法行为的制裁来起到震慑和预防的作用。

二、治安管理处罚决定的特点

治安管理处罚决定的特点主要表现在以下几个方面：（1）治安管理处罚决定具有公正性，其处罚的种类和幅度必须根据违法行为的性质和情节而定，确保对违法行为的惩罚是公正的。（2）治安管理处罚决定具有公开性，其决定过程必须公开透明，让公众了解处罚的原因和依据，以增加执法公信力。（3）治安管理处罚决定还具有公平性，对同一种类的违法行为应采取相同的处罚标准，避免出现处罚不公的情况。（4）治安管理处罚决定必须保障人权，尊重违法者的合法权益，确保其受到公正、人道的对待。

三、治安管理处罚决定的意义

1. 对社会秩序的维护

治安管理处罚决定对于维护社会秩序具有重要意义。首先，通过对违法行为的制裁和惩罚，治安管理处罚决定有效地遏制了违法行为的滋生，减少了社会上的不安全因素，从而维护了社会秩序的稳定。其次，通过公正、公开、公平的原则，治安管理处罚决定保障了公民的合法权益，避免了权力的滥用和腐败的滋生，增强了公民对法律的信任感和尊重感。最后，治安管理处罚决定的实施，有助于提高公民的法律意识和道德水平，引导公民自觉遵守法律法规，形成良好的社会风尚。自实施治安管理处罚以来，违法犯罪率逐年下降，社会秩序明显好转。此外，一些成功的案例也证明了治安管理处罚决定在社会秩序维护中的重要作用。

2. 对违法行为的震慑

治安管理处罚决定对违法行为的震慑作用主要体现在以下几个方面：

（1）治安管理处罚决定是一种法律制裁措施，其严厉的惩罚力度可以对潜在的违法者产生威慑作用，遏制违法行为的滋生。（2）治安管理处罚决定能够起到惩罚和教育的作用，使违法者认识到违法行为的严重性，进而引导其回归正道。（3）治安管理处罚决定还能够对社会公众起到警示作用，提醒大家遵守法律法规，维护社会秩序。正如古希腊哲学家亚里士多德所说的，"法律是维护社会秩序的基石"，通过治安管理处罚决定对违法行为的震慑，我们可以共同维护一个安定和谐的社会环境。

3. 对公民权利的保护

在治安管理处罚决定中，对公民权利的保护是至关重要的。（1）对公民权利的保护是治安管理处罚决定的根本目的之一。通过维护社会秩序和制裁违法行为，治安管理处罚决定旨在保护公民的合法权益不受侵犯。（2）对公民权利的保护也是法治社会的基本要求。在法治社会中，公民的权利和自由应得到充分的尊重和保障，任何对公民权利的限制或剥夺都应依法进行，并遵循正当程序。为了更好地保护公民权利，治安管理处罚决定应遵循一系列原则，如公正原则、公开原则、公平原则和保障人权原则。这些原则确保了治安管理处罚决定的公正性和合法性，避免了滥用权力和侵犯公民权利的情况发生。

在实践中，对公民权利的保护体现在多个方面。例如，在决定是否给予治安管理处罚时，应充分考虑违法行为对公民权利的侵害程度和影响范围。对于轻微的违法行为，应以教育为主，避免对公民权利造成过度限制。同时，在实施治安管理处罚时，应遵循正当程序，确保当事人的合法权益不受侵犯。例如，在传唤、拘留等措施中，应依法告知被处罚人相关权利，并保证其得到律师的帮助。

为了更好地保护公民权利，还需要加强相关法律法规的制定和完善。通过制定更加详细和具体的法律法规，明确治安管理处罚的范围和标准，可以减少滥用权力和侵犯公民权利的风险。同时，对于违反法律法规的行为，应依法追究责任，维护法律的权威性和公正性。

四、治安管理处罚决定的原则

1. 公正原则

公正原则是治安管理处罚决定的核心原则之一。它要求在处罚决定过程中，必须遵循法律的规定，确保对违法行为的公正处理，不偏袒任何一方。为了实现公正原则，需要采取一系列措施。首先，要确保法律法规的透明度和公开性，让公众了解何为违法行为，以及违法后将受到何种处罚。这样可以避免因信息不对称而导致的处罚不公。其次，在处罚决定过程中，要充分保障当事人的合法权益，确保其得到公正的对待。此外，为了实现公正原则，还需要建立完善的监督机制。要对治安管理处罚决定的过程进行全程监督，确保其合法性和公正性。同时，要鼓励社会公众对治安管理处罚决定进行监督和评价，提出改进意见和建议，不断完善和优化治安管理处罚决定的工作机制。

2. 公开原则

公开原则是治安管理处罚决定的重要原则之一，它要求公安机关在作出治安管理处罚决定时必须公开、透明，保障公众的知情权和监督权。公开原则的具体内容包括处罚决定的公开、处罚程序的公开和处罚依据的公开。公开原则的目的是为了保证治安管理处罚的公正性和公平性，防止权力滥用和暗箱操作。根据公开原则，公安机关应当及时将治安管理处罚决定向社会公布，接受公众的监督和评价。同时，公安机关也应当在处罚程序中充分保障当事人的知情权和辩护权，确保程序正义。通过公开原则的实施，可以提高治安管理处罚的公信力和执行力，增强公众对公安机关的信任和支持。

3. 公平原则

这一原则要求在处罚决定中，对于违法行为人的处罚应当公正、合理，不偏袒任何一方。这意味着在做出处罚决定时，应当充分考虑违法行为的性质、情节、后果等因素，以及违法行为人的个人情况、历史表现等因素，进行综合评估。同时，还应当保证处罚决定的程序公正，确保当事人的合法权益得到充分保障。例如，在治安管理处罚中，对于类似的违法行为，应当根据违法行为的性质、情节等因素，给予相应的处罚，避免出现处罚不当的情况。此外，还应当注重保障当事人的合法权益，如听证等程序，确保当事人的合法权益得到充分保障。

4. 保障人权原则

这一原则要求在做出治安管理处罚决定时，必须充分保障公民的合法权益和人权。具体而言，保障人权原则要求公安机关在做出治安管理处罚决定时，必须遵循法定的程序和规定，确保当事人的合法权益不受侵害。同时，公安机关还应该积极采取措施，保护当事人的合法权益，如给予申诉机会等。此外，保障人权原则还要求公安机关在做出治安管理处罚决定时，必须严格依法办事，不得滥用职权或违反法律规定，确保处罚决定的合法性和公正性。

五、治安管理处罚决定的依据

1. 法律依据

治安管理处罚决定的法律依据是制定和实施治安管理处罚的重要依据。这些法律依据主要包括国家法律法规、行政规章和地方性法规等。根据这些法律依据，治安管理处罚决定应当遵循公正、公开、公平和保障人权的原则。例如，在制定治安管理处罚决定时，应当根据法律法规的规定，对违法行为进行准确的定性，并依法对违法行为人进行处罚。同时，在实施治安管理处罚决定时，也应当依法进行，确保处罚的合法性和公正性。此外，在治安管理处罚决定中，还应当注重保障人权，尊重公民的合法权益，避免滥用职权和侵犯公民权利的情况发生。

2. 事实依据

在治安管理处罚决定中，事实依据是至关重要的。事实依据，是指对违法行为的事实进行认定和证明的相关依据，包括证据、证人证言、鉴定意见等。在做出治安管理处罚决定之前，必须充分收集和审查事实依据，确保处罚决定的公正性和准确性。

首先，证据是事实依据的核心。证据必须具有合法性、真实性和关联性。在收集证据的过程中，可以采用多种手段，如现场勘查、询问证人、调取监控录像等。同时，证据的审查和认定也需要遵循严格的程序和标准，确保证据的真实性和可靠性。

其次，证人证言也是事实依据的重要组成部分。证人证言的收集和审查也需要遵循相应的程序和标准，确保证言的真实性和可靠性。在某些情况下，证人可能因为各种原因不愿意提供证言，此时需要采取相应的措施，如进行心理疏导或提供法律援助等，以鼓励证人提供真实可靠的证言。

此外，鉴定意见也是事实依据的一种形式。鉴定意见是指由专业机构或专家对特定问题进行鉴定后得出的结论性意见。在治安管理处罚决定中，鉴定意见可以起到关键的作用，尤其是在涉及专业性问题时。但是，鉴定意见的可靠性和公正性也需要得到保障，因此需要选择有信誉和专业能力的机构或专家进行鉴定。

3. 证据依据

在治安管理处罚决定中，证据依据是至关重要的。证据是确定事实真相的基石，是处罚决定的基础。没有充分的证据，任何处罚决定都难以让人信服。

因此，在做出治安管理处罚决定之前，必须进行严格的证据收集和审查工作。

证据的收集要遵循一定的法律程序和技术规范。在收集证据时，必须保证证据的合法性、真实性和完整性。这包括对各种物证、人证、书证、视听资料等进行全面、细致的收集和审查。同时，还要借助现代科技手段，如DNA鉴定、监控录像等，来获取更加准确和可靠的证据。

在治安管理处罚决定中，证据的分析和运用也是非常重要的。这需要根据不同的案件情况和证据特点，采用不同的分析方法和逻辑推理。例如，对于物证和人证，需要分析其可靠性和可信度；对于视听资料，需要分析其真实性和完整性。同时，还要注意排除非法证据和瑕疵证据，确保证据的合法性和公正性。

六、治安管处罚决定的条件

（1）违反治安管理行为的事实清楚，证据确凿。这意味着需要有充分的证据证明行为人确实实施了违反治安管理的行为。

（2）行为人实施了扰乱公共秩序、妨害公共安全、侵犯人身权利、财产权利、妨害社会管理等具有社会危害性的行为，但尚不构成犯罪。这些行为应当是违反治安管理的行为，而不是其他类型的犯罪行为。

（3）违法行为在六个月内被公安机关发现。这是因为治安管理处罚具有时效性，超过这个时限将无法进行处罚。

（4）行为人达到了承担行政责任的年龄，即行为人必须具备一定的年龄条件，才能够承担行政责任。

七、治安管处罚决定的主体

治安管理处罚由县级人民政府公安机关或者公安分局决定；其中，警告、一千元以下的罚款，可以由公安派出所决定。

八、办理治安案件的期限

公安机关办理治安案件的期限，自立案之日起不得超过三十日；案情重大、复杂的，经上一级公安机关批准，可以延长三十日。公安派出所办理的案件，由所属公安机关批准。为了查明案情进行鉴定的期间，不计入办理治安案件的期限。

第二节 治安管理处罚的告知与听证

一、治安管理处罚的告知

（一）治安管理处罚告知的概念

治安管理处罚的告知，是指在进行治安管理处罚之前，公安机关必须告知违反治安管理行为人处罚的事实、理由及依据，并告知其依法享有的权利。在告知之后，违反治安管理行为人有权进行陈述和申辩，公安机关必须充分听取其意见，并对提出的事实、理由和证据进行复核。如果事实、理由或证据成立，公安机关应当采纳。公安机关不得因违反治安管理行为人的陈述、申辩而加重处罚。这既是对被处罚人权利的尊重，也是确保处罚决定合法有效的关键步骤。通过告知，被处罚人能够了解处罚的事实、理由和依据，从而有机会提出自己的陈述和申辩。

（二）治安管理处罚告知的方式及内容

1.治安管理处罚告知的方式

（1）当场告知。在发现违法行为后，公安机关可以当场告知被处罚人违法事实、处罚理由、处罚依据等相关信息。

（2）书面告知。公安机关可以在调查结束后，书面告知被处罚人相关处罚决定，包括违法事实、处罚理由、处罚依据等，并要求被处罚人在告知书上签名。

（3）口头告知。对于一些简单的违法行为，公安机关可以采用口头方式告知被处罚人相关处罚决定，并要求被处罚人当场确认。

无论采用何种方式，公安机关都应当告知被处罚人依法享有的权利，如陈述权、申辩权等。同时，告知应当在合理的时间内进行，以确保被处罚人能够充分了解自己的权利和义务。

2. 治安管理处罚告知的内容

公安机关作出治安管理处罚决定前，应当告知违反治安管理行为人作出治安管理处罚的事实、理由及依据，并告知违反治安管理行为人依法享有的权利。这些信息不仅有助于被处罚人了解自己的违法情况和处罚情况，还能够提醒他们注意自己的权利保护。同时，公安机关在告知过程中应当保持客观、公正的态度，避免任何主观臆断或偏见对告知内容的影响。

二、治安管理处罚的听证

（一）治安管理处罚听证的概念

治安管理处罚听证是一种法律程序，旨在为受到治安管理处罚的人提供辩护和申辩的机会。这一程序的核心在于确保当事人的合法权益不受侵犯，同时保证处罚的公正性和合理性。它是一般程序中的选择性程序，不是每个案件的必经程序。具体来说，治安管理处罚听证，是指公安机关在拟作出特定的治安管理处罚决定前，依法召开听证会，听取当事人广泛意见的法律程序。

（二）治安管理处罚听证的意义

听证的意义在于为当事人提供了一个陈述和辩护的机会，确保公正、公开和公平地处理案件。通过听证,当事人可以向决策者提供证据和证言,阐述自己的观点和诉求,并对其他当事人的证据和证言进行质证和反驳。这种程序可以确保当事人的合法权益得到充分保障,减少冤假错案的发生,提高司法公信力。同时,听证还可以促进案件处理的透明度和公正性,防止权力滥用和暗箱操作。在治安管理处罚的听证中,这种程序可以确保处罚的合理性和合法性,减少社会矛盾和纠纷,促进社会和谐稳定。

(三)治安管理处罚听证的原则

治安管理处罚的听证是为了保障当事人的合法权益而设立的重要程序。在听证程序中,当事人有权参与处罚决定的过程,并对处罚提出自己的意见和证据。这一原则的实现,不仅有助于保障当事人的合法权益,还有助于提高处罚决定的公正性和透明度。根据相关法律法规的规定,治安管理处罚的听证程序应当遵循公开、公正、公平的原则,确保当事人的合法权益得到充分保障。公开原则要求听证过程应当向社会公开,允许公众旁听和新闻媒体报道,这有助于增加处罚决定的透明度,提高公众对公安机关工作的信任度。公正原则要求听证程序应当公平对待当事人,确保各方当事人的权利得到平等保护。在听证过程中,公安机关应当保持中立地位,不偏袒任何一方当事人。同时,听证主持人应当公正地主持听证,确保各方当事人有充分的机会发表自己的意见和证据。公平原则还要求听证程序应当合理地分配举证责任和证明标准。在治安管理处罚的听证程序中,公安机关应当承担主要举证责任,提供足够的证据证明处罚的合法性和合理性。而当事人也应当承担一定的举证责任,提供与案件相关的证据和材料。此外,为了确保听证程序的顺利进行,公安机关和当事人应当遵守听证纪律,不得进行人身攻击或恶意诽谤。同时,听证主持人也应当对违反听证纪律的行为进行及时制止和处理。

（四）治安管理处罚听证的范围

治安管理处罚听证的适用范围是吊销许可证、处四千元以上罚款的治安管理处罚决定以及采取责令停业整顿措施。具体来说，治安管理处罚中，吊销许可证、处四千元以上罚款的治安管理处罚决定以及采取责令停业整顿措施，应当告知听证权利。其法律依据为《治安管理处罚法（修订草案）》第一百一十七条。

（五）治安管理处罚听证程序的基本流程

1. 听证的申请与受理

在治安管理处罚听证程序中，听证的申请与受理是至关重要的环节。这一环节不仅涉及当事人合法权益的保障，还直接影响到听证程序的公正性和有效性。因此，对于听证的申请与受理进行深入研究，具有重要的现实意义。

首先，为了确保听证的申请与受理能够顺利进行，有必要明确申请人和受理机构的具体职责。申请人应当在规定的时间内，按照规定的格式和要求提交听证申请及相关证据材料。而受理机构则应当对申请进行审查，并在规定的时间内决定是否受理。审查过程中，受理机构应当着重考虑申请是否符合听证程序的基本条件，以及是否涉及重大公共利益。只有当申请符合条件时，受理机构方可决定受理，并通知申请人及有关当事人举行听证的时间和地点。

其次，为了提高听证的申请与受理效率，可以引入现代化的信息技术手段。例如，可以建立在线申请平台，方便申请人随时随地进行申请。同时，利用大数据和人工智能技术对申请材料进行智能审核，可以大大缩短审查时间，提高工作效率。此外，通过建立电子档案系统，可以实现申请材料的电子化管理，方便后续的查询和调用。

最后，为了确保听证的申请与受理的公正性，应当建立健全的监督机制。

一方面，应当对受理机构进行监督，确保其在审查过程中不偏不倚、客观公正；另一方面，也应当对申请人进行监督，防止其滥用听证权利。同时，对于违反听证程序的行为，应当依法追究其法律责任。

治安管理处罚听证程序的听证的申请与受理是一个复杂而重要的过程。为了确保其顺利进行，不仅需要明确相关职责、引入现代化技术手段，更需要建立健全的监督机制。只有这样，才能真正发挥听证程序在治安管理处罚中的作用，切实保障当事人的合法权益。

2. 听证的举行

（1）当事人提出要求。当事人如果希望进行听证，应当在接到行政机关的告知后，以书面形式提出听证要求。

（2）通知听证时间和地点。行政机关在决定举行听证会后，应提前通知当事人听证的具体时间和地点。

（3）公开举行听证。听证会通常是公开举行的，允许公众旁听，以确保透明度和公正性。

（4）指定听证主持人。听证由行政机关指定的工作人员主持，但本案的调查人员不得主持听证。

（5）当事人参与。当事人可以亲自参加听证，也可以委托1至2人代理。在听证会上，调查人员会提出当事人违法行为的事实、证据、理由和依据，而当事人及其代理人则有权进行申辩和质证。

（6）制作并审核笔录。听证过程中，应制作详细的笔录，并在听证结束后交由当事人审核。如果当事人认为笔录无误，应签字或盖章确认。

（7）复核申辩和质证。公安机关应对当事人在听证会上的申辩或质证进行认真复核，以确保听证结果的公正性。

(六) 治安管理处罚听证程序中的权利保障

1. 当事人的权利与义务

在治安管理处罚听证程序中，保障当事人的权利与义务是至关重要的。当事人作为听证程序的主体，其权利主要包括申请听证的权利、陈述事实和理由的权利、申请回避的权利、质证权利等。同时，当事人也承担着如实陈述和遵守听证秩序的义务。为了更好地保障当事人的权利与义务，需要采取一系列措施。首先，法律法规的完善与修订是必要的，以确保当事人的权利与义务得到明确的法律保障。其次，技术手段在听证程序中的应用可以提高听证的效率和公正性，例如使用电子记录、视频会议等技术手段。此外，国际视野下的治安管理处罚听证程序也可以借鉴其他国家和地区的成功经验和做法，以更好地保障当事人的权利与义务。

2. 律师参与听证的法律规范

在治安管理处罚听证程序中，律师作为法律专业人士，可以为当事人提供法律咨询、代理申诉、辩护等服务，有助于维护当事人的合法权益。根据相关法律法规，律师在听证程序中享有一定的权利和义务，如提出证据、质证、辩护等权利，同时也要遵守听证程序的规定，维护听证的公正性和合法性。一些国家还规定了律师在听证程序中的豁免权，以保护律师在行使职权时的合法权益。此外，律师参与听证的法律规范还应包括对律师的专业要求、职业道德和执业纪律等方面的规定，以确保律师在听证程序中能够提供高质量的法律服务。

为了充分发挥律师在治安管理处罚听证程序中的作用，需要进一步完善相关法律法规和制度建设。例如，可以制定更为详细的律师代理规范和操作流程，明确律师在听证程序中的权利和义务；建立律师执业责任保险制度，为律师在行使职权时提供必要的保障；加强律师职业道德和执业纪律的监督和评价，提高律师的职业素养和服务质量。此外，还可以通过教育培训、学术交流等方式，提高律师在听证程序方面的专业能力和水平。

在实践中，一些国家已经采取了相应的措施来加强律师在治安管理处罚听证程序中的作用。例如，美国的一些州规定了律师在治安管理处罚听证程序中的出庭代理制度，要求律师必须出庭代理当事人；英国则建立了治安管理处罚听证程序中的法律援助制度，为经济困难或特殊案件的当事人提供免费的法律援助。

通过以上措施的实施，可以进一步保障当事人在治安管理处罚听证程序中的合法权益，提高听证程序的公正性和合法性。同时，也有助于提高律师在听证程序方面的专业能力和服务水平，推动律师行业的健康发展。

3. 权利保障的监督机制

为了确保听证程序的公正、公平和透明，必须建立健全的权利保障监督机制。这包括对听证程序全过程的监督，以及对当事人权利的保障。监督机制可以采取多种形式，如内部监督、外部监督和社会监督等。内部监督可以由公安机关内部的监察机构负责，对听证程序的合法性和公正性进行审查。外部监督可以由人大、政协、司法机关等负责，对公安机关的听证活动进行监督。社会监督可以包括媒体监督和公众监督，通过媒体的报道和公众的参与，对听证程序进行全面的监督。

建立健全的权利保障监督机制需要法律法规的支持。我国已经出台了一系列法律法规，如《治安管理处罚法》《行政处罚法》等，对听证程序的权利保障做出了明确规定。然而，这些法律法规仍存在一些不足之处，需要不断完善和修订。例如，可以进一步明确当事人的权利和义务，加强律师参与听证的法律规范，完善权利保障的救济机制等。

在实践中，一些地方已经采取了措施来加强权利保障的监督机制。例如，一些地方实行了听证笔录公开制度,将听证笔录向社会公开,接受公众的监督。此外,一些地方还建立了听证程序的投诉举报机制,为当事人提供更多的维权途径。这些措施有效地保障了当事人的合法权益,提高了听证程序的公信力。

为了确保当事人的合法权益得到有效保障,必须建立健全的权利保障监督机制。这需要法律法规的支持和实践中的不断探索和完善。未来,随着技术手段的应用和法治的进步,权利保障的监督机制将更加完善,为听证程序的公正、公平和透明提供更加坚实的保障。

(七)治安管理处罚听证程序的实践问题与对策

1. 听证程序实践中的问题

在治安管理处罚的听证程序实践中,存在着一些问题,这些问题影响了程序的公正性和有效性。首先,听证程序的时间和地点往往不能得到合理的安排,导致一些当事人无法参与。据统计,在某城市的治安管理处罚听证中,有超过30%的当事人因为时间和地点安排问题而无法出席。这不仅剥夺了当事人的参与权,也影响了听证程序的公正性。其次,听证程序中的证据规则和证明标准不够明确,导致证据的采信和排除存在困难。在一些案例中,由于缺乏明确的证据规则和证明标准,听证结果受到了质疑。

2. 对策建议与完善措施

针对治安管理处罚听证程序中的实践问题,需要采取一系列对策和建议进行完善。首先,应当完善法律法规,明确听证程序的具体操作流程和标准,确保各方权利得到有效保障。其次,应当加强听证程序的透明度和公开度,引入公众监督机制,提高听证程序的公信力。此外,应当加强律师参与听证的法律规范,确保当事人在听证程序中得到充分的法律援助。同时,应当建立听证笔录的审核制度,确保听证笔录的真实性和准确性。为了提高听证程序的效率，可以引入科技手段，如视频会议等远程听证方式，减少当事人的时间和经济成本。

针对听证程序实践中的问题，例如听证时间过长、听证费用过高、听证主持人中立性不足等，需要采取相应的对策进行解决。例如，可以缩短听证时间，提高听证效率；降低听证费用，减轻当事人经济负担；加强听证主持人的培训和管理，确保其中立性和专业性。同时，应当加强对听证程序的宣传和教育，提高公众对听证程序的认识和理解，促进听证程序的普及和应用。

第三节　治安管理处罚决定的流程

一、治安管理处罚决定的审核

治安管理处罚决定一般不需要经过审批，公安机关在调查取证后，如果有证据证明违法事实的存在，就可以作出处罚决定。但在公安机关作出治安管理处罚决定之前，出现以下几种情形之一的，应当由从事治安管理处罚决定法制审核的人员进行法制审核；未经法制审核或者审核未通过的，不得作出决定：（1）涉及重大公共利益的；（2）直接关系当事人或者第三人重大权益，经过听证程序的；（3）案件情况疑难复杂、涉及多个法律关系的。公安机关中初次从事治安管理处罚决定法制审核的人员，应当通过国家统一法律职业资格考试取得法律职业资格。

二、治安管理处罚的决定

治安案件调查结束后，公安机关应当根据不同情况，分别作出以下处理：（1）确有依法应当给予治安管理处罚的违法行为的，根据情节轻重及具体情况，作出处罚决定；（2）依法不予处罚的，或者违法事实不能成立的，作出不予处罚决定；(3)违法行为已涉嫌犯罪的，移送主管机关依法追究刑事责任；(4)发现违反治安管理行为人有其他违法行为的，在对违反治安管理行为作出处罚决定的同时，通知有关行政主管部门处理。对情节复杂或者重大违法行为给予治安管理处罚，公安机关负责人应当集体讨论决定。

三、开具治安管理处罚决定书

1. 治安管理处罚决定书的制作

公安机关作出治安管理处罚决定的，应当制作治安管理处罚决定书。决定书应当载明下列内容：（1）被处罚人的姓名、性别、年龄、身份证件的名称和号码、住址；（2）违法事实和证据；（3）处罚的种类和依据；（4）处罚的执行方式和期限；（5）对处罚决定不服，申请行政复议、提起行政诉讼的途径和期限；（6）作出处罚决定的公安机关的名称和作出决定的日期。决定书应当由作出处罚决定的公安机关加盖印章。

2. 治安管理处罚决定书的送达

公安机关应当向被处罚人宣告治安管理处罚决定书，并当场交付被处罚人；无法当场向被处罚人宣告的，应当在二日内送达被处罚人。决定给予行政拘留处罚的，应当及时通知被处罚人的家属。有被侵害人的，公安机关应当将决定书送达被侵害人。

第八章　治安管理处罚的执行

第一节　治安管理处罚执行概述

一、治安管理处罚执行的概念

治安管理处罚执行，是指在治安管理处罚决定作出后，依法对被处罚人实施处罚的程序和过程。治安管理处罚执行具有强制性，要求被处罚人履行裁决内容。对于拒不履行裁决的被处罚人，公安机关可以采取相应的强制措施，如强制传唤、强制拘留等。此外，治安管理处罚执行还具有及时性，要求公安机关在接到裁决后及时对被处罚人进行处罚，以免延误时机，影响处罚效果。在治安管理处罚执行过程中，公安机关需要严格遵守法律法规，确保程序公正、公开、透明。

二、治安管理处罚执行的原则

1. 申请救济不停止执行原则

申请救济不停止执行原则，是指在当事人对公安机关作出的行政决定不服，依法申请行政复议或提起行政诉讼的情况下，公安机关不停止对治安管理处罚决定的执行。这一原则体现了行政效率的要求和公共利益的维护，确保公安机关在作出处罚决定后，即使当事人提出异议，也能及时有效地执行处罚，避免因为复议或诉讼而导致的执行延迟。

《公安机关办理行政案件程序规定》第一百九十九条规定，"被处理人对行政处理决定不服申请行政复议或者提起行政诉讼的，行政处理决定不停止执行，但法律另有规定的除外。"在行政复议与行政诉讼过程中，若行政处理决定暂停执行，被处理方可能依据此原则申请行政复议或提起行政诉讼，导致具体行政行为久拖不决，从而影响法律秩序和社会稳定。

2. 罚缴分离的执行原则

罚缴分离的执行原则，也称为"罚缴分离制度"，其主要目的是确保罚款的公正、合法收缴，防止滥用职权和侵犯当事人合法权益。这一原则要求在执法过程中，罚款的决定与罚款的收缴必须分离，由不同的机构或部门来承担。

具体来说，罚缴分离原则的实施包括以下几个方面：

（1）公安机关在对违法行为者进行罚款处罚时，应明确告知其违法事实、罚款金额及缴纳方式，并开具正式的治安管理处罚决定书。

（2）受到罚款处罚的人应当自收到处罚决定书之日起十五日内，到指定的银行缴纳罚款。被处罚人需根据治安管理处罚决定书上的指示，到指定的代收银行或其他合法机构缴纳罚款。这些代收机构与作出罚款决定的公安机关是分开的，它们负责收取罚款并出具相应的收据。

（3）代收的罚款将直接上缴国库，而不是进入公安机关或其他机构的账户。这样可以确保罚款的透明度和合法性，防止任何形式的挪用或滥用。

（4）人民警察当场收缴的罚款，应当自收缴罚款之日起二日内，交至所属的公安机关；在水上、旅客列车上当场收缴的罚款，应当自抵岸或者到站之日起二日内，交至所属的公安机关；公安机关应当自收到罚款之日起二日内将罚款缴付指定的银行。

罚缴分离原则的实施有利于维护社会秩序，建立公正透明的法治环境。它不仅可以防止执法机关滥用职权，保护当事人的合法权益，还可以确保罚款得到有效管理和利用，为社会的和谐稳定提供有力保障。

第二节　罚款、行政拘留及其他处理决定的执行

一、罚款的执行

1. 自行缴纳罚款

受到罚款处罚的人应当自收到处罚决定书之日起十五日内，到指定的银行缴纳罚款。

自行缴纳罚款，可按照以下步骤进行操作：

（1）确定罚款金额和支付方式。在收到处罚决定书后，当事人应认真阅读决定书的内容，特别是罚款金额、缴纳期限以及指定的缴纳机构等信息。

（2）前往指定机构缴纳罚款。前往指定机构缴纳罚款时，建议当事人提前了解机构的办公时间、地址以及交通路线等信息，以免耽误时间。同时，携带好相关证件，如身份证等，以便在缴纳罚款时能够顺利完成身份验证。

（3）填写相关表格或提供必要信息。在缴纳罚款时，需要填写相关的表格或提供必要的信息，例如罚款通知单上的信息、身份证明等。请根据具体要求提供所需信息。

（4）缴纳罚款金额。根据选择的支付方式，缴纳相应的罚款金额，确保支付正确的金额。

（5）保留相关凭证。在完成缴纳罚款后，请保留相关的凭证或收据。无论是现金收据还是电子支付凭证，都应妥善保管。这些凭证不仅可以作为已经履行义务的证明，还可以在日后需要核对或申诉时作为重要依据。

2. 当场收缴罚款

当场收缴罚款是治安管理处罚中的一种特殊措施，其适用条件明确且严格。在执法过程中，人民警察应当根据具体情况灵活运用这一措施，既保障执法的有效性，又尊重和保护被处罚人的合法权益。

根据《治安管理处罚法（修订草案）》第一百二十三条规定，"有下列情形之一的，人民警察可以当场收缴罚款：（1）被处二百元以下罚款，被处罚人对罚款无异议的；（2）在边远、水上、交通不便地区，旅客列车上或者口岸，公安机关及其人民警察依照本法的规定作出罚款决定后，被处罚人向指定的银行缴纳罚款确有困难，经被处罚人提出的；（3）被处罚人在当地没有固定住所，不当场收缴事后难以执行的。"

3. 暂缓或分期缴纳罚款

《公安机关办理行政案件程序规定》第二百一十七条规定，"被处罚人确有经济困难，经被处罚人申请和作出处罚决定的公安机关批准，可以暂缓或者分期缴纳罚款。"

4. 强制执行罚款

强制执行罚款，是指被处罚人不按照规定缴纳罚款时，公安机关可以采取的强制措施。具体措施：一是财物抵缴。对于被处罚人的被查封、扣押的财产，可进行拍卖或变卖以抵缴罚款。若拍卖或变卖所得价款超过罚款金额，超出部分应退还给被处罚人。拍卖财物，由公安机关委托拍卖机构依法办理。二是加罚罚款。对于无法采取第一种措施的情况，每日按罚款金额的百分之三追加处罚，总加处罚款不得超过罚款金额。三是申请人民法院强制执行。在依法追加罚款超过三十日后，若经催告被处罚人仍未履行处罚决定，作出行政处罚的公安机关可以向所在地人民法院申请强制执行。

二、行政拘留的执行

行政拘留是一种严厉的行政处罚，针对的是违反治安管理行为情节较为严重的人。

1. 拘留所执行

对被决定给予行政拘留处罚的人，由作出决定的公安机关送拘留所执行。所谓"作出决定的公安机关"，是指依法对被处罚人作出行政拘留处罚决定的公安机关。

2. 异地执行

被决定给予行政拘留处罚的人在异地被抓获或者有其他有必要在异地拘留所执行情形的，经异地拘留所主管公安机关批准，可以在异地执行。在异地执行行政拘留，是指在作出行政拘留决定的公安机关所在地以外的地区对违反治安管理的行为人执行行政拘留处罚。需要注意的是，在异地执行行政拘留的过程中，公安机关应当严格遵守法律程序和规定，确保被拘留人的合法权益得到保障。同时，被拘留人也应当积极配合公安机关的调查和执行工作，不得以任何方式干扰执法。

3. 折抵执行

对决定给予行政拘留处罚的人，在处罚前已经采取强制措施限制人身自由的时间，应当折抵。限制人身自由一日，折抵行政拘留一日。这里的"强制措施"，是指刑事拘留、逮捕。这种做法可以在一定程度上减少对行为人的实际拘留时间。

4. 依法不执行

根据《治安管理处罚法（修订草案）》第二十二条规定，"违反治安管理行为人有下列情形之一，依照本法应当给予行政拘留处罚的，不执行行政拘留处罚：（一）已满十四周岁不满十六周岁的；（二）已满十六周岁不满十八周岁，初次违反治安管理的；（三）七十周岁以上的；（四）怀孕或者哺乳自己不满一周岁婴儿的。但已满十四周岁不满十六周岁、七十周岁以上的违反治安管理行为人，一年内二次以上违反治安管理的，可以执行行政拘留处罚。"

5. 暂缓执行

《治安管理处罚法（修订草案）》第一百二十六条是关于暂缓执行行政拘留的规定，为被处罚人在特定情况下提供了法律上的救济途径。

根据《治安管理处罚法（修订草案）》一百二十六条规定，"被处罚人不服行政拘留处罚决定，申请行政复议、提起行政诉讼的，或者遇有参加升学考试、子女出生或者近亲属病危、死亡等情形的，可以向公安机关提出暂缓执行行政拘留的申请。公安机关认为暂缓执行行政拘留不致发生社会危险的，由被处罚人或者其近亲属提出符合条件的担保人，或者按每日行政拘留二百元的标准交纳保证金，行政拘留的处罚决定暂缓执行。"

根据《治安管理处罚法（修订草案）》第一百二十七条规定，"担保人应当符合下列条件：（一）与本案无牵连；（二）享有政治权利，人身自由未受到限制；（三）在当地有常住户口和固定住所；（四）有能力履行担保义务。担保人应当保证被担保人不逃避行政拘留处罚的执行。"担保人不履行担保义务，致使被担保人逃避行政拘留处罚的执行的，由公安机关对其处三千元以下罚款。被决定给予行政拘留处罚的人交纳保证金，暂缓行政拘留后，逃避行政拘留处罚的执行的，保证金予以没收并上缴国库，已经作出的行政拘留决定仍应执行。行政拘留的处罚决定被撤销，或者行政拘留处罚开始执行的，公安机关收取的保证金应当及时退还交纳人。

需要注意的是，暂缓执行行政拘留并不等于撤销处罚决定。它只是暂时停止了行政拘留的执行，待相关程序完成后，如果处罚决定维持不变，行政拘留仍会执行。因此，被处罚人在申请暂缓执行时，应充分了解相关法律规定，并积极配合公安机关的工作。

三、其他处理决定的执行

1. 警告处理决定的执行

在所有治安管理处罚中，警告属于处罚最轻的一种。警告的具体执行程序是公安机关会制作书面警告决定书，并按法定程序要求送达，告知被处罚人有申请行政复议和提起行政诉讼的权利。

在执行警告处理决定时，公安机关会制作一份正式的警告决定书，其中详细载明被处罚人的姓名、违法行为、警告依据以及应当注意的事项等内容。这份决定书会按照法定程序送达给被处罚人，确保其充分了解警告的内容和后果。

警告处理决定的执行期限通常根据具体情况而定，但一般会有一个合理的期限要求被处罚人进行改正或纠正违法行为。在期限内，如果被处罚人未提出异议并积极配合改正，公安机关会将警告记录在案，并可能对其进行进一步的教育或提供改正建议，以促使其真正认识到错误并避免再次违法。

2. 吊销公安机关发放的许可证或执照的执行

吊销公安机关发放的许可证或执照是一种处罚措施，通常用于违反相关法律法规或规定的企业或个人。在执行吊销许可证或执照的处罚时，公安机关需要遵循一定的程序和规定。

首先，公安机关需要依法对被处罚的企业或个人进行调查取证，收集相关证据，并确认其是否存在违法事实。如果确认存在违法事实，公安机关将会依法作出吊销许可证或执照的决定。

在作出吊销许可证或执照的决定后，公安机关需要在被吊销的许可证或执照上加盖吊销印章，并通知被处罚人。被处罚人需要按照规定的时间和方式缴销被吊销的许可证或执照。如果被处罚人拒不缴销证件，公安机关可以依法采取强制措施或者通过公告宣布作废。

此外，如果吊销许可证或执照的机关不是发证机关，作出决定的机关应当在处罚决定生效后及时通知发证机关。同时，如果被处罚人对吊销许可证或执照的决定不服，可以依法申请行政复议或者提起行政诉讼。

吊销公安机关发放的许可证或执照是一种严肃的处罚措施，需要依法执行。在执行过程中，公安机关需要严格遵守相关程序和规定，确保处罚的公正性和合法性。

3. 责令停产停业处理决定的执行

责令停产停业是公安机关强制命令违反治安管理处罚的行为人暂时或永久地停止生产经营和其他业务活动的制裁方法。在作出责令停产停业决定之前，需要进行听证。除非涉及国家秘密、商业秘密或者个人隐私外，听证应公开举行。当事人有权要求举行听证，行政机关应当组织听证。同时，当事人不承担行政机关组织听证的费用。

责令停产停业的执行由具有强制执行权的行政机关负责，包括工商局、公安机关等强制机关。这些机关将根据具体情况采取必要的措施来确保行政处罚的执行。

此外，如果违法行为轻微并及时改正，没有造成危害后果的，不予行政处罚。初次违法且危害后果轻微并及时改正的，可以不予行政处罚。当事人有证据足以证明没有主观过错的，不予行政处罚。法律、行政法规另有规定的，从其规定。对当事人的违法行为依法不予行政处罚的，行政机关应当对当事人进行教育。

第三节 治安管理处罚决定执行的法律救济

一、治安管理处罚决定执行的法律救济概念

治安管理处罚决定执行的法律救济,是指当公民、法人或者其他组织认为治安管理处罚决定侵害其合法权益时,可以通过法定途径请求重新审查该处罚决定,以保护自身合法权益。

法律救济途径主要包括行政复议、行政诉讼和行政赔偿等。这一概念的核心在于保障当事人的合法权益,纠正不当的治安管理处罚决定,维护社会公正和稳定。

二、治安管理处罚决定执行的法律救济原则

治安管理处罚决定执行的法律救济原则是确保公民权利得到有效保障的重要手段。在实践中,这一原则主要体现在以下几个方面:一是依法救济原则,即法律救济必须依法进行,在法律规定的范围内行使权利,不得违反法律规定;二是公正原则,即法律救济应当公正、公平、合理,不受任何不当影响和干预。三是及时原则,即法律救济应当及时进行,尽可能快地解决纠纷,避免影响正常的生活、工作和生产秩序;四是充分原则,即法律救济应当充分、有效、有力,尽可能地保障公民的合法权益。

为了更好地实现这些原则,需要采取一系列措施。首先,要加强法律宣传和教育,提高公民的法律意识和法治观念,让公民了解自己的权利和义务,懂得如何维护自己的合法权益。其次,要完善法律制度,加强立法、司法和执法工作,确保法律的有效实施和正确适用。再次,要加强监督和制约,建立健全的法律监督机制,防止权力滥用和腐败现象的发生。

三、治安管理处罚决定执行的法律救济途径

（一）行政复议

1. 行政复议的概念与特征

行政复议，是指公民、法人或者其他组织认为行政机关的具体行政行为侵犯其合法权益，按照法定的程序和条件向做出该具体行政行为的行政机关的上一级行政机关或法定机关提出申请，由受理申请的行政机关对该具体行政行为进行复查并做出复议决定的活动。这一程序是行政机关的一种内部纠错机制。行政复议的目的是纠正行政主体作出的违法或者不当的具体行政行为，以保护行政管理相对人的合法权益。

行政复议是一种通过行政程序纠正违法或者不当的具体行政行为的法律制度。它具有以下特征：

（1）提出行政复议的人，必须是认为行政机关行使职权的行为侵犯其合法权益的法人和其他组织。

（2）当事人提出行政复议，必须是在行政机关已经做出行政决定之后，如果行政机关尚没做出决定，则不存在复议问题。

（3）当事人对行政机关的行政决定不服，只能按法律规定，向有行政复议权的行政机关申请复议。

（4）行政复议，以书面审查为主，以不调解为原则。

（5）行政复议的结论做出后，即具有法律效力。只要法律未规定复议决定为终局裁决的，当事人对复议决定不服的，仍可以按行政诉讼法的规定，向人民法院提请诉讼。

2. 行政复议的程序

行政复议的程序包括以下步骤：

（1）申请时效。申请人应在知道被申请人行政行为作出之日起60日内

提出复议申请（法律另有规定的除外）。如果因不可抗力或其他正当理由耽误了法定申请期限，申请期限将从障碍消除之日起继续计算。

（2）申请条件。申请人必须是认为行政行为侵犯其合法权益的相对人，有明确的被申请人，有具体的复议请求和事实根据，属于依法可申请行政复议的范围，相应的行政复议申请属于受理行政复议机关管辖，以及符合法律法规规定的其他条件。

（3）申请方式。申请人可以书面或口头申请行政复议。如果选择口头申请，行政复议机关应记录申请人的基本情况、行政复议请求、申请行政复议的主要事实、理由和时间。

（4）提交行政复议申请书。申请书应包括申请人的姓名、性别、年龄、民族、职业、工作单位、住所、联系方式等信息，被申请人的名称、地址，申请行政复议的理由和要求，以及提出复议申请的日期。

（5）受理。行政复议机关收到申请后，应在5日内进行审查，决定是否受理。如果受理，应制作受理通知书，告知申请人；如果不受理，应制作不予受理决定书，告知申请人。

（6）审理。行政复议机关应当在受理之日起7日内，将行政复议申请书副本发送给被申请人。被申请人在收到副本之日起10日内，提交答复书和相关证据材料。行政复议机关应当对被申请人的答复进行审查，并组织听证会，听取双方当事人的意见。听证会结束后，行政复议机关应当在规定期限内作出行政复议决定。

（7）决定。行政复议机关根据审理情况，可以作出维持、撤销或变更原行政行为的决定。如果被申请人违反法律、法规、规章的规定，或者其行为明显不当，行政复议机关可以撤销或者变更原行政行为。如果申请人提供的证据不足，行政复议机关可以维持原行政行为。

（8）送达。行政复议决定书应当在作出之日起 5 日内送达给申请人、被申请人以及相关的第三人。

（9）执行。被申请人应当在行政复议决定生效后履行决定内容。如果被申请人不履行决定内容，申请人可以向作出决定的行政复议机关或者有关上级机关提出申请，要求强制执行。

（二）行政诉讼

1. 行政诉讼的概念与特征

行政诉讼，是指公民、法人或者其他组织认为行政机关和行政机关工作人员的具体行政行为侵犯其合法权益，依法向人民法院起诉，由人民法院依法进行审理和裁决的诉讼行为。因此，行政诉讼是人民法院通过司法程序解决行政争议的活动。

行政诉讼的特征：

（1）行政诉讼的审理对象是行政案件。与刑事诉讼解决被追诉者的刑事责任问题、民事诉讼解决民商事权益纠纷问题不同，行政诉讼解决的是行政争议，即行政机关或法律、法规授权的组织与公民、法人或者其他组织在行政管理过程中发生的争议。

（2）行政诉讼是人民法院通过审判方式进行的一种司法活动。这是行政诉讼与其他解决行政争议的方式和途径的区别。在我国，行政争议的解决途径不止行政诉讼一种，还有行政复议机关的行政复议等等。而行政诉讼是由人民法院运用诉讼程序解决行政争议的活动。

（3）行政诉讼是通过对被诉行政行为合法性进行审查以解决行政争议的活动，其中进行审查的行政行为为具体行政行为，审查的根本目的是保障公民、法人或者其他组织的合法权益不受违法行政行为的侵害。

（4）行政诉讼中的当事人具有恒定性。被告只能是行政机关（包括法律、法规授权的组织），不包括行政管理相对方——公民、法人或者其他组织。

（5）行政诉讼不适用调解，但是行政赔偿、补偿以及行政机关行使法律、法规规定的自由裁量权的案件可以调解。

2.行政诉讼的程序

（1）起诉阶段。原告需要撰写起诉状，并向有管辖权的法院提交。如果书写起诉状有困难，可以口头起诉，由法院记入笔录，出具注明日期的书面凭证，并告知对方当事人。

（2）受理阶段。法院将对起诉进行审查，对符合法律规定的起诉条件的案件决定受理，不符合起诉条件的，作出不予受理的裁定。

（3）审理前的准备阶段。法院将组成合议庭，并向被告发送起诉状副本。被告需要向法院提交答辩状和有关材料，法院再向原告发送答辩状副本。此外，法院还需为诉讼进行其他准备工作。

（4）开庭审理阶段。此阶段重点是法庭调查和法庭辩论。法庭的审理形式有开庭审理和书面审理（不需要当事人到场）。

（5）判决阶段。经过审理，法庭查明了事实，依法作出判决。

（6）执行阶段。判决后，当事人在法定的期限内不上诉的，判决生效，当事人可以向人民法院申请执行。

（三）行政赔偿

1.行政赔偿的概念与特征

行政赔偿，是指国家行政机关和行政工作人员或法律、法规授权行使行政权力的组织在行使职权时，违反侵犯公民、法人或其他组织的合法权益并造成损害，国家负责向受害人赔偿的制度。简而言之，当行政机关的行为侵犯了公民、法人或其他组织的合法权益并造成损害时，国家需要承担赔偿责任。

行政赔偿的特征主要包括以下几个方面：

（1）赔偿义务机关特定。行政赔偿义务机关是行政机关或法律、法规授权行使行政权力的组织。

（2）赔偿范围特定。行政赔偿的范围是特定的，包括具体行政行为造成的损害和事实行为造成的损害。根据我国法律规定，除具体行政行为以外的抽象行政行为以及国防、外交等国家行为不在国家承担行政赔偿责任的范围之内。

（3）赔偿途径多渠道。受害人可以通过向行政赔偿义务机关提出，以及行政复议、行政诉讼、行政赔偿诉讼等渠道实现行政赔偿。

（4）归责原则特定。行政赔偿的归责原则是违法原则，即只有当行政机关或其工作人员在行使职权时违法侵犯公民、法人或其他组织的合法权益并造成损害时，国家才负责向受害人赔偿。

（5）实质为国家赔偿。行政赔偿实质上是一种国家赔偿。因为行政职能属于国家职能，行政权也属于国家权力。行政主体及其工作人员行使职权所实施的职务活动，是代表国家进行的，根本上是一种国家活动。因此，行政赔偿是一种国家赔偿。

2. 行政赔偿的程序

行政赔偿的程序包括以下三种：

（1）直接向赔偿义务机关提出赔偿请求。赔偿请求人需要提交申请书，写明受害人的基本情况、具体请求、事实和理由、申请的时间等，也可以口头提出申请，由赔偿义务机关记入笔录。

（2）在申请行政复议时一并提出赔偿请求。

（3）在提起行政诉讼时一并提起赔偿请求。

赔偿请求人要求赔偿，可以先向赔偿义务机关提出，也可以在申请行政复议或者提起行政诉讼时一并提出。赔偿请求人对赔偿的方式、项目、数额有异议的，或者赔偿义务机关作出不予赔偿决定的，赔偿请求人可以自赔偿义务机关作出赔偿或者不予赔偿决定之日起三个月内，向法院提起行政诉讼。

第九章　治安管理处罚的简易程序和快速办理

第一节　治安管理处罚的简易程序

一、治安管理处罚简易程序的概念

治安管理处罚简易程序，也称为当场处罚程序，是公安机关针对违法事实清楚、证据确凿、情节简单、因果关系明确的违反治安管理行为，依照法律规定，当场作出决定，并执行治安管理处罚的法律活动。这一程序的设立旨在提高办案效率，保证及时处理违反治安管理行为。简易程序的前提是案情必须简单，情节轻微，无须多方查证即能认定违法事实，并且不涉及其他违法犯罪案件的行为。

二、治安管理处罚简易程序的特点

（1）它是处理治安案件的一种独立程序。与普通程序一样，当场处罚程序是处理治安案件的一种完整而独立的程序，只是不需要像普通程序一样经过受理、调查取证、裁决、执行等必经环节，其适用过程简便易行。

（2）当场处罚程序只针对特定治安案件。《治安管理处罚法（修订草案）》

第一百一十九条规定，"违反治安管理行为事实清楚，证据确凿，处警告或者五百元以下罚款的，可以当场作出治安管理处罚决定。"其第一百二十三条规定，"有下列情形之一的，人民警察可以当场收缴罚款：（一）被处二百元以下罚款，被处罚人对罚款无异议的；（二）在边远、水上、交通不便地区，旅客列车上或者口岸，公安机关及其人民警察依照本法的规定作出罚款决定后，被处罚人向指定的银行缴纳罚款确有困难，经被处罚人提出的；（三）被处罚人在当地没有固定住所，不当场收缴事后难以执行的。"

（3）当场处罚程序体现了及时性的特点。当人民警察发现违反治安管理行为，符合当场处罚程序处理时，当即实施治安处罚，处理迅速，时间短暂，这种及时性是当场处罚程序与普通程序最显著的区别。

（4）当场处罚程序由人民警察当场作出治安处罚决定。当场处罚程序并不是随意实施的，它必须遵循严格的法律规定和程序要求。人民警察在当场作出处罚决定时，必须出示工作证件，表明自己的执法身份，并告知被处罚人其依法享有的权利。同时，处罚决定书也必须认真填写，载明被处罚人的姓名、违法行为、处罚依据、罚款数额等信息，并由经办的人民警察签名或盖章。相比之下，普通程序则更为复杂和严谨。在普通程序中，人民警察主要扮演案件调查者的角色，他们需要负责收集证据、调查事实等工作，但最终的处罚决定必须由公安机关作出。这种程序适用于一些较为严重的治安案件，可以确保处罚决定的公正性和准确性。

三、治安管理处罚的简易程序适用条件

适用简易程序为办理治安案件带来了许多方便，提高了案件办理效率，节省了执法成本，但因其程序简化必然存在一定的执法风险，存在较大局限性。为此，《行政处罚法》《治安管理处罚法（修订草案）》以及《公安机

关办理行政案件程序规定》等法律规范都对简易程序的适用条件作出了严格规定。

（一）执法主体具有法定性

当场处罚程序只能由公安机关人民警察实施，除此之外的其他机关的人民警察和其他主体都不能适用当场处罚程序处理治安案件，这是法律对于执法主体的限制性规定。

人民警察查处治安案件的行为是依法执行职务的行为，所谓"依法执行职务"是指人民警察在法律法规规定的范围内履行职责，包括直接查处的、群众指控或扭送的违反治安管理行为，也包括人民警察接到报案赶赴现场后，行为人或证人都在场或双方当事人主动找人民警察要求处理的案件。公安机关人民警察如果在非工作时间发现有违反治安管理行为，应当及时予以制止，并将违法行为人送交当地公安机关或正在执行职务的具有治安案件办案权的民警处理，而不能直接适用当场处罚程序处罚。

（二）违法事实确凿，情节轻微，因果关系明确

适用当场处罚程序办理的治安案件，必须确有治安违法行为，而且案情简单，情节轻微，因果关系明确，不需进行多方查证。其中违法事实确凿，一是指要有确实、充分的证据证明违法事实的存在及性质、程度，二是确有充分证据证明是当事人所为。根据《公安机关办理行政案件程序规定》，当场处罚程序的适用，必须以情节轻微的违反治安管理行为为限，对其他案件应裁决其他处罚种类，这是当场处罚程序适用的前提条件。

（三）符合法定处罚种类和幅度

根据法律法规的规定，适用简易程序处罚的种类是罚款和警告。罚款处罚的幅度是：对公民处200元以下，对单位处1000元以下。这一规定表明：当场处罚程序仅限于数额较小的罚款和警告。除此之外的治安处罚，因为较

严厉，涉及的案件较为复杂，对当事人的影响较大，故要慎重行事而不适用当场处罚程序。在我国目前的经济发展状况下，划定这一罚款数额标准，是比较恰当的，从经济能力上说，单位显然强于公民，不能适用统一标准。对公民处200元以下罚款，对单位处1000元以下罚款或警告的违法行为，通常属于轻微的违法行为，其影响和社会危害性都不大，所以适用当场处罚程序。

（四）有法定依据

对当事人进行治安处罚，不仅要有法定依据，而且法定依据必须明确具体。因此，凡是法定依据不明确不具体的，即使符合其他条件，也不能适用当场处罚程序。

四、不适用简易程序的治安案件范围

《公安机关办理行政案件程序规定》第三十七条第二款的规定确实是为了确保对特定违反治安管理行为的处理能够更加严谨、公正和有效。对于卖淫、嫖娼、赌博、毒品这四类案件，由于其性质的特殊性和复杂性，确实不适合适用当场处罚程序。

卖淫、嫖娼行为不仅涉及个人的道德和法律问题，还可能涉及公共卫生问题。根据相关规定，对行为人进行强制性病检查是必要的，而检查结果对于确定处罚的轻重至关重要。这一过程需要时间，并且需要专业的医疗机构参与，因此不适合当场进行处罚。嫖娼、赌博案件往往涉及的人员较多，情节复杂，证据的收集和固定比较困难。为了保证调查程序的合法性和公正性，需要严格按照法律程序进行，不能草率行事。因此，对于这类案件，也不适合适用当场处罚程序。

五、治安案件当场处罚程序的实施

1. 人民警察的工作程序

（1）表明执法身份。根据《行政处罚法》《公安机关人民警察内务条令》和《公安机关办理行政案件程序规定》，适用简易程序的人民警察，要向违反治安管理行为人或嫌疑人出示人民警察工作证件，以表明执法人员的身份。这对于保证行政处罚的公开性和公正性，具有重要的意义。人民警察是代表所属公安机关进行执法，执法过程是履行公务的行为过程，因此表明身份是表明处罚主体合法的必要形式与条件，同时执法证件也用以确定执法人员执法的范围和职权。当事人有义务积极接受检查和监督，如果执法人员在执法时没有出示合法身份证件，当事人有权拒绝接受。

（2）口头传唤行为人或询问取证，了解核实违反治安管理的事实。

（3）告知违反治安管理行为人即将对其作出治安处罚的事实、理由和依据。人民警察在作出治安管理处罚决定之前，履行告知程序是执法人员的法定义务。当场处罚程序虽然针对的是事实清楚，违法行为尚不严重的情形，但执法人员当场作出的决定仍然是行政处罚，对违法行为较轻的当事人不适用告知程序，不符合立法目的。因此，当场处罚程序中执法人员仍应履行告知程序。

（4）听取陈述和辩解。执法人员在履行告知以后，还应当充分听取违法行为人的陈述和申辩。违法行为人提出的事实、理由或者证据成立的，应当采纳。

（5）填写处罚决定书并当场交付被处罚人。处罚决定书是治安管理处罚决定最具体的表现形式，是公安机关对治安案件作出的权威性判定的具体表现形式，是当场处罚的主要标志。当场处罚决定书应具备形式要件和实质要件。形式要件是指决定书有预定格式、并预先编有号码，形式要件既是为了防止假冒，也是为了在治安处罚时表示慎重，更是为了当该处罚决定发生争议时，可以作为证据提出，以保护相对人的合法权益；实质要件是当场处罚决定书中载明的内容，包括被处罚人的姓名、违法行为、处罚依据、罚款数额、违法行为发生的时间和地点、公安机关的名称、承办的人民警察签名或盖章，决定书当场交付被处罚人，并由被处罚人在备案的决定书上签名或者盖章；被处罚人拒绝签名和盖章的，由办案人民警察在备案的决定书上注明。

（6）执行处罚。当场处罚的执行主要是指罚款的执行。当场处以罚款的一般都是当场收缴罚款，特殊情况下通知被处罚人到银行去缴纳。当场收缴罚款的，同时填写罚款收据，交付被处罚人；不当场收缴罚款的，应当告知被处罚人在规定期限内到指定的银行缴纳罚款。执法人员当场收缴罚款后，必须向被处罚人交付由省级财政部门统一制发的罚款收据。如果违法行为中有违反治安管理非法所得，违法行为人使用的本人所有的工具和违禁品，应当予以收缴，并在处罚决定书上注明，不另开收据。收缴的财物按有关规定依法予以处理。

（7）报所属公安机关备案。凡是人民警察当场作出行政处罚决定的，应当于作出决定后的24小时内报所属公安机关备案。在旅客列车、民航飞机、水上作出行政处罚决定的，应当在返回后的24小时内报所属公安机关备案。备案的目的有三个：一是让公安机关了解治安管理处罚决定的情况，制作治安管理处罚档案；二是便于对执法人员进行监督检查；三是为公安机关在可能因该处罚行为而引起的行政复议或提起行政诉讼中的答辩提供资料。

（8）凡是适用当场处罚程序处罚的，可以由人民警察一人作出行政处罚决定。这是为了简化处罚程序，提高行政效率，降低执法成本，只针对当场处罚程序处罚的案件而规定的。

2. 被处罚人接受当场处罚的程序

（1）对当场处罚决定书予以核对。凡是被处罚人认可了当场处罚，必须接受，并对法律文书予以核对。

（2）有权陈述和申辩。公安机关应当充分听取被处罚人的意见，凡是违反治安管理行为人提出的事实、理由或者证据成立的，公安机关应当采纳。

（3）有权索取处罚决定书和罚款收据。

（4）按照法律规定缴纳罚款。

（5）签名或盖章。

（6）对当场处罚不服，可以依法获得法律救济。当场作出的治安行政处罚决定虽然是数额较小的罚款或警告处罚，但毕竟属于治安处罚，在事后的法律救济上与其他治安处罚是相同的。被处罚人可以申请行政复议或者提起行政诉讼。

第二节　治安管理处罚的快速办理

一、快速办理的概念

快速办理，是指在治安案件中，对于那些案情相对简单、违法事实清楚、违法嫌疑人自愿认错认罚的情况，公安机关可以通过简化取证方式和审核审批手续等措施，快速完成案件的处理。这种处理方式旨在提高办案效率，实现行政案件的繁简分流、轻重分离、快慢分道，有效化解矛盾纠纷。

二、快速办理的意义

快速办理的意义在于提高行政效率，保障当事人的合法权益，以及及时解决社会矛盾和纠纷。通过改进办案程序，可以加快案件的处理速度，减少当事人的等待时间和经济成本。同时，快速办理也有助于提高行政机关的形象和公信力，增强人民群众对行政机关的信任度和满意度。此外，快速办理还可以为行政机关节约人力、物力和财力资源，优化资源配置，提高工作效率。因此，在行政执法和司法实践中，应当重视并加强快速办理工作，不断探索和创新工作方式和方法，以更好地满足人民群众的司法需求。

三、快速办理适用的条件

（1）不适用简易程序，也就是当场处罚程序。

（2）案件事实清楚，这意味着案件的证据和情况已经明确，没有模糊或者不确定的因素，这有助于加快案件的处理速度。

（3）违法嫌疑人自愿认错认罚，这是指嫌疑人愿意承认自己的错误和接受相应的处罚。

（4）违法嫌疑人对违法事实和法律适用没有异议，也就是说，嫌疑人对于自己的违法行为和相关的法律规定没有疑虑或争议。

（5）公安机关应当书面告知违反治安管理行为人快速办理的相关规定，征得其同意，并由其签名确认。

四、不适用快速办理的情形

（1）违反治安管理行为人系盲、聋、哑人，未成年人或者疑似精神病人的；

（2）依法应当适用听证程序的；

（3）可能作出十日以上行政拘留处罚的；

（4）违反治安管理行为人违背意愿认错认罚等其他不宜快速办理的。

五、快速办理的简化取证

治安案件快速办理的简化取证，是指在保证证据的"三性"（关联性、合法性、客观性）要求的前提下，对取证程序进行合理简化和优化，以提高案件办理效率。具体来说，可以考虑以下几个方面：

（1）明确取证范围。在取证过程中，不是所有的证据都需要收集，只需要收集与案件事实相关的关键证据。因此，在简化取证时，应该先明确取证的范围和重点，有针对性地进行取证工作。

（2）简化取证程序。在保证证据真实合法的前提下，可以简化一些不必要的取证程序，例如减少证据的鉴定程序、简化证据的保全程序等，以提高取证的效率。

（3）优化取证方式。可以采用一些现代化的技术手段来优化取证方式，例如采用电子数据采集器、录音录像等手段，以便快速、准确地收集证据。

《公安机关办理行政案件程序规定》第四十三条规定，"简化取证的要件是：符合快速办理条件的案件；违法嫌疑人在自行书写材料或者询问笔录中承认违法事实、认错认罚；有视音频记录、电子数据、检查笔录等关键证据能够相互印证。"符合上述要件，公安机关可不再开展其他调查取证工作。第四十五条规定，"对快速办理的行政案件，公安机关可以根据不同案件类型，使用简明扼要的格式询问笔录，尽量减少需要文字记录的内容。被询问人自行书写材料的，办案单位可以提供样式供其参考。使用执法记录仪等设备对询问过程录音录像的，可以替代书面询问笔录，必要时，对视听资料的关键内容和相应时间段等作文字说明。"

第十章　治安案件的调解

第一节　治安案件调解概述

一、治安案件调解的概念

治安案件调解，是指在治安管理过程中，公安机关在当事人自愿的基础上，以口头或书面的形式，依据有关法律法规和政策，通过疏导、教育、协商等方式，促使双方当事人达成和解协议，从而解决纠纷的一种治安管理方式。

二、治安案件调解的特点

治安案件调解具有以下特点：

（1）自愿性。调解的启动和达成协议都必须基于双方当事人的自愿，公安机关不能强制调解。

（2）合法性。调解的过程和结果都必须符合法律法规和政策的规定，不能违反法律法规和政策。

（3）公平性。调解的过程必须公平公正，不得偏袒任何一方，必须尊重双方当事人的合法权益。

（4）和解性。调解的目的是促使双方当事人达成和解协议，解决纠纷，实现和谐。

（5）教育性。调解的过程也是对双方当事人进行法制宣传和教育的好机会，有助于提高当事人的法制观念和道德素质。

（6）高效性。调解方式可以快速有效地解决纠纷，避免诉讼程序的拖延和成本高昂的问题。

三、治安案件调解的原则

治安案件调解的原则主要包括以下几点：

（1）合法原则。调解应当在法律规定的范围内进行，所有调解协议的内容都应当符合法律规定，不得违反法律的禁止性规定。

（2）公正原则。调解应当公正、公平地对待各方当事人，保障各方当事人的合法权益。在调解过程中，应当充分听取各方当事人的意见，了解其诉求，确保调解结果的公正性。

（3）公开原则。除涉及国家机密、个人隐私等特殊情况外，调解应当公开进行。调解结果应当及时向各方当事人公开，以便当事人了解调解进展情况。

（4）自愿原则。调解应当尊重当事人的意愿，不得强迫任何一方接受调解或者接受特定的调解结果。调解协议的达成应当是双方自愿的结果。

（5）及时原则。调解应当及时进行，避免案件的拖延。在调解过程中，应当尽快查明事实，分清责任，促使当事人达成调解协议。

（6）注重教育疏导原则。在调解过程中，应当注重对当事人的教育疏导工作。通过调解，应当帮助当事人认识自己的错误，化解矛盾，促进和谐；同时，也应当引导当事人依法维权，理性处理纠纷。

四、治安案件调解的适用范围

对于因民间纠纷引起的打架斗殴或者损毁他人财物等违反治安管理行为，情节较轻的，公安机关可以调解处理。经公安机关调解，当事人达成协议的，不予处罚。此处的"民间纠纷"，是指公民之间、公民和单位之间，在生活、工作、生产经营等活动中产生的纠纷。

《公安机关办理行政案件程序规定》第一百七十八条规定，"对于因民间纠纷引起的殴打他人、故意伤害、侮辱、诽谤、诬告陷害、故意损毁财物、干扰他人正常生活、侵犯隐私、非法侵入住宅等违反治安管理行为，情节较轻，且具有下列情形之一的，可以调解处理：（一）亲友、邻里、同事、在校学生之间因琐事发生纠纷引起的；（二）行为人的侵害行为系由被侵害人事前的过错行为引起的；（三）其他适用调解处理更易化解矛盾的。对不构成违反治安管理行为的民间纠纷，应当告知当事人向人民法院或者人民调解组织申请处理。对情节轻微、事实清楚、因果关系明确，不涉及医疗费用、物品损失或者双方当事人对医疗费用和物品损失的赔付无争议，符合治安调解条件，双方当事人同意当场调解并当场履行的治安案件，可以当场调解，并制作调解协议书。当事人基本情况、主要违法事实和协议内容在现场录音录像中明确记录的，不再制作调解协议书。"

五、适用治安案件调解的案件类型

在治安案件调解的适用范围中，案件类型的选择是至关重要的。根据相关法律法规和实际操作经验，适用治安案件调解的案件类型主要包括以下几类：

（1）轻微侵权纠纷。这类案件通常是由于日常生活中轻微的碰撞、刮蹭等原因引起的，当事人之间没有大的矛盾，通过调解可以快速解决问题，防止事态扩大。例如，两个车主在停车场发生轻微刮擦，可以通过调解达成赔偿协议，避免进入法律程序。

（2）家庭矛盾纠纷。家庭矛盾是常见的治安案件类型，包括夫妻争吵、亲子关系紧张等。由于家庭成员之间的关系特殊，通过调解可以更好地解决矛盾，维护家庭和谐。例如，夫妻因琐事争吵进而发生肢体冲突，警方介入后可进行调解，帮助双方冷静处理问题。

（3）邻里纠纷。邻里之间的纠纷也是常见的治安案件类型。由于邻里关系比较密切，通过调解可以快速化解矛盾，恢复和谐邻里关系。例如，两户人家因噪音问题产生纠纷，警方可介入调解，促使双方互相理解、达成和解。

（4）劳动争议纠纷。劳动者与雇主之间的争议也是常见的治安案件类型。这类案件可以通过调解来平衡双方利益，达成和解协议，避免进入复杂的法律程序。例如，员工与雇主因工资问题产生争议，警方可介入调解，促使双方通过协商解决问题。

六、不适用治安案件调解的案件类型

不适用治安案件调解的案件类型主要涉及那些性质严重、社会影响大、涉及刑事犯罪的案件。这些案件由于其特殊性，不适宜通过调解来解决。例如，涉及故意杀人、故意伤害致人重伤或者死亡、强奸、抢劫、贩卖毒品等严重暴力犯罪的案件，其行为往往触犯了刑法，对受害者和社会造成了极大的伤害。对于这类案件，应当依法追究犯罪嫌疑人的刑事责任，通过法律手段进行制裁，而不是通过调解来解决。此外，涉及恐怖活动、黑社会性质组织犯罪等具有严重社会危害性的案件，也不适用治安案件调解。这些犯罪行为严重危害国家安全和社会稳定，对人民群众的生命财产安全构成严重威胁。对于这类案件，必须坚决依法打击，维护社会稳定和公共安全。再者，涉

贪污贿赂、渎职等职务犯罪的案件，由于其涉及国家公职人员的廉洁性和职责履行问题，也不适用治安案件调解。对于这类案件，应当依法追究犯罪嫌疑人的刑事责任，并加强对其职务行为的监督和管理，以维护国家公职人员的廉洁性和公众对政府的信任。

除上述情形外，不适用调解处理的情形还有《公安机关办理行政案件程序规定》第一百七十九条的规定。"具有下列情形之一的，不适用调解处理：（一）雇凶伤害他人的；（二）结伙斗殴或者其他寻衅滋事的；（三）多次实施违反治安管理行为的；（四）当事人明确表示不愿意调解处理的；（五）当事人在治安调解过程中又针对对方实施违反治安管理行为的；（六）调解过程中，违法嫌疑人逃跑的；（七）其他不宜调解处理的。"

七、治安案件调解的适用条件

治安案件调解的适用条件是确保调解过程合法、公正和有效的关键因素。这些条件主要包括以下几个方面：首先，案件必须属于治安管理范畴，即涉及公共秩序、公共安全和公共利益等方面的问题。例如，对于涉及暴力、盗窃、诈骗等违法犯罪行为的案件，通常不适用于调解，而是需要依法追究刑事责任。其次，当事人必须具备完全民事行为能力，能够自主表达意愿并承担相应的法律后果。对于未成年人、精神病人等无民事行为能力人或限制民事行为能力人，需要其法定代理人代为行使权利。此外，调解过程必须遵循自愿、公平、合法的原则，确保当事人的合法权益不受侵害。同时，调解员应当具备相应的专业知识和经验，能够公正、中立地处理案件。最后，调解协议必须符合法律法规的规定，不得损害国家、集体和第三人的合法权益。这些适用条件对于确保治安案件调解的合法性、公正性和有效性至关重要。

八、治安案件调解的影响因素

1. 当事人意愿对治安案件调解的影响

在治安案件调解中,当事人的意愿能够显著影响调解的成功率和满意度。当双方当事人愿意接受调解时,调解过程往往更加顺利,调解结果也更容易达成一致。相反,如果当事人不愿意接受调解,调解过程可能会受到阻碍,甚至无法进行。当事人的意愿还会受到一些因素的影响。又如,当事人的文化背景、个人经历等都会对调解意愿产生影响。例如,在一些文化中,人们更倾向于通过和解来解决纠纷,而在另一些文化中,人们可能更倾向于通过法律途径来解决纠纷。因此,在治安案件调解中,了解当事人的文化背景和个人经历对于提高调解成功率具有重要意义。

当事人意愿对治安案件调解的影响不容忽视。在实践中,我们应该充分尊重当事人的意愿,并采取有效措施提高调解成功率。同时,我们还应该继续深入研究当事人意愿的影响因素,以便更好地指导实践。

2. 案件性质对治安案件调解的影响

案件性质不仅决定了调解的适用范围,还直接影响调解的结果和成功率。例如,轻微纠纷案件通常较易调解,而涉及重大利益冲突或复杂法律关系的案件则调解难度较大。此外,不同类型的案件性质也会影响当事人的调解意愿,例如财产类案件的当事人可能更倾向于通过调解解决纠纷,而人身伤害类案件的当事人则可能更加倾向于通过法律途径追究责任。因此,在治安案件调解中,应当充分考虑案件性质对调解的影响,针对不同类型的案件采取不同的调解策略和措施,以提高调解的成功率和当事人的满意度。

3. 社会背景对治安案件调解的影响

随着社会的发展和人口流动性的增加,治安案件数量呈上升趋势,这给调解工作带来了更大的挑战。一方面,城市化进程加速导致人口密集度增加,人际关系的复杂程度也随之提高,增加了治安案件的发生率;另一方面,社会价值观的多元化使得当事人的利益诉求更加多样化,调解的难度也随之加大。为了应对这一挑战,调解工作需要更加注重社会背景对治安案件调解的影响。例如,对于涉及少数民族、宗教信仰等敏感因素的案件,调解人员需要充分了解相关法律法规和民族政策,尊重当事人的信仰和文化差异,寻找妥善的解决方案。此外,对于涉及家庭纠纷、邻里矛盾等常见治安案件,调解人员可以通过引入社会工作等专业力量,提供心理疏导、法律咨询等服务,帮助当事人化解矛盾,达成和解。在实践中,调解人员还需要不断总结经验,完善调解机制,提高调解成功率和社会满意度。

第二节 治安案件调解的程序

一、一般调解的程序

(1)公安机关在调解治安案件时,应当收集证据,查明事实,以事实为依据。调查取证的对象是当事人、旁观者、邻里及其他知情人。经公安机关调解最终不能达成协议或者达成协议后在履行协议前反悔的,公安机关应依法对违反治安管理行为人作出治安管理处罚决定。

(2)当事人可以亲自参加调解,也可以委托律师或者其他人参加调解。委托他人参加调解的,应当向公安机关提交委托书,并注明委托权限。当事人中有不满十六周岁未成年人的,调解时应当通知其父母或者其他监护人到场。

(3)制作调解笔录。调解过程应制作调解笔录,无论是否达到调解协议,调解结束后,民警、当事人及调解参与人应在调解笔录上签字,以保证记录调解过程和调解协议的合法性。

(4)制作《治安案件调解协议书》。治安案件调解达成协议的,在公安机关主持下制作《治安案件调解协议书》，双方当事人应当在协议书上签名。当场达成调解协议，一般当场送达当事人，如果是被害人委托他人参加调解，委托人在委托权限内可代为签收调解协议。

（5）履行协议。在调解协议书上应明确具体履行方式和期限，履行内容是财产的，应明确履行的方式，以金钱给付方式赔偿，还是以维修、重做等履行方式赔偿，调解协议应明确金钱给付数额及履行方式、期限。若履行内容是行为的，应明确具体的履行方式。如，赔礼道歉的履行，应明确是否当场履行，是口头履行还是登报履行等。调解达成协议并履行的，不予处罚。经调解未达成协议或者达成协议后不履行的，公安机关应当依法对违反治安管理行为人给予处罚，并告知当事人可以就民事争议依法向人民法院提起民事诉讼，办案期限从调解达不成协议或者调解达成协议不履行之日起开始计算。

二、当场调解和自行和解的程序

（一）当场调解的程序

1. 当场调解程序的概念

当场调解程序，是指在满足特定条件下，公安机关对治安案件进行快速、有效的调解处理的一种方式。这种程序主要适用于轻微且情节简单的治安案件。

适用当场调解程序的条件包括：符合治安调解的一般条件；案件情节轻微，事实清楚、因果关系明确；没有财物损失、不需支付医疗费或者双方当事人对损害的赔付没有任何异议；双方当事人均同意现场调解并当场履行。

2. 当场调解的程序

（1）查明案情，分清责任。查明双方当事人基本情况，以及事情经过、起因、损害后果等情况，收集固定证据。

（2）告知现场调解的性质和法律后果。

（3）询问双方当事人对案件处理的态度和诉求。

（4）由双方当事人自愿达成协议。

（5）制作《现场治安调解协议书》并当场履行。当场调解达不成协议的，或当场调解达成协议但不履行的，应按照一般程序受理治安案件。当场治安调解结案的，应在24小时内报所属公安机关备案。

（二）自行和解的程序

1. 自行和解的概念

自行和解，是指违反治安管理行为人与被害人在自愿的基础上，依法就有关治安案件进行协商，达成和解协议，并经公安机关认可，从而使纠纷得以解决的程序。

2. 自行和解的程序

自行和解的程序可以按照以下步骤进行：

（1）双方当事人进行初步协商，明确和解的意向和条件。

（2）双方当事人可以签署一份书面协议，记录和解的内容和条件，包括双方的权利和义务、赔偿方式、履行期限等。

（3）在协议签署后，双方当事人应当按照协议内容履行各自的义务，包括但不限于赔偿、道歉、履行合同等。

（4）如果一方当事人不履行协议内容，另一方当事人可以向法院提起诉讼，要求对方履行协议或者要求法院判决解除协议。

需要注意的是，自行和解并不意味着争议已经完全解决。如果双方当事人在和解后仍然存在争议，可以向法院提起诉讼。此外，自行和解的内容应当合法、合理、公平，不得违反法律法规和社会公德。

第十一章 治安管理处罚的执法监督

第一节 治安管理处罚执法监督概述

一、治安管理处罚执法监督的概念与特征

治安管理处罚执法监督，是指公安机关或者人民检察院、监察机关依照国家法律、法规以及各种规章制度对公安机关及其人民警察办理治安案件所进行的监督。这种监督制度是维护执法秩序和救济当事人权利相结合的综合性监督制度，旨在确保公安机关和人民警察依法、公正、严格、高效地办理治安案件，防止徇私舞弊、打骂、虐待或者侮辱等违法行为的发生。

治安管理处罚的执法监督具有以下特征：

（1）监督主体广泛。任何单位和个人都可以作为监督主体，对公安机关及其人民警察办理治安案件进行监督。

（2）监督手段有效。监督的手段是向有关国家机关检举和控告，通过这种方式可以有效发现和纠正公安机关在执法过程中的违法行为。

（3）监督内容全面。监督的内容不仅包括公安机关及其人民警察不严格执法，还包括违法违纪行为。这种全面性的监督有助于提高治安管理的质量和公正性。

（4）救济与保障相结合。社会和公民对治安管理处罚的执法监督不仅是为维护检举人和控告人自己的合法权益，还可以起到预防和纠正公安机关违法行为的作用。同时，这种监督也是对公安机关和人民警察执法的有效保障，确保他们能够依法履行职责。

二、治安管理处罚执法监督的原则和要求

治安管理处罚执法监督的原则和要求主要包括以下几点：

（1）依法、公正、严格、高效。公安机关及其人民警察在办理治安案件时，必须遵守法律，保持公正，对违反治安管理行为人进行严格、高效的处罚。

（2）文明执法。执法过程中不得有任何形式的打骂、虐待或者侮辱行为，不得徇私舞弊、玩忽职守、滥用职权。

（3）自觉接受监督。公安机关及其人民警察在办理治安案件时，应当自觉接受社会和公民的监督。

（4）检举控告机制。如果发现有任何不严格执法或者违法违纪行为，任何单位和个人都有权向公安机关或者人民检察院、行政监察机关检举、控告。收到检举、控告的机关，应当依据职责及时处理。

（5）罚款实施与收缴分离。如果需要进行罚款处罚，公安机关应当依照有关法律、行政法规的规定，实行罚款决定与罚款收缴分离，确保收缴的罚款全部上缴国库。

治安管理处罚执法监督需要遵循法律和公正原则，对违法行为人进行严格、高效的处罚，同时也要保证文明执法，接受社会和公民的监督，并建立有效的检举控告机制。

第二节 治安管理处罚执法监督的内容

一、治安管理处罚执法监督的主体

治安管理处罚执法监督的主体是确保治安管理处罚执法活动合法、公正、有效的关键。这些主体包括公安机关、检察机关、审判机关、监督机关，也包括社会监督机构、媒体和公众等多元化的监督力量。公安机关作为治安管理处罚执法的主要力量，需要加强自身建设，提高执法水平，确保处罚的公正性和权威性。同时，检察机关和审判机关也要发挥法律监督职能，对公安机关的执法活动进行监督和制约。社会监督机构、媒体和公众则可以通过各种途径对公安机关的执法活动进行监督，提出意见和建议，促进公安机关的执法规范化建设。

为了更好地发挥治安管理处罚执法监督主体的作用，需要建立完善的监督机制。首先，要完善公安机关内部监督机制，建立健全各项规章制度，规范执法流程，强化对执法活动的日常监督。其次，要加强检察机关和审判机关的法律监督，完善刑事诉讼和行政诉讼程序，确保公安机关的执法活动受到有效的法律监督。最后，要发挥社会监督的作用，建立健全社会监督机制，鼓励社会各界人士积极参与治安管理处罚执法的监督工作。

二、治安管理处罚执法监督的对象

治安管理处罚执法监督的对象主要包括公安机关、公安民警以及公民、法人和其他组织。公安机关作为治安管理处罚的执法主体，其执法行为应当受到严格的监督，以确保其依法履行职责，维护社会治安秩序。公安民警作为治安管理处罚的具体执行者，其执法行为直接关系到公民、法人和其他组织的合法权益，也应当受到监督，以保障其公正、廉洁、高效地履行职责。

同时，公民、法人和其他组织也应当接受监督，以确保其遵守治安管理法律法规，维护社会公共利益。

三、治安管理处罚执法监督的内容

治安管理处罚执法监督是维护社会治安秩序的重要手段，其内容主要包括对公安机关和人民警察的执法行为进行监督和检查，确保其依法履行职责、打击违法犯罪、维护社会稳定。具体而言，治安管理处罚执法监督的内容包括对公安机关和人民警察的执法行为进行合法性、合理性、规范性和公正性的监督和检查，及时发现和纠正执法过程中存在的问题，保障公民、法人和其他组织的合法权益。同时，治安管理处罚执法监督也是保障公安机关和人民警察依法履行职责的重要措施，通过监督和检查，可以促使公安机关和人民警察更加严格地遵守法律法规，提高执法水平和工作效率。

《治安管理处罚法（修订草案）》第一百三十九条规定，"人民警察办理治安案件，有下列行为之一的，依法给予处分；构成犯罪的，依法追究刑事责任：（1）刑讯逼供、体罚、虐待、侮辱他人的；（2）超过询问查证的时间限制人身自由的；（3）不执行罚款决定与罚款收缴分离制度或者不按规定将罚没的财物上缴国库或者依法处理的；（4）私分、侵占、挪用、故意损毁收缴、扣押的财物的；（5）违反规定使用或者不及时返还被侵害人财物的；（6）违反规定不及时退还保证金的；（7）利用职务上的便利收受他人财物或者谋取其他利益的；（8）当场收缴罚款不出具专用票据或者不如实填写罚款数额的；（9）接到要求制止违反治安管理行为的报警后，不及时出警的；（10）在查处违反治安管理活动时，为违法犯罪行为人通风报信的；（11）泄露办理治安案件过程中的工作秘密或者其他依法应当保密的信息的；（12）将在办理治安案件过程中获得的个人信息，依法提取、采集的相关人体生物识别信息、样本用于与治安管理、打击犯罪无关的用途,或者出售、提供给他人的;(13)有徇私舞弊、玩忽职守、滥用职权,不依法履行法定职责的其他情形的。"

公安机关及其人民警察违法行使职权,侵犯公民、法人和其他组织合法权益的,应当赔礼道歉;造成损害的,应当依法承担赔偿责任。

四、治安管理处罚执法监督的方式和程序

（一）治安管理处罚执法监督的方式

治安管理处罚执法监督的方式主要包括内部监督和外部监督两种。内部监督主要是由公安机关内部的监察、督察、法制等部门进行,通过定期检查、专项督察、案件审核等方式,对治安管理处罚执法行为进行监督。外部监督则包括立法机关、检察机关、审判机关、监察机关、新闻媒体和社会公众等对公安机关执法的监督。为了更好地实施治安管理处罚执法监督,需要建立健全的监督机制,加强内外监督的协调配合,提高监督效果和质量。

（二）治安管理处罚执法监督的程序

治安管理处罚执法监督程序是确保执法公正、透明和有效的重要环节。在实践中,这一程序通常包括立案、调查、审查和执行四个阶段。在立案阶段,监督机构应对接收到的投诉或举报进行初步审查,判断是否符合立案条件。对于符合条件的案件,应予以立案并开展调查。调查阶段是获取事实真相的关键阶段,监督机构应对相关当事人、证人进行询问,收集证据,确保调查结果的客观性和公正性。审查阶段是对调查结果进行评估和判断的阶段,监督机构应对收集到的证据、调查结论进行审查,确保其符合法律法规和相关政策。执行阶段是落实监督结果的阶段,监督机构应对被监督对象采取相应的措施,确保其遵守相关法律法规和政策。

| 治安管理处罚的发展与变革 |

  为了提高治安管理处罚执法监督的效果和质量,可以采用多种监督方式。例如,可以采用日常监督和专项监督相结合的方式,对特定领域或特定问题进行集中监督。同时,应加强信息化手段的运用,提高监督的效率和准确性。此外,应建立完善的责任追究机制,对执法过程中出现的违法行为进行严肃处理,维护法律的权威性和公正性。

第四编 释义篇

第十二章 《中华人民共和国治安管理处罚法（修订草案）》释义

第一节 《中华人民共和国治安管理处罚法（修订草案）》修改前后对照

从公布的《中华人民共和国治安管理处罚法（修订草案）》全文看，对现行的治安管理处罚法改动很大，由现行的一一九条增加至一百四十四条。

新法修改变动的亮点有很多，下面通过列表的方式对修改前后进行对照。

《中华人民共和国治安管理处罚法》修改前后对照表[①]

（条文中黑体字部分为对现行法进行修改或者新增的内容，方框内为删除内容）

现行法	修订草案
第一章　总　则	第一章　总　则
第一条　为维护社会治安秩序，保障公共安全，保护公民、法人和其他组织的合法权益，规范和保障公安机关及其人民警察依法履行治安管理职责，制定本法。	第一条　为维护社会治安秩序，保障公共安全，保护公民、法人和其他组织的合法权益，规范和保障公安机关及其人民警察依法履行治安管理职责，制定本法。
第六条　各级人民政府应当加强社会治安综合治理，采取有效措施，化解社会矛盾，增进社会和谐，维护社会稳定。	第二条　**社会治安综合治理工作坚持中国共产党领导。** 各级人民政府应当加强社会治安综合治理，采取有效措施，化解社会矛盾，增进社会和谐，维护社会稳定。 **县级以上人民政府有关部门应当在各自职责范围内，做好社会治安综合治理相关工作。**
第二条　扰乱公共秩序，妨害公共安全，侵犯人身权利、财产权利，妨害社会管理，具有社会危害性，依照《中华人民共和国刑法》的规定构成犯罪的，依法追究刑事责任；尚不够刑事处罚的，由公安机关依照本法给予治安管理处罚。	第三条　扰乱公共秩序，妨害公共安全，侵犯人身权利、财产权利，妨害社会管理，具有社会危害性，依照《中华人民共和国刑法》的规定构成犯罪的，依法追究刑事责任；尚不够刑事处罚的，由公安机关依照本法给予治安管理处罚。

---

① 中华人民共和国治安管理处罚法（修订草案）[EB/OL]. http://www.npc.gov.cn/flcaw/flca/ff8081818a22132f018a499710595932/document.pdf

续表

现行法	修订草案
第三条　治安管理处罚的程序,适用本法的规定;本法没有规定的,适用《中华人民共和国行政处罚法》的有关规定。	第四条　治安管理处罚的程序,适用本法的规定;本法没有规定的,适用《中华人民共和国行政处罚法》的有关规定。
第四条　在中华人民共和国领域内发生的违反治安管理行为,除法律有特别规定的外,适用本法。 在中华人民共和国船舶和航空器内发生的违反治安管理行为,除法律有特别规定的外,适用本法。	第五条　在中华人民共和国领域内发生的违反治安管理行为,除法律有特别规定的外,适用本法。 在中华人民共和国船舶和航空器内发生的违反治安管理行为,除法律有特别规定的外,适用本法。
第五条　治安管理处罚必须以事实为依据,与违反治安管理行为的性质、情节以及社会危害程度相当。 实施治安管理处罚,应当公开、公正,尊重和保障人权,保护公民的人格尊严。 办理治安案件应当坚持教育与处罚相结合的原则。	第六条　治安管理处罚必须以事实为依据,与违反治安管理行为的性质、情节以及社会危害程度相当。 实施治安管理处罚,应当公开、公正,尊重和保障人权,保护公民的人格尊严。 办理治安案件应当坚持教育与处罚相结合的原则,**充分释法说理,教育公民、法人或者其他组织自觉守法。**
第七条　国务院公安部门负责全国的治安管理工作。县级以上地方各级人民政府公安机关负责本行政区域内的治安管理工作。 治安案件的管辖由国务院公安部门规定。	第七条　国务院公安部门负责全国的治安管理工作。县级以上地方各级人民政府公安机关负责本行政区域内的治安管理工作。 治安案件的管辖由国务院公安部门规定。
第八条　违反治安管理的行为对他人造成损害的,行为人或者其监护人应当依法承担民事责任。	第八条　违反治安管理的行为对他人造成损害的,行为人或者其监护人应当依法承担民事责任。**违反治安管理的行为构成犯罪,应当依法追究刑事责任的,不得以治安管理处罚代替刑事处罚。**

续表

现行法	修订草案
第九条　对于因民间纠纷引起的打架斗殴或者损毁他人财物等违反治安管理行为,情节较轻的,公安机关可以调解处理。经公安机关调解,当事人达成协议的,不予处罚。经调解未达成协议或者达成协议后不履行的,公安机关应当依照本法的规定对违反治安管理行为人给予处罚,并告知当事人可以就民事争议依法向人民法院提起民事诉讼。	第九条　对于因民间纠纷引起的打架斗殴或者损毁他人财物等违反治安管理行为,情节较轻的,公安机关可以调解处理。经公安机关调解,当事人达成协议的,不予处罚。经调解未达成协议或者达成协议后不履行的,公安机关应当依照本法的规定对违反治安管理行为人给予处罚,并告知当事人可以就民事争议依法向人民法院提起民事诉讼。 　　对属于前款规定的调解范围的治安案件,公安机关作出处理决定前,当事人自行和解或者经人民调解委员会调解达成协议并履行,书面申请经公安机关认可的,不予处罚。
第二章　处罚的种类和适用	**第二章　处罚的种类和适用**
第十条　治安管理处罚的种类分为: 　　(一)警告; 　　(二)罚款; 　　(三)行政拘留; 　　(四)吊销公安机关发放的许可证。 　　对违反治安管理的外国人,可以附加适用限期出境或者驱逐出境。	第十条　治安管理处罚的种类分为: 　　(一)警告; 　　(二)罚款; 　　(三)行政拘留; 　　(四)吊销公安机关发放的许可证。 　　对违反治安管理的外国人,可以附加适用限期出境或者驱逐出境。
第十一条　办理治安案件所查获的毒品、淫秽物品等违禁品,赌具、赌资,吸食、注射毒品的用具以及直接用于实施违反治安管理行为的本人所有的工具,应当收缴,按照规定处理。	第十一条　办理治安案件所查获的毒品、淫秽物品等违禁品,赌具、赌资,吸食、注射毒品的用具以及直接用于实施违反治安管理行为的本人所有的工具,应当收缴,按照规定处理。

续表

现行法	修订草案
违反治安管理所得的财物,追缴退还被侵害人;没有被侵害人的,登记造册,公开拍卖或者按照国家有关规定处理,所得款项上缴国库。	违反治安管理所得的财物,追缴退还被侵害人;没有被侵害人的,登记造册,公开拍卖或者按照国家有关规定处理,所得款项上缴国库。
第十二条　已满十四周岁不满十八周岁的人违反治安管理的,从轻或者减轻处罚;不满十四周岁的人违反治安管理的,不予处罚,但是应当责令其监护人严加管教。	第十二条　已满十四周岁不满十八周岁的人违反治安管理的,从轻或者减轻处罚;不满十四周岁的人违反治安管理的,不予处罚,但是应当责令其监护人严加管教。
第十三条　精神病人在不能辨认或者不能控制自己行为的时候违反治安管理的,不予处罚,但是应当责令其监护人严加看管和治疗。间歇性的精神病人在精神正常的时候违反治安管理的,应当给予处罚。	第十三条　精神病人在不能辨认或者不能控制自己行为的时候违反治安管理的,不予处罚,但是应当责令其监护人严加看管和治疗。间歇性的精神病人在精神正常的时候违反治安管理的,应当给予处罚。
第十四条　盲人或者又聋又哑的人违反治安管理的,可以从轻、减轻或者不予处罚。	第十四条　盲人或者又聋又哑的人违反治安管理的,可以从轻、减轻或者不予处罚。
第十五条　醉酒的人违反治安管理的,应当给予处罚。 醉酒的人在醉酒状态中,对本人有危险或者对他人的人身、财产或者公共安全有威胁的,应当对其采取保护性措施约束至酒醒。	第十五条　醉酒的人违反治安管理的,应当给予处罚。 醉酒的人在醉酒状态中,对本人有危险或者对他人的人身、财产或者公共安全有威胁的,应当对其采取保护性措施约束至酒醒。
第十六条　有两种以上违反治安管理行为的,分别决定,合并执行。行政拘留处罚合并执行的,最长不超过二十日。	第十六条　有两种以上违反治安管理行为的,分别决定,合并执行。行政拘留处罚合并执行的,最长不超过二十日。

续表

现行法	修订草案
第十七条　共同违反治安管理的,根据违反治安管理行为人在违反治安管理行为中所起的作用,分别处罚。 　　教唆、胁迫、诱骗他人违反治安管理的,按照其教唆、胁迫、诱骗的行为处罚。	第十七条　共同违反治安管理的,根据违反治安管理行为人在违反治安管理行为中所起的作用,分别处罚。 　　教唆、胁迫、诱骗他人违反治安管理的,按照其教唆、胁迫、诱骗的行为处罚。
第十八条　单位违反治安管理的,对其直接负责的主管人员和其他直接责任人员依照本法的规定处罚。其他法律、行政法规对同一行为规定给予单位处罚的,依照其规定处罚。	第十八条　单位违反治安管理的,对其直接负责的主管人员和其他直接责任人员依照本法的规定处罚。其他法律、行政法规对同一行为规定给予单位处罚的,依照其规定处罚。
第十九条　违反治安管理有下列情形之一的,减轻处罚或者不予处罚: 　　(一)情节特别轻微的; 　　(二)主动消除或者减轻违法后果,并取得被侵害人谅解的; 　　(三)出于他人胁迫或者诱骗的; 　　(四)主动投案,向公安机关如实陈述自己的违法行为的; 　　(五)有立功表现的。	第十九条　违反治安管理有下列情形之一的,从轻、减轻或者不予处罚: 　　(一)情节轻微的; 　　(二)主动消除或者减轻违法后果的; 　　(三)取得被侵害人谅解的; 　　(四)出于他人胁迫或者诱骗的; 　　(五)主动投案,向公安机关如实陈述自己的违法行为的; 　　(六)有立功表现的。
	第二十条　违反治安管理行为人自愿向公安机关如实陈述自己的违法行为,承认违法事实,愿意接受处罚的,可以依法从宽处理。
第二十条　违反治安管理有下列情形之一的,从重处罚:	第二十一条　违反治安管理有下列情形之一的,从重处罚:

续表

现行法	修订草案
（一）有较严重后果的； （二）教唆、胁迫、诱骗他人违反治安管理的； （三）对报案人、控告人、举报人、证人打击报复的； （四）六个月内曾受过治安管理处罚的。	（一）有较严重后果的； （二）教唆、胁迫、诱骗他人违反治安管理的； （三）对报案人、控告人、举报人、证人打击报复的； （四）**一年**内曾受过治安管理处罚的。
第二十一条　违反治安管理行为人有下列情形之一，依照本法应当给予行政拘留处罚的，不执行行政拘留处罚： （一）已满十四周岁不满十六周岁的； （二）已满十六周岁不满十八周岁，初次违反治安管理的； （三）七十周岁以上的； （四）怀孕或者哺乳自己不满一周岁婴儿的。	第二十二条　违反治安管理行为人有下列情形之一，依照本法应当给予行政拘留处罚的，不执行行政拘留处罚： （一）已满十四周岁不满十六周岁的； （二）已满十六周岁不满十八周岁，初次违反治安管理的； （三）七十周岁以上的； （四）怀孕或者哺乳自己不满一周岁婴儿的。 前款第一项、第三项规定的违反治安管理行为人，一年内二次以上违反治安管理的，可以执行行政拘留处罚。
	第二十三条　对不予处罚或者不执行行政拘留处罚的未成年人，公安机关可以依法采取训诫、责令具结悔过等措施。
第二十二条　违反治安管理行为在六个月内没有被公安机关发现的，不再处罚。 前款规定的期限，从违反治安管理行为发生之日起计算；违反治安管理行为有连续或者继续状态的，从行为终了之日起计算。	第二十四条　违反治安管理行为在六个月内没有被公安机关发现的，不再处罚。 前款规定的期限，从违反治安管理行为发生之日起计算；违反治安管理行为有连续或者继续状态的，从行为终了之日起计算。

续表

现行法	修订草案
第三章　违反治安管理的行为和处罚	第三章　违反治安管理的行为和处罚
第一节　扰乱公共秩序的行为和处罚	第一节　扰乱公共秩序的行为和处罚
第二十三条　有下列行为之一的,处警告或者二百元以下罚款;情节较重的,处五日以上十日以下拘留,可以并处五百元以下罚款: 　　(一)扰乱机关、团体、企业、事业单位秩序,致使工作、生产、营业、医疗、教学、科研不能正常进行,尚未造成严重损失的; 　　(二)扰乱车站、港口、码头、机场、商场、公园、展览馆或者其他公共场所秩序的; 　　(三)扰乱公共汽车、电车、火车、船舶、航空器或者其他公共交通工具上的秩序的; 　　(四)非法拦截或者强登、扒乘机动车、船舶、航空器以及其他交通工具,影响交通工具正常行驶的; 　　(五)破坏依法进行的选举秩序的。 　　聚众实施前款行为的,对首要分子处十日以上十五日以下拘留,可以并处一千元以下罚款。	第二十五条　有下列行为之一的,处警告或者**五百元**以下罚款;情节较重的,处五日以上十日以下拘留,可以并处**一千元**以下罚款: 　　(一)扰乱机关、团体、企业、事业单位秩序,致使工作、生产、营业、医疗、教学、科研不能正常进行,尚未造成严重损失的; 　　(二)扰乱车站、港口、码头、机场、商场、公园、展览馆或者其他公共场所秩序的; 　　(三)扰乱公共汽车、电车、火车、船舶、航空器或者其他公共交通工具上的秩序的; 　　(四)非法拦截或者强登、扒乘机动车、船舶、航空器以及其他交通工具,影响交通工具正常行驶的; 　　(五)破坏依法进行的选举秩序的。 　　聚众实施前款行为的,对首要分子处十日以上十五日以下拘留,可以并处**二千元**以下罚款。
	第二十六条　在法律规定的国家考试中,有下列行为之一,有违法所得的,处违法所得一倍以上五倍以下罚款;没有违法所得或者违法所得不足一千元的,处一千元以上三千元以下罚款;情节较重的,处五日以上十五日以下拘留: 　　(一)组织作弊的;

续表

现行法	修订草案
	（二）为他人组织作弊提供作弊器材或者其他帮助的； （三）为实施考试作弊行为，向他人非法出售或者提供考试试题、答案的； （四）代替他人或者让他人代替自己参加考试的。
第二十四条 有下列行为之一，扰乱文化、体育等大型群众性活动秩序的，处警告或者二百元以下罚款；情节严重的，处五日以上十日以下拘留，可以并处五百元以下罚款： （一）强行进入场内的； （二）违反规定，在场内燃放烟花爆竹或者其他物品的； （三）展示侮辱性标语、条幅等物品的； （四）围攻裁判员、运动员或者其他工作人员的； （五）向场内投掷杂物，不听制止的； （六）扰乱大型群众性活动秩序的其他行为。 因扰乱体育比赛秩序被处以拘留处罚的，可以同时责令其十二个月内不得进入体育场馆观看同类比赛；违反规定进入体育场馆的，强行带离现场。	第二十七条 有下列行为之一，扰乱文化、体育等大型群众性活动秩序的，处警告或者**五百元**以下罚款；情节严重的，处五日以上十日以下拘留，可以并处**一千元**以下罚款： （一）强行进入场内的； （二）违反规定，在场内燃放烟花爆竹或者其他物品的； （三）展示侮辱性**或者煽动扰乱公共秩序等内容的**标语、条幅等物品的； （四）围攻裁判员、运动员或者其他工作人员的； （五）向场内投掷杂物，不听制止的； （六）扰乱大型群众性活动秩序的其他行为。 因扰乱体育比赛秩序被处以拘留处罚的，可以同时责令其**一至三年**内不得进入体育场馆观看同类比赛；违反规定进入体育场馆的，强行带离现场，**处五日以下拘留或者一千元以下罚款**。

续表

现行法	修订草案
第二十五条 有下列行为之一的,处五日以上十日以下拘留,可以并处五百元以下罚款;情节较轻的,处五日以下拘留或者五百元以下罚款: （一）散布谣言,谎报险情、疫情、警情或者以其他方法故意扰乱公共秩序的; （二）投放虚假的爆炸性、毒害性、放射性、腐蚀性物质或者传染病病原体等危险物质扰乱公共秩序的; （三）扬言实施放火、爆炸、投放危险物质扰乱公共秩序的。	**第二十八条** 有下列行为之一的,处五日以上十日以下拘留,可以并处**一千元**以下罚款;情节较轻的,处五日以下拘留或者**一千元**以下罚款: （一）散布谣言,谎报险情、疫情、警情或者以其他方法故意扰乱公共秩序的; （二）投放虚假的爆炸性、毒害性、放射性、腐蚀性物质或者传染病病原体等危险物质扰乱公共秩序的; （三）扬言实施放火、爆炸、投放危险物质**等行为**扰乱公共秩序的。
第二十六条 有下列行为之一的,处五日以上十日以下拘留,可以并处五百元以下罚款;情节较重的,处十日以上十五日以下拘留,可以并处一千元以下罚款: （一）结伙斗殴的; （二）追逐、拦截他人的; （三）强拿硬要或者任意损毁、占用公私财物的; （四）其他寻衅滋事行为。	**第二十九条** 有下列行为之一的,处五日以上十日以下拘留,可以并处**一千元**以下罚款;情节较重的,处十日以上十五日以下拘留,可以并处**二千元**以下罚款: （一）结伙斗殴的; （二）追逐、拦截他人的; （三）强拿硬要或者任意损毁、占用公私财物的; （四）其他寻衅滋事行为。
第二十七条 有下列行为之一的,处十日以上十五日以下拘留,可以并处一千元以下罚款;情节较轻的,处五日以上十日以下拘留,可以并处五百元以下罚款: （一）组织、教唆、胁迫、诱骗、煽动他人从事邪教、会道门活动或者利用邪教、会道门、迷信活动,扰乱社会秩序、损害他人身体健康的;	**第三十条** 有下列行为之一的,处十日以上十五日以下拘留,可以并处**二千元**以下罚款;情节较轻的,处五日以上十日以下拘留,可以并处**一千元**以下罚款: （一）组织、教唆、胁迫、诱骗、煽动他人从事邪教、会道门活动或者利用邪教**组织**、会道门、迷信活动,扰乱社会秩序、损害他人身体健康的;

续表

现行法	修订草案
（二）冒用宗教、气功名义进行扰乱社会秩序、损害他人身体健康活动的。	（二）冒用宗教、气功名义进行扰乱社会秩序、损害他人身体健康活动的； （三）制作、传播、为传播而持有宣扬邪教、会道门内容的物品、信息、资料的。 明知他人从事前款活动，为其提供条件的，依照前款的规定处罚。
第二十八条　违反国家规定，故意干扰无线电业务正常进行的，或者对正常运行的无线电台（站）产生有害干扰，经有关主管部门指出后，拒不采取有效措施消除的，处五日以上十日以下拘留；情节严重的，处十日以上十五日以下拘留。	第三十一条　违反国家规定，擅自设置、使用无线电台（站），或者擅自使用无线电频率，干扰无线电通讯秩序，处五日以上十日以下拘留；情节严重的，处十日以上十五日以下拘留。
第二十九条　有下列行为之一的，处五日以下拘留；情节较重的，处五日以上十日以下拘留： （一）违反国家规定，侵入计算机信息系统，造成危害的； （二）违反国家规定，对计算机信息系统功能进行删除、修改、增加、干扰，造成计算机信息系统不能正常运行的； （三）违反国家规定，对计算机信息系统中存储、处理、传输的数据和应用程序进行删除、修改、增加的； （四）故意制作、传播计算机病毒等破坏性程序，影响计算机信息系统正常运行的。	第三十二条　有下列行为之一的，处五日以下拘留；情节较重的，处五日以上**十五**日以下拘留： （一）违反国家规定，侵入计算机信息系统**或者采用其他技术手段，获取计算机信息系统中存储、处理或者传输的数据，或者对计算机信息系统实施非法控制**，造成危害的； （二）违反国家规定，对计算机信息系统功能进行删除、修改、增加、干扰，造成**危害的**； （三）违反国家规定，对计算机信息系统中存储、处理、传输的数据和应用程序进行删除、修改、增加的；

续表

现行法	修订草案
	（四）故意制作、传播计算机病毒等破坏性程序，造成危害的； （五）提供专门用于侵入、非法控制计算机信息系统的程序、工具，或者明知他人实施侵入、非法控制计算机信息系统的违法犯罪行为而为其提供程序、工具，造成危害的。
	第三十三条　组织、领导传销活动，处十日以上十五日以下拘留；情节较轻的，处五日以上十日以下拘留。 胁迫、诱骗他人参加传销活动的，处五日以上十日以下拘留；情节较重的，处十日以上十五日以下拘留。 多次参加传销活动的，处五日以下拘留。
	第三十四条　有下列行为之一的，处五日以上十日以下拘留或者一千元以上三千元以下罚款；情节较重的，处十日以上十五日以下拘留，可以并处五千元以下罚款： （一）在公共场所从事有损纪念英雄烈士环境和氛围的活动的； （二）在公共场所或者强制他人在公共场所穿着、佩戴有损中华民族精神、伤害中华民族感情的服饰、标志的； （三）制作、传播、宣扬、散布有损中华民族精神、伤害中华民族感情的物品或者言论的；

第十二章 《中华人民共和国治安管理处罚法（修订草案）》释义 | 第四编 释义篇

续表

现行法	修订草案
	（四）亵渎、否定英雄烈士事迹和精神，宣扬、美化侵略战争和侵略行为，寻衅滋事，扰乱公共秩序的； （五）以侮辱、诽谤或者其他方式侵害英雄烈士的姓名、肖像、名誉、荣誉，损害社会公共利益的； （六）侵占、破坏、污损英雄烈士纪念设施的。
第二节 妨害公共安全的行为和处罚	第二节 妨害公共安全的行为和处罚
第三十条 违反国家规定，制造、买卖、储存、运输、邮寄、携带、使用、提供、处置爆炸性、毒害性、放射性、腐蚀性物质或者传染病病原体等危险物质的，处十日以上十五日以下拘留；情节较轻的，处五日以上十日以下拘留。	第三十五条 违反国家规定，制造、买卖、储存、运输、邮寄、携带、使用、提供、处置爆炸性、**易燃性**、毒害性、放射性、腐蚀性物质或者传染病病原体等危险物质的，处十日以上十五日以下拘留；情节较轻的，处五日以上十日以下拘留。
第三十一条 爆炸性、毒害性、放射性、腐蚀性物质或者传染病病原体等危险物质被盗、被抢或者丢失，未按规定报告的，处五日以下拘留；故意隐瞒不报的，处五日以上十日以下拘留。	第三十六条 爆炸性、毒害性、放射性、腐蚀性物质或者传染病病原体等危险物质被盗、被抢或者丢失，未按规定报告的，处五日以下拘留；故意隐瞒不报的，处五日以上十日以下拘留。
第三十二条 非法携带枪支、弹药或者弩、匕首等国家规定的管制器具的，处五日以下拘留，可以并处五百元以下罚款；情节较轻的，处警告或者二百元以下罚款。 非法携带枪支、弹药或者弩、匕首等国家规定的管制器具进入公共场所或者公共交通工具的，处五日以上十日以下拘留，可以并处五百元以下罚款。	第三十七条 非法携带枪支、弹药或者弩、匕首等国家规定的管制器具的，处五日以下拘留，可以并处**一千元**以下罚款；情节较轻的，处警告或者**五百元**以下罚款。 非法携带枪支、弹药或者弩、匕首等国家规定的管制器具进入公共场所或者公共交通工具的，处五日以上十日以下拘留，可以并处**一千元**以下罚款；**情节较重的，处**

· 193 ·

续表

现行法	修订草案
	十日以上十五日以下拘留，可以并处五千元以下罚款。
第三十三条　有下列行为之一的，处十日以上十五日以下拘留： （一）盗窃、损毁油气管道设施、电力电信设施、广播电视设施、水利防汛工程设施或者水文监测、测量、气象测报、环境监测、地质监测、地震监测等公共设施的； （二）移动、损毁国家边境的界碑、界桩以及其他边境标志、边境设施或者领土、领海标志设施的； （三）非法进行影响国（边）界线走向的活动或者修建有碍国（边）境管理的设施的。	第三十八条　有下列行为之一的，处十日以上十五日以下拘留： （一）盗窃、损毁油气管道设施、电力电信设施、广播电视设施、水利防汛工程设施、**公共供水设施、公路及附属设施**或者水文监测、测量、气象测报、环境监测、地质监测、地震监测等公共设施的； （二）移动、损毁国家边境的界碑、界桩以及其他边境标志、边境设施或者领土、领海**基点**标志设施的； （三）非法进行影响国（边）界线走向的活动或者修建有碍国（边）境管理的设施的。
第三十四条　盗窃、损坏、擅自移动使用中的航空设施，或者强行进入航空器驾驶舱的，处十日以上十五日以下拘留。 在使用中的航空器上使用可能影响导航系统正常功能的器具、工具，不听劝阻的，处五日以下拘留或者五百元以下罚款。	第三十九条　盗窃、损坏、擅自移动使用中的**公共交通工具**设施、**设备**，或者强行进入**公共交通工具**驾驶舱的，处十日以上十五日以下拘留。 在使用中的航空器上使用可能影响导航系统正常功能的器具、工具，不听劝阻的，处五日以下拘留或者**一千元**以下罚款。 **以抢夺方向盘或者拉扯、殴打驾驶人等方式妨碍公共交通工具驾驶的，处五日以下拘留或者一千元以下罚款。**

续表

现行法	修订草案
第三十五条 有下列行为之一的,处五日以上十日以下拘留,可以并处五百元以下罚款;情节较轻的,处五日以下拘留或者五百元以下罚款: (一)盗窃、损毁或者擅自移动铁路设施、设备、机车车辆配件或者安全标志的; (二)在铁路线路上放置障碍物,或者故意向列车投掷物品的; (三)在铁路线路、桥梁、涵洞处挖掘坑穴、采石取沙的; (四)在铁路线路上私设道口或者平交过道的。	第四十条 有下列行为之一的,处十日以上十五日以下拘留,可以并处三千元以下罚款;情节较轻的,处五日以上十日以下拘留,**可以并处一千元**以下罚款: (一)盗窃、损毁或者擅自移动铁路、**城市轨道交通**设施、设备、机车车辆配件或者安全标志的; (二)在铁路、**城市轨道交通**线路上放置障碍物,或者故意向列车投掷物品的; (三)在铁路、**城市轨道交通**线路、桥梁、涵洞处挖掘坑穴、采石取沙的; (四)在铁路、**城市轨道交通**线路上私设道口或者平交过道的。
第三十六条 擅自进入铁路防护网或者火车来临时在铁路线路上行走坐卧、抢越铁路,影响行车安全的,处警告或者二百元以下罚款。	第四十一条 擅自进入铁路、**城市轨道交通**防护网或者火车、**城市轨道交通列车**来临时在铁路、**城市轨道交通**线路上行走坐卧,抢越铁路、**城市轨道**,影响行车安全的,处警告或者**五百元**以下罚款;**情节较重的,处五日以下拘留或者一千元以下罚款。**
第三十七条 有下列行为之一的,处五日以下拘留或者五百元以下罚款;情节严重的,处五日以上十日以下拘留,可以并处五百元以下罚款: (一)未经批准,安装、使用电网的,或者安装、使用电网不符合安全规定的;	第四十二条 有下列行为之一的,处五日以下拘留或者**一千元**以下罚款;情节严重的,处**十日以上十五日以下**拘留,可以并处**三千**元以下罚款: (一)未经批准,安装、使用电网的,或者安装、使用电网不符合安全规定的;

续表

现行法	修订草案
（二）在车辆、行人通行的地方施工，对沟井坎穴不设覆盖物、防围和警示标志的，或者故意损毁、移动覆盖物、防围和警示标志的； （三）盗窃、损毁路面井盖、照明等公共设施的。	（二）在车辆、行人通行的地方施工，对沟井坎穴不设覆盖物、防围和警示标志的，或者故意损毁、移动覆盖物、防围和警示标志的； （三）盗窃、损毁路面井盖、照明等公共设施的； （四）升放携带明火的孔明灯，有发生火灾事故危险，不听劝阻的； （五）从建筑物中抛掷物品，有危害他人人身安全、公私财产安全或者公共安全危险的。
第三十八条　举办文化、体育等大型群众性活动，违反有关规定，有发生安全事故危险的，责令停止活动，立即疏散；对组织者处五日以上十日以下拘留，并处二百元以上五百元以下罚款；情节较轻的，处五日以下拘留或者五百元以下罚款。	第四十三条　举办文化、体育等大型群众性活动，违反有关规定，有发生安全事故危险，经公安机关责令改正而拒不改正或者无法改正的，责令停止活动，立即疏散；对组织者处五日以上十日以下拘留，并处三千元以上五千元以下罚款；情节较重的，处十日以上十五日以下拘留，并处五千元以上二万元以下罚款，可以同时责令其六个月至一年内不得举办大型群众性活动。
第三十九条　旅馆、饭店、影剧院、娱乐场、运动场、展览馆或者其他供社会公众活动的场所的经营管理人员，违反安全规定，致使该场所有发生安全事故危险，经公安机关责令改正，拒不改正的，处五日以下拘留。	第四十四条　旅馆、饭店、影剧院、娱乐场、运动场、展览馆或者其他供社会公众活动的场所违反安全规定，致使该场所有发生安全事故危险，经公安机关责令改正而拒不改正的，对其直接负责的主管人员和其他直接责任人员处五日以下拘留；情节较重的，处五日以上十日以下拘留。

续表

现行法	修订草案
	第四十五条　治安保卫重点单位违反有关规定，存在威胁公民人身安全、公私财产安全或者公共安全的治安隐患，经公安机关责令改正而拒不改正的，对其直接负责的主管人员和其他直接责任人员处五日以下拘留；情节较重的，处五日以上十日以下拘留。
	第四十六条　违反有关规定，在低空飞行无人驾驶航空器、航空运动器材，或者升放无人驾驶自由气球、系留气球等升空物体，情节较重的，处五日以上十日以下拘留。 飞行、升放前款规定的物体非法穿越国（边）境的，处十日以上十五日以下拘留，并处一千元以上三千元以下罚款。
第三节　侵犯人身权利、财产权利的行为和处罚	第三节　侵犯人身权利、财产权利的行为和处罚
第四十条　有下列行为之一的，处十日以上十五日以下拘留，并处五百元以上一千元以下罚款；情节较轻的，处五日以上十日以下拘留，并处二百元以上五百元以下罚款： （一）组织、胁迫、诱骗不满十六周岁的人或者残疾人进行恐怖、残忍表演的； （二）以暴力、威胁或者其他手段强迫他人劳动的； （三）非法限制他人人身自由、非法侵入他人住宅或者非法搜查他人身体的。	第四十七条　有下列行为之一的，处十日以上十五日以下拘留，并处**一千元以上二千元**以下罚款；情节较轻的，处五日以上十日以下拘留，并处**一千元**以下罚款： （一）组织、胁迫、诱骗不满十六周岁的人或者残疾人进行恐怖、残忍表演的； （二）以暴力、威胁或者其他手段强迫他人劳动的； （三）非法限制他人人身自由、非法侵入他人住宅或者非法搜查他人身体的。

续表

现行法	修订草案
第四十一条　胁迫、诱骗或者利用他人乞讨的,处十日以上十五日以下拘留,可以并处一千元以下罚款。 　　反复纠缠、强行讨要或者以其他滋扰他人的方式乞讨的,处五日以下拘留或者警告。	第四十八条　胁迫、诱骗或者利用他人乞讨的,处十日以上十五日以下拘留,可以并处**二千元**以下罚款。 　　反复纠缠、强行讨要或者以其他滋扰他人的方式乞讨的,处五日以下拘留或者警告。
第四十二条　有下列行为之一的,处五日以下拘留或者五百元以下罚款;情节较重的,处五日以上十日以下拘留,可以并处五百元以下罚款: 　　(一)写恐吓信或者以其他方法威胁他人人身安全的; 　　(二)公然侮辱他人或者捏造事实诽谤他人的; 　　(三)捏造事实诬告陷害他人,企图使他人受到刑事追究或者受到治安管理处罚的; 　　(四)对证人及其近亲属进行威胁、侮辱、殴打或者打击报复的; 　　(五)多次发送淫秽、侮辱、恐吓或者其他信息,干扰他人正常生活的; 　　(六)偷窥、偷拍、窃听、散布他人隐私的。	第四十九条　有下列行为之一的,处五日以下拘留或者**一千元**以下罚款;情节较重的,处五日以上十日以下拘留,可以并处**一千元**以下罚款: 　　(一)写恐吓信或者以其他方法威胁他人人身安全的; 　　(二)公然侮辱他人或者捏造事实诽谤他人的; 　　(三)捏造事实诬告陷害他人,企图使他人受到刑事追究或者受到治安管理处罚的; 　　(四)对证人及其近亲属进行威胁、侮辱、殴打或者打击报复的; 　　**(五)违反监察机关在监察工作中、司法机关在刑事诉讼中采取的禁止接触证人、鉴定人、被害人及其近亲属保护措施的;** 　　(六)多次发送淫秽、侮辱、恐吓**等**信息**或者采取滋扰、纠缠等其他方法**,干扰他人正常生活的; 　　(七)偷窥、偷拍、窃听、散布他人隐私的。

第十二章 《中华人民共和国治安管理处罚法（修订草案）》释义 | 第四编 释义篇 |

续表

现行法	修订草案
第四十三条　殴打他人的,或者故意伤害他人身体的,处五日以上十日以下拘留,并处二百元以上五百元以下罚款;情节较轻的,处五日以下拘留或者五百元以下罚款。 　　有下列情形之一的,处十日以上十五日以下拘留,并处五百元以上一千元以下罚款: 　　(一)结伙殴打、伤害他人的; 　　(二)殴打、伤害残疾人、孕妇、不满十四周岁的人或者六十周岁以上的人的; 　　(三)多次殴打、伤害他人或者一次殴打、伤害多人的。	第五十条　殴打他人的,或者故意伤害他人身体的,处五日以上十日以下拘留,并处**五百元以上一千元**以下罚款;情节较轻的,处五日以下拘留或者**一千元**以下罚款。 　　有下列情形之一的,处十日以上十五日以下拘留,并处**一千元**以上**二千元**以下罚款: 　　(一)结伙殴打、伤害他人的; 　　(二)殴打、伤害残疾人、孕妇、不满十四周岁的人或者六十周岁以上的人的; 　　(三)多次殴打、伤害他人或者一次殴打、伤害多人的。
第四十四条　猥亵他人的,或者在公共场所故意裸露身体,情节恶劣的,处五日以上十日以下拘留;猥亵智力残疾人、精神病人、不满十四周岁的人或者有其他严重情节的,处十日以上十五日以下拘留。	第五十一条　猥亵他人的,处五日以上十日以下拘留;猥亵智力残疾人、精神病人、不满十四周岁的人或者有其他严重情节的,处十日以上十五日以下拘留。
第四十五条　有下列行为之一的,处五日以下拘留或者警告: 　　(一)虐待家庭成员,被虐待人要求处理的; 　　(二)遗弃没有独立生活能力的被扶养人的。	第五十二条　有下列行为之一的,处五日以下拘留或者警告;**情节较重的,处五日以上十日以下拘留**: 　　(一)虐待家庭成员,被虐待人要求处理的; 　　(二)**对未成年人、老年人、患病的人、残疾人等负有监护、看护职责的人虐待被监护、看护的人的**; 　　(三)遗弃没有独立生活能力的被扶养人的。

199

续表

现行法	修订草案
第四十六条 强买强卖商品，强迫他人提供服务或者强迫他人接受服务的，处五日以上十日以下拘留，并处二百元以上五百元以下罚款；情节较轻的，处五日以下拘留或者五百元以下罚款。	第五十三条 强买强卖商品，强迫他人提供服务或者强迫他人接受服务的，处五日以上十日以下拘留，并处**三千元**以上**五千元**以下罚款；情节较轻的，处五日以下拘留或者**一千元**以下罚款。
第四十七条 煽动民族仇恨、民族歧视，或者在出版物、计算机信息网络中刊载民族歧视、侮辱内容的，处十日以上十五日以下拘留，可以并处一千元以下罚款。	第五十四条 煽动民族仇恨、民族歧视，或者在出版物、计算机信息网络中刊载民族歧视、侮辱内容的，处十日以上十五日以下拘留，可以并处**三千元**以下罚款。
	第五十五条 违反国家有关规定，向他人出售或者提供个人信息的，处十日以上十五日以下拘留；情节较轻的，处五日以上十日以下拘留。 窃取或者以其他方法非法获取个人信息的，依照前款的规定处罚。
第四十八条 冒领、隐匿、毁弃、私自开拆或者非法检查他人邮件的，处五日以下拘留或者五百元以下罚款。	第五十六条 冒领、隐匿、毁弃、**倒卖**、私自开拆或者非法检查他人**寄递物品**的，处五日以下拘留或者**一千元**以下罚款；**情节较重的，处五日以上十日以下拘留**。
第四十九条 盗窃、诈骗、哄抢、抢夺、敲诈勒索或者故意损毁公私财物的，处五日以上十日以下拘留，可以并处五百元以下罚款；情节较重的，处十日以上十五日以下拘留，可以并处一千元以下罚款。	第五十七条 盗窃、诈骗、哄抢、抢夺或者敲诈勒索的，处五日以上十日以下拘留，可以并处**一千元**以下罚款；情节较重的，处十日以上十五日以下拘留，可以并处**三千元**以下罚款。
	第五十八条 故意损毁公私财物的，处五日以下拘留**或者一千元**以下罚款；情节较重的，处五日以上**十日**以下拘留，可以并处**三千元**以下罚款。

续表

现行法	修订草案
第四节　妨害社会管理的行为和处罚	第四节　妨害社会管理的行为和处罚
第五十条　有下列行为之一的,处警告或者二百元以下罚款;情节严重的,处五日以上十日以下拘留,可以并处五百元以下罚款: (一)拒不执行人民政府在紧急状态情况下依法发布的决定、命令的; (二)阻碍国家机关工作人员依法执行职务的; (三)阻碍执行紧急任务的消防车、救护车、工程抢险车、警车等车辆通行的; (四)强行冲闯公安机关设置的警戒带、警戒区的。 阻碍人民警察依法执行职务的,从重处罚。	第五十九条　有下列行为之一的,处警告或者**五百元以下罚款**;情节严重的,处五日以上十日以下拘留,可以并处**一千元以下**罚款: (一)拒不执行人民政府在紧急状态情况下依法发布的决定、命令的; (二)阻碍国家机关工作人员依法执行职务的,**或者拒不执行公安机关出具的禁止家庭暴力告诫书**的; (三)阻碍执行紧急任务的消防车、救护车、工程抢险车、警车等**交通工具**通行的; (四)强行冲闯公安机关设置的警戒带、警戒区**或者检查点**的。 **以侮辱、谩骂、威胁、围堵、拦截等方式**阻碍人民警察依法执行职务的,从重处罚。
第五十一条　冒充国家机关工作人员或者以其他虚假身份招摇撞骗的,处五日以上十日以下拘留,可以并处五百元以下罚款;情节较轻的,处五日以下拘留或者五百元以下罚款。 冒充军警人员招摇撞骗的,从重处罚。	第六十条　冒充国家机关工作人员招摇撞骗的,处**十日以上十五日以下**拘留,可以并处**一千元以下**罚款;情节较轻的,处**五日以上十日以下**拘留。 冒充军警人员招摇撞骗的,从重处罚。 以其他虚假身份招摇撞骗的,处**五日以下**拘留**或者一千元以下**罚款;**情节较重的,处五日以上十日以下**拘留,可以并处一千元以下罚款。

续表

现行法	修订草案
第五十二条 有下列行为之一的,处十日以上十五日以下拘留,可以并处一千元以下罚款;情节较轻的,处五日以上十日以下拘留,可以并处五百元以下罚款: (一)伪造、变造或者买卖国家机关、人民团体、企业、事业单位或者其他组织的公文、证件、证明文件、印章的; (二)买卖或者使用伪造、变造的国家机关、人民团体、企业、事业单位或者其他组织的公文、证件、证明文件的; (三)伪造、变造、倒卖车票、船票、航空客票、文艺演出票、体育比赛入场券或者其他有价票证、凭证的; (四)伪造、变造船舶户牌,买卖或者使用伪造、变造的船舶户牌,或者涂改船舶发动机号码的。	第六十一条 有下列行为之一的,处十日以上十五日以下拘留,可以并处**五千元**以下罚款;情节较轻的,处五日以上十日以下拘留,可以并处**三千元**以下罚款: (一)伪造、变造或者买卖国家机关、人民团体、企业、事业单位或者其他组织的公文、证件、证明文件、印章的; (二)**出租、出借国家机关、人民团体、企业、事业单位或者其他组织的公文、证件、证明文件、印章供他人非法使用的;** (三)买卖或者使用伪造、变造的国家机关、人民团体、企业、事业单位或者其他组织的公文、证件、证明文件、**印章**的; (四)伪造、变造、倒卖车票、船票、航空客票、文艺演出票、体育比赛入场券或者其他有价票证、凭证的; (五)伪造、变造船舶户牌,买卖或者使用伪造、变造的船舶户牌,或者涂改船舶发动机号码的。
第五十三条 船舶擅自进入、停靠国家禁止、限制进入的水域或者岛屿的,对船舶负责人及有关责任人员处五百元以上一千元以下罚款;情节严重的,处五日以下拘留,并处五百元以上一千元以下罚款。	第六十二条 船舶擅自进入、停靠国家禁止、限制进入的水域或者岛屿的,对船舶负责人及有关责任人员处**一千元**以上**二千元**以下罚款;情节严重的,处五日以下拘留,**可以**并处**二千元**以下罚款。
第五十四条 有下列行为之一的,处十日以上十五日以下拘留,并处五百元以上一千元以下罚款;情节较轻的,处五日以下拘留或者五百元以下罚款:	第六十三条 有下列行为之一的,处十日以上十五日以下拘留,**可以**并处**五千元**以下罚款;情节较轻的,处五日以上十日以下拘留或者一千元以上三千元以下罚款:

续表

现行法	修订草案
（一）违反国家规定，未经注册登记，以社会团体名义进行活动，被取缔后，仍进行活动的； （二）被依法撤销登记的社会团体，仍以社会团体名义进行活动的； （三）未经许可，擅自经营按照国家规定需要由公安机关许可的行业的。 有前款第三项行为的，予以取缔。 取得公安机关许可的经营者，违反国家有关管理规定，情节严重的，公安机关可以吊销许可证。	（一）违反国家规定，未经注册登记，以社会团体、**基金会、社会服务机构等社会组织**名义进行活动，被取缔后，仍进行活动的； （二）被依法撤销登记**或者吊销登记证书**的社会团体、**基金会、社会服务机构等社会组织**，仍以**原社会组织**名义进行活动的； （三）未经许可，擅自经营按照国家规定需要由公安机关许可的行业的。 有前款第三项行为的，予以取缔。**被取缔一年内又实施的，处十日以上十五日以下拘留，并处三千元以上五千元以下罚款。** 取得公安机关许可的经营者，违反国家有关管理规定，情节严重的，公安机关可以吊销许可证。
第五十五条 煽动、策划非法集会、游行、示威，不听劝阻的，处十日以上十五日以下拘留。	**第六十四条** 煽动、策划非法集会、游行、示威，不听劝阻的，处十日以上十五日以下拘留。
第五十六条 旅馆业的工作人员对住宿的旅客不按规定登记姓名、身份证件种类和号码的，或者明知住宿的旅客将危险物质带入旅馆，不予制止的，处二百元以上五百元以下罚款。 旅馆业的工作人员明知住宿的旅客是犯罪嫌疑人员或者被公安机关通缉的人员，不向公安机关报告的，处二百元以上五百元以下罚款；情节严重的，处五日以下拘留，可以并处五百元以下罚款。	**第六十五条** 从事旅馆业经营活动不按规定登记**住宿人员姓名、有效身份证件种类和号码等信息**的，或者**为身份不明、拒绝登记身份信息的人提供住宿服务的**，对其直接负责的主管人员和其他直接责任人员处五百元以上一千元以下罚款；情节较轻的，处五百元以下罚款。 从事旅馆业经营活动有下列行为之一，对其直接负责的主管人员和其他直接责任人员处一千元以上三千元以下罚款；情节严重

续表

现行法	修订草案
	的,处五日以下拘留,并处三千元以上五千元以下罚款: （一）明知**住宿人员违反规定**将危险物质带入**住宿区域**,不予制止的; （二）明知**住宿人员**是犯罪嫌疑人员或者被公安机关通缉的人员,不向公安机关报告的; （三）**明知住宿人员利用旅馆实施犯罪、违反治安管理行为,不向公安机关报告的。**
第五十七条　房屋出租人将房屋出租给无身份证件的人 居住 的,或者不按规定登记承租人姓名、身份证件种类和号码的,处二百元以上五百元以下罚款。 　　房屋出租人明知承租人利用出租房屋进行犯罪活动,不向公安机关报告的,处二百元以上五百元以下罚款;情节严重的,处五日以下拘留, 可以 并处五百元以下罚款。	第六十六条　房屋出租人将房屋出租给**身份不明、拒绝登记身份信息**的人的,或者不按规定登记承租人姓名、**有效**身份证件种类和号码**等信息**的,处**五百元以上一千元**以下罚款;**情节较轻的,处五百元以下罚款。** 　　房屋出租人明知承租人利用出租房屋**实施犯罪、违反治安管理行为**,不向公安机关报告的,处**一千元以上三千元**以下罚款;情节严重的,处五日以下拘留,并处**三千元以上五千元以下罚款**。
	第六十七条　娱乐场所和印章、旧货、机动车修理等行业经营者不按规定登记信息或者未将登记信息报送公安机关,情节较重的,对其直接负责的主管人员和其他直接责任人员处五日以下拘留。

续表

现行法	修订草案
	第六十八条 非法使用、提供窃听、窃照等专用器材的,处五日以下拘留或者一千元以上三千元以下罚款;情节较重的,处五日以上十日以下拘留,并处三千元以上五千元以下罚款。
第五十九条 有下列行为之一的,处五百元以上一千元以下罚款;情节严重的,处五日以上十日以下拘留,并处五百元以上一千元以下罚款: (一)典当业工作人员承接典当的物品,不查验有关证明、不履行登记手续,或者明知是违法犯罪嫌疑人、赃物,不向公安机关报告的; (二)违反国家规定,收购铁路、油田、供电、电信、矿山、水利、测量和城市公用设施等废旧专用器材的; (三)收购公安机关通报寻查的赃物或者有赃物嫌疑的物品的; (四)收购国家禁止收购的其他物品的。	**第六十九条** 有下列行为之一的,处**一千元以上三千元以下**罚款;情节严重的,处五日以上十日以下拘留,并处**一千元以上三千元**以下罚款: (一)典当业工作人员承接典当的物品,不查验有关证明、不履行登记手续,或者明知是违法犯罪嫌疑人、赃物,不向公安机关报告的; (二)违反国家规定,收购铁路、油田、供电、电信、矿山、水利、测量和城市公用设施等废旧专用器材的; (三)收购公安机关通报寻查的赃物或者有赃物嫌疑的物品的; (四)收购国家禁止收购的其他物品的。
第六十条 有下列行为之一的,处五日以上十日以下拘留,并处二百元以上五百元以下罚款: (一)隐藏、转移、变卖或者损毁行政执法机关依法扣押、查封、冻结的财物的; (二)伪造、隐匿、毁灭证据或者提供虚假证言、谎报案情,影响行政执法机关依法办案的; (三)明知是赃物而窝藏、转移或者代为销售的;	**第七十条** 有下列行为之一的,处五日以上十日以下拘留,**可以并处一千元以下罚款**: (一)隐藏、转移、变卖或者**擅自使用**或者损毁行政执法机关依法扣押、查封、冻结、**扣留、先行登记保存**的财物的; (二)伪造、隐匿、毁灭证据或者提供虚假证言、谎报案情,影响行政执法机关依法办案的; (三)明知是赃物而窝藏、转移

续表

现行法	修订草案
（四）被依法执行管制、剥夺政治权利或者在缓刑、暂予监外执行中的罪犯或者被依法采取刑事强制措施的人，有违反法律、行政法规或者国务院有关部门的监督管理规定的行为。	或者代为销售的； （四）明知是犯罪的人而为其提供隐藏处所、财物，帮助其逃匿的； （五）被依法执行管制、剥夺政治权利或者在缓刑、暂予监外执行中的罪犯或者被依法采取刑事强制措施的人，有违反法律、行政法规或者国务院有关部门的监督管理规定的行为； （六）违反人民法院刑事判决中的禁止令或者职业禁止决定的。
	第七十一条　依法被关押的违法行为人脱逃的，处十日以上十五日以下拘留；情节较轻的，处五日以上十日以下拘留。
第六十一条　协助组织或者运送他人偷越国（边）境的，处十日以上十五日以下拘留，并处一千元以上五千元以下罚款。	
第六十二条　为偷越国（边）境人员提供条件的，处五日以上十日以下拘留，并处五百元以上二千元以下罚款。 偷越国（边）境的，处五日以下拘留或者五百元以下罚款。	
第六十三条　有下列行为之一的，处警告或者二百元以下罚款；情节较重的，处五日以上十日以下拘留，并处二百元以上五百元以下罚款：	第七十二条　有下列行为之一的，处警告或者**五百元**以下罚款；情节较重的，处五日以上十日以下拘留，并处**一千元**以上**三千元**以下罚款：

206

续表

现行法	修订草案
（一）刻划、涂污或者以其他方式故意损坏国家保护的文物、名胜古迹的； （二）违反国家规定，在文物保护单位附近进行爆破、挖掘等活动，危及文物安全的。	（一）刻划、涂污或者以其他方式故意损坏国家保护的文物、名胜古迹的； （二）违反国家规定，在文物保护单位附近进行爆破、**钻探**、挖掘等活动，危及文物安全的。
第六十四条　有下列行为之一的，处五百元以上一千元以下罚款；情节严重的，处十日以上十五日以下拘留，并处五百元以上一千元以下罚款： （一）偷开他人机动车的； （二）未取得驾驶证驾驶或者偷开他人航空器、机动船舶的。	第七十三条　有下列行为之一的，处**一千元**以上**二千元**以下罚款；情节严重的，处十日以上十五日以下拘留，**可以**并处**二千元**以下罚款： （一）偷开他人机动车的； （二）未取得驾驶证驾驶或者偷开他人航空器、机动船舶的。
第六十五条　有下列行为之一的，处五日以上十日以下拘留；情节严重的，处十日以上十五日以下拘留，可以并处一千元以下罚款： （一）故意破坏、污损他人坟墓或者毁坏、丢弃他人尸骨、骨灰的； （二）在公共场所停放尸体或者因停放尸体影响他人正常生活、工作秩序，不听劝阻的。	第七十四条　有下列行为之一的，处五日以上十日以下拘留；情节严重的，处十日以上十五日以下拘留，可以并处**二千元**以下罚款： （一）故意破坏、污损他人坟墓或者毁坏、丢弃他人尸骨、骨灰的； （二）在公共场所停放尸体或者因停放尸体影响他人正常生活、工作秩序，不听劝阻的。
第六十六条　卖淫、嫖娼的，处十日以上十五日以下拘留，可以并处五千元以下罚款；情节较轻的，处五日以下拘留或者五百元以下罚款。 在公共场所拉客招嫖的，处五日以下拘留或者五百元以下罚款。	第七十五条　卖淫、嫖娼的，处十日以上十五日以下拘留，可以并处五千元以下罚款；情节较轻的，处五日以下拘留或者**一千元**以下罚款。 在公共场所拉客招嫖的，处五日以下拘留或者**一千元**以下罚款；**情节较重的，处十日以上十五日以下拘留，并处三千元以上五千元以下罚款。**

续表

现行法	修订草案
第四十四条 猥亵他人的,或者在公共场所故意裸露身体,情节恶劣的,处五日以上十日以下拘留;猥亵智力残疾人、精神病人、不满十四周岁的人或者有其他严重情节的,处十日以上十五日以下拘留。	**第七十六条** 在公共场所故意裸露身体的,处警告;情节恶劣的,处五日以下拘留或者五百元以下罚款。
第六十七条 引诱、容留、介绍他人卖淫的,处十日以上十五日以下拘留,可以并处五千元以下罚款;情节较轻的,处五日以下拘留或者五百元以下罚款。	**第七十七条** 引诱、容留、介绍他人卖淫的,处十日以上十五日以下拘留,可以并处五千元以下罚款;情节较轻的,处五日以下拘留或者一千元以上二千元以下罚款。引诱、容留、介绍未成年人卖淫的,从重处罚。
第六十八条 制作、运输、复制、出售、出租淫秽的书刊、图片、影片、音像制品等淫秽物品或者利用计算机信息网络、电话以及其他通讯工具传播淫秽信息的,处十日以上十五日以下拘留,可以并处三千元以下罚款;情节较轻的,处五日以下拘留或者五百元以下罚款。	**第七十八条** 制作、运输、复制、出售、出租淫秽的书刊、图片、影片、音像制品等淫秽物品或者利用信息网络、电话以及其他通讯工具传播淫秽信息的,处十日以上十五日以下拘留,可以并处**五千元**以下罚款;情节较轻的,处五日以下拘留或者**一千元以上三千元以下**罚款。前款规定的淫秽物品或者淫秽信息中涉及未成年人的,从重处罚。
第六十九条 有下列行为之一的,处十日以上十五日以下拘留,并处五百元以上一千元以下罚款: (一)组织播放淫秽音像的; (二)组织或者进行淫秽表演的; (三)参与聚众淫乱活动的。 明知他人从事前款活动,为其提供条件的,依照前款的规定处罚。	**第七十九条** 有下列行为之一的,处十日以上十五日以下拘留,并处**一千元以上二千元**以下罚款: (一)组织播放淫秽音像的; (二)组织或者进行淫秽表演的; (三)参与聚众淫乱活动的。 明知他人从事前款活动,为其提供条件的,依照前款的规定处罚。

续表

现行法	修订草案
	组织未成年人从事第一款活动的,从重处罚。
第七十条 以营利为目的,为赌博提供条件的,或者参与赌博赌资较大的,处五日以下拘留或者五百元以下罚款;情节严重的,处十日以上十五日以下拘留,并处五百元以上三千元以下罚款。	第八十条 以营利为目的,为赌博提供条件的,或者参与赌博赌资较大的,处五日以下拘留或者**一千元**以下罚款;情节严重的,处十日以上十五日以下拘留,并处**一千元以上五千元**以下罚款。
第七十一条 有下列行为之一的,处十日以上十五日以下拘留,可以并处三千元以下罚款;情节较轻的,处五日以下拘留或者五百元以下罚款: (一)非法种植罂粟不满五百株或者其他少量毒品原植物的; (二)非法买卖、运输、携带、持有少量未经灭活的罂粟等毒品原植物种子或者幼苗的; (三)非法运输、买卖、储存、使用少量罂粟壳的。 有前款第一项行为,在成熟前自行铲除的,不予处罚。	第八十一条 有下列行为之一的,处十日以上十五日以下拘留,可以并处**五千元**以下罚款;情节较轻的,处五日以下拘留或者**一千元**以下罚款: (一)非法种植罂粟不满五百株或者其他少量毒品原植物的; (二)非法买卖、运输、携带、持有少量未经灭活的罂粟等毒品原植物种子或者幼苗的; (三)非法运输、买卖、储存、使用少量罂粟壳的。 有前款第一项行为,在成熟前自行铲除的,不予处罚。
第七十二条 有下列行为之一的,处十日以上十五日以下拘留,可以并处二千元以下罚款;情节较轻的,处五日以下拘留或者五百元以下罚款: (一)非法持有鸦片不满二百克、海洛因或者甲基苯丙胺不满十克或者其他少量毒品的; (二)向他人提供毒品的; (三)吸食、注射毒品的; (四)胁迫、欺骗医务人员开具麻醉药品、精神药品的。	第八十二条 有下列行为之一的,处十日以上十五日以下拘留,可以并处**三千元**以下罚款;情节较轻的,处五日以下拘留或者**一千元**以下罚款: (一)非法持有鸦片不满二百克、海洛因或者甲基苯丙胺不满十克或者其他少量毒品的; (二)向他人提供毒品的; (三)吸食、注射毒品的; (四)胁迫、欺骗医务人员开具麻醉药品、精神药品的。

续表

现行法	修订草案
	聚众、组织吸食、注射毒品的，对首要分子、组织者依照前款的规定从重处罚。 吸食、注射毒品的，可以同时责令其六个月至一年内不得进入娱乐场所，不得擅自接触涉及毒品违法犯罪人员。违反规定的，处五日以下拘留或者一千元以下罚款。
第七十三条 教唆、引诱、欺骗他人吸食、注射毒品的，处十日以上十五日以下拘留，并处五百元以上二千元以下罚款。	第八十三条 引诱、教唆、欺骗或者强迫他人吸食、注射毒品的，处十日以上十五日以下拘留，并处一千元以上五千元以下罚款。 引诱、教唆、欺骗或者强迫未成年人吸食、注射毒品的，从重处罚。
	第八十四条 违反国家规定，非法生产、经营、购买、运输用于制造毒品的原料、配剂的，处十日以上十五日以下拘留；情节较轻的，处五日以上十日以下拘留。
第七十四条 旅馆业、饮食服务业、文化娱乐业、出租汽车业等单位的人员，在公安机关查处吸毒、赌博、卖淫、嫖娼活动时，为违法犯罪行为人通风报信的，处十日以上十五日以下拘留。	第八十五条 旅馆业、饮食服务业、文化娱乐业、出租汽车业等单位，明知本单位有吸毒、赌博、卖淫、嫖娼活动，放任不管、不采取措施制止的，在公安机关查处上述活动时，为违法犯罪行为人通风报信的，或者以其他方式为上述活动提供条件的，经公安机关主要负责人批准，可以责令其停业整顿十五日至三十日；对其直接负责的主管人员和其他直接责任人员，处十日以上十五日以下拘留；情节较轻的，处五日以下拘留或者一千元以上二千元以下罚款。

续表

现行法	修订草案
第五十八条　违反关于社会生活噪声污染防治的法律规定，制造噪声干扰他人正常生活的，处警告；警告后不改正的，处二百元以上五百元以下罚款。	第八十六条　违反关于社会生活噪声污染防治的法律规定，**产生社会生活噪声，经有关组织、单位、部门依法劝阻、调解和处理未能制止，持续干扰他人正常生活、工作和学习的，处五日以上十日以下拘留。**
第七十五条　饲养动物，干扰他人正常生活的，处警告；警告后不改正的，或者放任动物恐吓他人的，处二百元以上五百元以下罚款。 驱使动物伤害他人的，依照本法第四十三条第一款的规定处罚。	第八十七条　饲养动物，干扰他人正常生活的，处警告；警告后不改正的，或者放任动物恐吓他人的，处**一千元以下罚款**。 驱使动物伤害他人的，依照本法**第五十条**的规定处罚。
第七十六条　有本法第六十七条、第六十八条、第七十条的行为，屡教不改的，可以按照国家规定采取强制性教育措施。	
第四章　处罚程序	第四章　处罚程序
第一节　调　　查	第一节　调　　查
第七十七条　公安机关对报案、控告、举报或者违反治安管理行为人主动投案，以及其他行政主管部门、司法机关移送的违反治安管理案件，应当及时受理，并进行登记。	第八十八条　公安机关对报案、控告、举报或者违反治安管理行为人主动投案，以及其他行政主管部门、**监察机关**、司法机关移送的违反治安管理案件，应当立即**立案并**进行调查；认为不属于违反治安管理行为的，应当告知报案人、控告人、举报人、投案人，并说明理由。
第七十八条　公安机关受理报案、控告、举报、投案后，认为属于违反治安管理行为的，应当立即进行调查；认为不属于违反治安管理行为的，应当告知报案人、控告人、举报人、投案人，并说明理由。	

续表

现行法	修订草案
第七十九条 公安机关及其人民警察对治安案件的调查,应当依法进行。严禁刑讯逼供或者采用威胁、引诱、欺骗等非法手段收集证据。 以非法手段收集的证据不得作为处罚的根据。	**第八十九条** 公安机关及其人民警察对治安案件的调查,应当依法进行。严禁刑讯逼供或者采用威胁、引诱、欺骗等非法手段收集证据。 以非法手段收集的证据不得作为处罚的根据。
	第九十条 公安机关办理治安案件,有权向有关单位和个人收集、调取证据。有关单位和个人应当如实提供证据。 公安机关向有关单位和个人收集、调取证据时,应当告知其必须如实提供证据,以及伪造、隐匿、毁灭证据或者提供虚假证言应当承担的法律责任。
	第九十一条 在办理刑事案件过程中以及其他行政执法机关、监察机关在移送案件前依法收集的证据,可以作为治安案件的证据使用。
第八十条 公安机关及其人民警察在办理治安案件时,对涉及的国家秘密、商业秘密或者个人隐私,应当予以保密。	**第九十二条** 公安机关及其人民警察在办理治安案件时,对涉及的国家秘密、商业秘密或者个人隐私,应当予以保密。
第八十一条 人民警察在办理治安案件过程中,遇有下列情形之一的,应当回避;违反治安管理行为人、被侵害人或者其法定代理人也有权要求他们回避: (一)是本案当事人或者当事人的近亲属的; (二)本人或者其近亲属与本案有利害关系的;	**第九十三条** 人民警察在办理治安案件过程中,遇有下列情形之一的,应当回避;违反治安管理行为人、被侵害人或者其法定代理人也有权要求他们回避: (一)是本案当事人或者当事人的近亲属的; (二)本人或者其近亲属与本案有利害关系的;

第十二章　《中华人民共和国治安管理处罚法（修订草案）》释义 | 第四编　释义篇 |

续表

现行法	修订草案
（三）与本案当事人有其他关系，可能影响案件公正处理的。 人民警察的回避，由其所属的公安机关决定；公安机关负责人的回避，由上一级公安机关决定。	（三）与本案当事人有其他关系，可能影响案件公正处理的。 人民警察的回避，由其所属的公安机关决定；公安机关负责人的回避，由上一级公安机关决定。
第八十二条　需要传唤违反治安管理行为人接受调查的，经公安机关办案部门负责人批准，使用传唤证传唤。对现场发现的违反治安管理行为人，人民警察经出示工作证件，可以口头传唤，但应当在询问笔录中注明。 公安机关应当将传唤的原因和依据告知被传唤人。对无正当理由不接受传唤或者逃避传唤的人，可以强制传唤。	**第九十四条**　需要传唤违反治安管理行为人接受调查的，经公安机关办案部门负责人批准，使用传唤证传唤。对现场发现的违反治安管理行为人，人民警察经出示**执法**证件，可以口头传唤，但应当在询问笔录中注明。 公安机关应当将传唤的原因和依据告知被传唤人。对无正当理由不接受传唤或者逃避传唤的人，**经公安机关办案部门负责人批准**，可以强制传唤。**对因情况紧急当场实施强制传唤的，人民警察应当在返回单位后立即向其所属公安机关办案部门负责人报告，并补办批准手续，在笔录中注明。公安机关办案部门负责人认为不应当强制传唤的，应当立即解除。**
第八十三条　对违反治安管理行为人，公安机关传唤后应当及时询问查证，询问查证的时间不得超过八小时；情况复杂，依照本法规定可能适用行政拘留处罚的，询问查证的时间不得超过二十四小时。 公安机关应当及时将传唤的原因和处所通知被传唤人家属。	**第九十五条**　对违反治安管理行为人，公安机关传唤后应当及时询问查证，询问查证的时间不得超过八小时；**涉案人数众多、违反治安管理行为人身份不明的，询问查证的时间不得超过十二小时**；情况复杂，依照本法规定可能适用行政拘留处罚的，询问查证的时间不得超过二十四小时。 公安机关应当及时将传唤的原因和处所通知被传唤人家属。

213

续表

现行法	修订草案
	询问查证期间,公安机关应当保证违反治安管理行为人的饮食和必要的休息时间。
第八十四条 询问笔录应当交被询问人核对;对没有阅读能力的,应当向其宣读。记载有遗漏或者差错的,被询问人可以提出补充或者更正。被询问人确认笔录无误后,应当签名或者盖章,询问的人民警察也应当在笔录上签名。 被询问人要求就被询问事项自行提供书面材料的,应当准许;必要时,人民警察也可以要求被询问人自行书写。 询问不满十六周岁的违反治安管理行为人,应当通知其父母或者其他监护人到场。	**第九十六条** 询问笔录应当交被询问人核对;对没有阅读能力的,应当向其宣读。记载有遗漏或者差错的,被询问人可以提出补充或者更正。被询问人确认笔录无误后,应当签名、盖章**或者捺指印**,询问的人民警察也应当在笔录上签名。 被询问人要求就被询问事项自行提供书面材料的,应当准许;必要时,人民警察也可以要求被询问人自行书写。 询问不满十六周岁的违反治安管理行为人,应当通知其父母或者其他监护人到场;**其父母或者其他监护人不能到场的,也可以通知其他成年亲属,所在学校、单位、居住地基层组织或者未成年人保护组织的代表等合适成年人到场,并将有关情况记录在案。确实无法通知或者通知后未到场的,应当在笔录中注明。**
第八十五条 人民警察询问被侵害人或者其他证人,可以到其所在单位或者住处进行;必要时,也可以通知其到公安机关提供证言。 人民警察在公安机关以外询问被侵害人或者其他证人,应当出示工作证件。 询问被侵害人或者其他证人,同时适用本法第八十四条的规定。	**第九十七条** 人民警察询问被侵害人或者其他证人,**可以在现场进行,也**可以到其所在单位、住处**或者其提出的地点**进行;必要时,也可以通知其到公安机关提供证言。 人民警察在公安机关以外询问被侵害人或者其他证人,应当出示**执法**证件。

续表

现行法	修订草案
	询问被侵害人或者其他证人，同时适用本法**第九十六条**的规定。
	第九十八条　违反治安管理行为人、被侵害人或者其他证人在异地的，公安机关可以委托异地公安机关代为询问，也可以通过远程视频询问。 远程视频询问的，应当向被询问人宣读询问笔录，被询问人确认笔录无误后，询问的人民警察应当在笔录上注明。询问和宣读过程应当全程同步录音录像。
第八十六条　询问聋哑的违反治安管理行为人、被侵害人或者其他证人，应当有通晓手语的人提供帮助，并在笔录上注明。 询问不通晓当地通用的语言文字的违反治安管理行为人、被侵害人或者其他证人，应当配备翻译人员，并在笔录上注明。	第九十九条　询问聋哑的违反治安管理行为人、被侵害人或者其他证人，应当有通晓手语的人提供帮助，并在笔录上注明。 询问不通晓当地通用的语言文字的违反治安管理行为人、被侵害人或者其他证人，应当配备翻译人员，并在笔录上注明。
	第一百条　为了确定违反治安管理行为人、被侵害人的某些特征、伤害情况或者生理状态，经公安机关办案部门负责人批准，可以对人身进行检查，可以提取或者采集肖像、指纹等人体生物识别信息和血液、尿液等生物样本。对已经提取、采集的信息或者样本，不得重复提取、采集。 违反治安管理行为人拒绝检查、提取、采集，人民警察认为必要的，经公安机关办案部门负责人批准，可以强制检查、提取、采集。

续表

现行法	修订草案
第八十七条　公安机关对与违反治安管理行为有关的场所、物品、人身可以进行检查。检查时，人民警察不得少于二人，并应当出示工作证件和县级以上人民政府公安机关开具的检查证明文件。对确有必要立即进行检查的，人民警察经出示工作证件，可以当场检查，但检查公民住所应当出示县级以上人民政府公安机关开具的检查证明文件。 　　检查妇女的身体，应当由女性工作人员进行。	第一百零一条　公安机关对与违反治安管理行为有关的场所、物品、人身可以进行检查。检查时，人民警察不得少于二人，并应当出示**执法**证件。 　　**对场所进行检查的，经公安机关办案部门负责人批准，使用检查证检查**；对确有必要立即进行检查的，人民警察经出示**执法**证件，可以当场检查。检查公民住所应当出示县级以上**地方**人民政府公安机关开具的检查证明文件。 　　检查妇女的身体，应当由女性工作人员**或者医师**进行。
第八十八条　检查的情况应当制作检查笔录，由检查人、被检查人和见证人签名或者盖章；被检查人拒绝签名的，人民警察应当在笔录上注明。	第一百零二条　检查的情况应当制作检查笔录，由检查人、被检查人和见证人签名、盖章**或者捺指印**；被检查人**不在场或者**被检查人、**见证人**拒绝签名的，人民警察应当在笔录上注明。
第八十九条　公安机关办理治安案件，对与案件有关的需要作为证据的物品，可以扣押；对被侵害人或者善意第三人合法占有的财产，不得扣押，应当予以登记。对与案件无关的物品，不得扣押。 　　对扣押的物品，应当会同在场见证人和被扣押物品持有人查点清楚，当场开列清单一式二份，由调查人员、见证人和持有人签名或者盖章，一份交给持有人，另一份附卷备查。 　　对扣押的物品，应当妥善保管，不得挪作他用；对不宜长期保	第一百零三条　公安机关办理治安案件，对与案件有关的需要作为证据的物品，可以扣押；对被侵害人或者善意第三人合法占有的财产，不得扣押，应当予以登记。**对与案件有关的必须鉴定的物品，可以扣押，鉴定后应当立即解除。**对与案件无关的物品，不得扣押。 　　对扣押的物品，应当会同在场见证人和被扣押物品持有人查点清楚，当场开列清单一式二份，由调查人员、见证人和持有人签名或者盖章，一份交给持有人，另一份附卷备查。

续表

现行法	修订草案
存的物品，按照有关规定处理。经查明与案件无关**的，应当及时退还**；经核实属于他人合法财产的，应当登记后立即退还；满六个月无人对该财产主张权利或者无法查清权利人的，应当公开拍卖或者按照国家有关规定处理，所得款项上缴国库。	实施扣押前应当报经公安机关办案部门负责人批准；因情况紧急，需要当场实施扣押的，人民警察应当及时向其所属公安机关办案部门负责人报告，并补办批准手续。公安机关办案部门负责人认为不应当扣押的，应当立即解除。 　　对扣押的物品，应当妥善保管，不得挪作他用；对不宜长期保存的物品，按照有关规定处理。经查明与案件无关**或者**经核实属于**被侵害人或者**他人合法财产的，应当登记后立即退还；满六个月无人对该财产主张权利或者无法查清权利人的，应当公开拍卖或者按照国家有关规定处理，所得款项上缴国库。
第九十条　为了查明案情，需要解决案件中有争议的专门性问题的，应当指派或者聘请具有专门知识的人员进行鉴定；鉴定人鉴定后，应当写出鉴定意见，并且签名。	第一百零四条　为了查明案情，需要解决案件中有争议的专门性问题的，应当指派或者聘请具有专门知识的人员进行鉴定；鉴定人鉴定后，应当写出鉴定意见，并且签名。
	第一百零五条　为了查明案情，人民警察可以让违反治安管理行为人、被侵害人和其他证人对与违反治安管理行为有关的场所、物品进行辨认，也可以让被侵害人、其他证人对违反治安管理行为人进行辨认，或者让违反治安管理行为人对其他违反治安管理行为人进行辨认。 　　辨认应当制作辨认笔录，由人民警察和辨认人签名、盖章或者捺指印。

续表

现行法	修订草案
	第一百零六条　公安机关进行调解和在执法办案场所进行询问、扣押、辨认的,可以由一名人民警察进行。 依照前款规定由一名人民警察进行调解、询问、扣押、辨认的,应当全程同步录音录像。未按规定全程同步录音录像或者录音录像资料损毁、丢失的,相关证据不能作为处罚的根据。
	第一百零七条　对事实清楚,违反治安管理行为人自愿认错认罚并同意适用快速办理的治安案件,公安机关可以通过简化取证方式和审核审批手续等措施快速办理。 快速办理治安案件前,公安机关应当书面告知违反治安管理行为人快速办理的相关规定,征得其同意,并由其签名确认。
	第一百零八条　治安案件有下列情形之一的,不适用快速办理: (一)违反治安管理行为人系盲、聋、哑人,未成年人或者疑似精神病人的; (二)依法应当适用听证程序的; (三)可能作出十日以上行政拘留处罚的; (四)违反治安管理行为人违背意愿认错认罚等其他不宜快速办理的。

续表

现行法	修订草案
第二节　决　　定	第二节　决　　定
第九十一条　治安管理处罚由县级以上人民政府公安机关决定；其中警告、五百元以下的罚款可以由公安派出所决定。	第一百零九条　治安管理处罚由县级人民政府公安机关**或者公安分局**决定；其中警告、**一千元**以下的罚款，可以由公安派出所决定。
第九十二条　对决定给予行政拘留处罚的人，在处罚前已经采取强制措施限制人身自由的时间，应当折抵。限制人身自由一日，折抵行政拘留一日。	第一百一十条　对决定给予行政拘留处罚的人，在处罚前已经采取强制措施限制人身自由的时间，应当折抵。限制人身自由一日，折抵行政拘留一日。
第九十三条　公安机关查处治安案件，对没有本人陈述，但其他证据能够证明案件事实的，可以作出治安管理处罚决定。但是，只有本人陈述，没有其他证据证明的，不能作出治安管理处罚决定。	第一百一十一条　公安机关查处治安案件，对没有本人陈述，但其他证据能够证明案件事实的，可以作出治安管理处罚决定。但是，只有本人陈述，没有其他证据证明的，不能作出治安管理处罚决定。
第九十四条　公安机关作出治安管理处罚决定前，应当告知违反治安管理行为人作出治安管理处罚的事实、理由及依据，并告知违反治安管理行为人依法享有的权利。 　　违反治安管理行为人有权陈述和申辩。公安机关必须充分听取违反治安管理行为人的意见，对违反治安管理行为人提出的事实、理由和证据，应当进行复核；违反治安管理行为人提出的事实、理由或者证据成立的，公安机关应当采纳。 　　公安机关不得因违反治安管理行为人的陈述、申辩而加重处罚。	第一百一十二条　公安机关作出治安管理处罚决定前，应当告知违反治安管理行为人作出治安管理处罚的事实、理由及依据，并告知违反治安管理行为人依法享有的权利。 　　违反治安管理行为人有权陈述和申辩。公安机关必须充分听取违反治安管理行为人的意见，对违反治安管理行为人提出的事实、理由和证据，应当进行复核；违反治安管理行为人提出的事实、理由或者证据成立的，公安机关应当采纳。 　　**违反治安管理行为人不满十六周岁的，还应当依照前两款的规定告知未成年人的父母或者其他监护人，充分听取其意见。**

续表

现行法	修订草案
	公安机关不得因违反治安管理行为人的陈述、申辩而加重处罚。
第九十五条 治安案件调查结束后，公安机关应当根据不同情况，分别作出以下处理： （一）确有依法应当给予治安管理处罚的违法行为的，根据情节轻重及具体情况，作出处罚决定； （二）依法不予处罚的，或者违法事实不能成立的，作出不予处罚决定； （三）违法行为已涉嫌犯罪的，移送主管机关依法追究刑事责任； （四）发现违反治安管理行为人有其他违法行为的，在对违反治安管理行为作出处罚决定的同时，通知有关行政主管部门处理。	第一百一十三条 治安案件调查结束后，公安机关应当根据不同情况，分别作出以下处理： （一）确有依法应当给予治安管理处罚的违法行为的，根据情节轻重及具体情况，作出处罚决定； （二）依法不予处罚的，或者违法事实不能成立的，作出不予处罚决定； （三）违法行为已涉嫌犯罪的，移送主管机关依法追究刑事责任； （四）发现违反治安管理行为人有其他违法行为的，在对违反治安管理行为作出处罚决定的同时，通知有关行政主管部门处理。 对情节复杂或者重大违法行为给予治安管理处罚，公安机关负责人应当集体讨论决定。
	第一百一十四条 有下列情形之一的，在公安机关作出治安管理处罚决定之前，应当由从事治安管理处罚决定法制审核的人员进行法制审核；未经法制审核或者审核未通过的，不得作出决定： （一）涉及重大公共利益的； （二）直接关系当事人或者第三人重大权益，经过听证程序的； （三）案件情况疑难复杂、涉及多个法律关系的。 公安机关中初次从事治安管理处罚决定法制审核的人员，应当通过国家统一法律职业资格考试取得法律职业资格。

续表

现行法	修订草案
第九十六条　公安机关作出治安管理处罚决定的,应当制作治安管理处罚决定书。决定书应当载明下列内容: (一)被处罚人的姓名、性别、年龄、身份证件的名称和号码、住址; (二)违法事实和证据; (三)处罚的种类和依据; (四)处罚的执行方式和期限; (五)对处罚决定不服,申请行政复议、提起行政诉讼的途径和期限; (六)作出处罚决定的公安机关的名称和作出决定的日期。 决定书应当由作出处罚决定的公安机关加盖印章。	第一百一十五条　公安机关作出治安管理处罚决定的,应当制作治安管理处罚决定书。决定书应当载明下列内容: (一)被处罚人的姓名、性别、年龄、身份证件的名称和号码、住址; (二)违法事实和证据; (三)处罚的种类和依据; (四)处罚的执行方式和期限; (五)对处罚决定不服,申请行政复议、提起行政诉讼的途径和期限; (六)作出处罚决定的公安机关的名称和作出决定的日期。 决定书应当由作出处罚决定的公安机关加盖印章。
第九十七条　公安机关应当向被处罚人宣告治安管理处罚决定书,并当场交付被处罚人;无法当场向被处罚人宣告的,应当在二日内送达被处罚人。决定给予行政拘留处罚的,应当及时通知被处罚人的家属。 有被侵害人的,公安机关应当将决定书**副本**抄送被侵害人。	第一百一十六条　公安机关应当向被处罚人宣告治安管理处罚决定书,并当场交付被处罚人;无法当场向被处罚人宣告的,应当在二日内送达被处罚人。决定给予行政拘留处罚的,应当及时通知被处罚人的家属。 有被侵害人的,公安机关应当将决定书**送达**被侵害人。
第九十八条　公安机关作出吊销许可证**以及**处二千元以上罚款的治安管理处罚决定前,应当告知违反治安管理行为人有权要求举行听证;违反治安管理行为人要求举行听证的,公安机关应当及时依法举行听证。	第一百一十七条　公安机关作出吊销许可证、处**四千元**以上罚款的治安管理处罚决定**或者采取责令停业整顿措施**前,应当告知违反治安管理行为人有权要求举行听证;违反治安管理行为人要求举行听证的,公安机关应当及时依法举行听证。

续表

现行法	修订草案
第九十九条 公安机关办理治安案件的期限,自受理之日起不得超过三十日;案情重大、复杂的,经上一级公安机关批准,可以延长三十日。 为了查明案情进行鉴定的期间,不计入办理治安案件的期限。	**第一百一十八条** 公安机关办理治安案件的期限,自**立案**之日起不得超过三十日;案情重大、复杂的,经上一级公安机关批准,可以延长三十日。**公安派出所办理的案件,由所属公安机关批准。** 为了查明案情进行鉴定的期间,不计入办理治安案件的期限。
第一百条 违反治安管理行为事实清楚,证据确凿,处警告或者二百元以下罚款的,可以当场作出治安管理处罚决定。	**第一百一十九条** 违反治安管理行为事实清楚,证据确凿,处警告或者**五百元**以下罚款的,可以当场作出治安管理处罚决定。
第一百零一条 当场作出治安管理处罚决定的,人民警察应当向违反治安管理行为人出示工作证件,并填写处罚决定书。处罚决定书应当当场交付被处罚人;有被侵害人的,并将决定书**副本**抄送被侵害人。 前款规定的处罚决定书,应当载明被处罚人的姓名、违法行为、处罚依据、罚款数额、时间、地点以及公安机关名称,并由经办的人民警察签名或者盖章。 当场作出治安管理处罚决定的,经办的人民警察应当在二十四小时内报所属公安机关备案。	**第一百二十条** 适用当场处罚的,可以由一名人民警察作出治安管理处罚决定。 当场作出治安管理处罚决定的,人民警察应当向违反治安管理行为人出示**执法**证件,并填写处罚决定书。处罚决定书应当当场交付被处罚人;有被侵害人的,并将决定书**送达**被侵害人。 前款规定的处罚决定书,应当载明被处罚人的姓名、违法行为、处罚依据、罚款数额、时间、地点以及公安机关名称,并由经办的人民警察签名或者盖章。 当场作出治安管理处罚决定的,经办的人民警察应当在二十四小时内报所属公安机关备案。
第一百零二条 被处罚人对治安管理处罚决定不服的,可以依法申请行政复议或者提起行政诉讼。	**第一百二十一条** 被处罚人对治安管理处罚决定不服的,可以依法申请行政复议或者提起行政诉讼。

第十二章 《中华人民共和国治安管理处罚法（修订草案）》释义│第四编 释义篇│

续表

现行法	修订草案
第三节 执 行	第三节 执 行
第一百零三条 对被决定给予行政拘留处罚的人，由作出决定的公安机关送达拘留所执行。	第一百二十二条 对被决定给予行政拘留处罚的人，由作出决定的公安机关送拘留所执行。 被决定给予行政拘留处罚的人在异地被抓获或者有其他有必要在异地拘留所执行情形的，经异地拘留所主管公安机关批准，可以在异地执行。
第一百零四条 受到罚款处罚的人应当自收到处罚决定书之日起十五日内，到指定的银行缴纳罚款。但是，有下列情形之一的，人民警察可以当场收缴罚款： （一）被处五十元以下罚款，被处罚人对罚款无异议的； （二）在边远、水上、交通不便地区，公安机关及其人民警察依照本法的规定作出罚款决定后，被处罚人向指定的银行缴纳罚款确有困难，经被处罚人提出的； （三）被处罚人在当地没有固定住所，不当场收缴事后难以执行的。	第一百二十三条 受到罚款处罚的人应当自收到处罚决定书之日起十五日内，到指定的银行缴纳罚款。但是，有下列情形之一的，人民警察可以当场收缴罚款： （一）被处二百元以下罚款，被处罚人对罚款无异议的； （二）在边远、水上、交通不便地区，旅客列车上或者口岸，公安机关及其人民警察依照本法的规定作出罚款决定后，被处罚人向指定的银行缴纳罚款确有困难，经被处罚人提出的； （三）被处罚人在当地没有固定住所，不当场收缴事后难以执行的。
第一百零五条 人民警察当场收缴的罚款，应当自收缴罚款之日起二日内，交至所属的公安机关；在水上、旅客列车上当场收缴的罚款，应当自抵岸或者到站之日起二日内，交至所属的公安机关；公安机关应当自收到罚款之日起二日内将罚款缴付指定的银行。	第一百二十四条 人民警察当场收缴的罚款，应当自收缴罚款之日起二日内，交至所属的公安机关；在水上、旅客列车上当场收缴的罚款，应当自抵岸或者到站之日起二日内，交至所属的公安机关；公安机关应当自收到罚款之日起二日内将罚款缴付指定的银行。

223

续表

现行法	修订草案
第一百零六条 人民警察当场收缴罚款的,应当向被处罚人出具省、自治区、直辖市人民政府财政部门统一制发的罚款收据;不出具统一制发的罚款收据的,被处罚人有权拒绝缴纳罚款。	**第一百二十五条** 人民警察当场收缴罚款的,应当向被处罚人出具**省级以上**人民政府财政部门统一制发的**专用票据**;不出具统一制发的**专用票据**的,被处罚人有权拒绝缴纳罚款。
第一百零七条 被处罚人不服行政拘留处罚决定,申请行政复议、提起行政诉讼的,可以向公安机关提出暂缓执行行政拘留的申请。公安机关认为暂缓执行行政拘留不致发生社会危险的,由被处罚人或者其近亲属提出符合本法第一百零八条规定条件的担保人,或者按每日行政拘留二百元的标准交纳保证金,行政拘留的处罚决定暂缓执行。	**第一百二十六条** 被处罚人不服行政拘留处罚决定,申请行政复议、提起行政诉讼的,**或者遇有参加升学考试、子女出生或者近亲属病危、死亡等情形的**,可以向公安机关提出暂缓执行行政拘留的申请。公安机关认为暂缓执行行政拘留不致发生社会危险的,由被处罚人或者其近亲属提出符合本法**第一百二十七条**规定条件的担保人,或者按每日行政拘留二百元的标准交纳保证金,行政拘留的处罚决定暂缓执行。
第一百零八条 担保人应当符合下列条件: (一)与本案无牵连; (二)享有政治权利,人身自由未受到限制; (三)在当地有常住户口和固定住所; (四)有能力履行担保义务。	**第一百二十七条** 担保人应当符合下列条件: (一)与本案无牵连; (二)享有政治权利,人身自由未受到限制; (三)在当地有常住户口和固定住所; (四)有能力履行担保义务。
第一百零九条 担保人应当保证被担保人不逃避行政拘留处罚的执行。 担保人不履行担保义务,致使被担保人逃避行政拘留处罚的执行的,由公安机关对其处三千元以下罚款。	**第一百二十八条** 担保人应当保证被担保人不逃避行政拘留处罚的执行。 担保人不履行担保义务,致使被担保人逃避行政拘留处罚的执行的,由公安机关对其处三千元以下罚款。

续表

现行法	修订草案
第一百一十条　被决定给予行政拘留处罚的人交纳保证金,暂缓行政拘留后,逃避行政拘留处罚的执行的,保证金予以没收并上缴国库,已经作出的行政拘留决定仍应执行。	第一百二十九条　被决定给予行政拘留处罚的人交纳保证金,暂缓行政拘留后,逃避行政拘留处罚的执行的,保证金予以没收并上缴国库,已经作出的行政拘留决定仍应执行。
第一百一十一条　行政拘留的处罚决定被撤销,或者行政拘留处罚开始执行的,公安机关收取的保证金应当及时退还交纳人。	第一百三十条　行政拘留的处罚决定被撤销,或者行政拘留处罚开始执行的,公安机关收取的保证金应当及时退还交纳人。
第五章　执法监督	第五章　执法监督
第一百一十二条　公安机关及其人民警察应当依法、公正、严格、高效办理治安案件,文明执法,不得徇私舞弊。	第一百三十一条　公安机关及其人民警察应当依法、公正、严格、高效办理治安案件,文明执法,不得徇私舞弊、**玩忽职守**、**滥用职权**。
第一百一十三条　公安机关及其人民警察办理治安案件,禁止对违反治安管理行为人打骂、虐待或者侮辱。	第一百三十二条　公安机关及其人民警察办理治安案件,禁止对违反治安管理行为人打骂、虐待或者侮辱。
第一百一十四条　公安机关及其人民警察办理治安案件,应当自觉接受社会和公民的监督。 　　公安机关及其人民警察办理治安案件,不严格执法或者有违法违纪行为的,任何单位和个人都有权向公安机关或者人民检察院、行政监察机关检举、控告;收到检举、控告的机关,应当依据职责及时处理。	第一百三十三条　公安机关及其人民警察办理治安案件,应当自觉接受社会和公民的监督。 　　公安机关及其人民警察办理治安案件,不严格执法或者有违法违纪行为的,任何单位和个人都有权向公安机关或者人民检察院、监察机关检举、控告;收到检举、控告的机关,应当依据职责及时处理。

续表

现行法	修订草案
	第一百三十四条　公安机关在办理治安案件过程中,发现违反治安管理行为人是公职人员的,应当及时通报监察机关和其所在单位;发现公职人员涉嫌贪污贿赂、失职渎职等职务违法或者职务犯罪的问题线索的,应当移送监察机关依法调查处置。
第一百一十五条　公安机关依法实施罚款处罚,应当依照有关法律、行政法规的规定,实行罚款决定与罚款收缴分离;收缴的罚款应当全部上缴国库。	第一百三十五条　公安机关依法实施罚款处罚,应当依照有关法律、行政法规的规定,实行罚款决定与罚款收缴分离;收缴的罚款应当全部上缴国库。
	第一百三十六条　对违反治安管理时不满十八周岁的人,违反治安管理的记录应当予以封存,不得向任何单位和个人提供,但监察机关、司法机关为办案需要或者有关单位根据国家规定进行查询的除外。依法进行查询的单位,应当对被封存的违法记录的情况予以保密。
	第一百三十七条　公安机关应当履行同步录音录像运行安全管理职责,完善技术措施,定期维护设施设备,保障录音录像设备运行连续、稳定、安全。
	第一百三十八条　公安机关及其人民警察不得将在办理治安案件过程中获得的个人信息,依法提取、采集的相关人体生物识别信息、样本用于与治安管理、打击犯罪无关的用途,或者出售、提供给他人。

续表

现行法	修订草案
第一百一十六条　人民警察办理治安案件,有下列行为之一的,依法给予 行政 处分;构成犯罪的,依法追究刑事责任: （一）刑讯逼供、体罚、虐待、侮辱他人的; （二）超过询问查证的时间限制人身自由的; （三）不执行罚款决定与罚款收缴分离制度或者不按规定将罚没的财物上缴国库或者依法处理的; （四）私分、侵占、挪用、故意损毁收缴、扣押的财物的; （五）违反规定使用或者不及时返还被侵害人财物的; （六）违反规定不及时退还保证金的; （七）利用职务上的便利收受他人财物或者谋取其他利益的; （八）当场收缴罚款不出具罚款收据或者不如实填写罚款数额的; （九）接到要求制止违反治安管理行为的报警后,不及时出警的; （十）在查处违反治安管理活动时,为违法犯罪行为人通风报信的; （十一）有徇私舞弊、滥用职权,不依法履行法定职责的其他情形的。 办理治安案件的公安机关有前款所列行为的,对直接负责的主管人员和其他直接责任人员给予相应的行政处分。	第一百三十九条　人民警察办理治安案件,有下列行为之一的,依法给予处分;构成犯罪的,依法追究刑事责任: （一）刑讯逼供、体罚、虐待、侮辱他人的; （二）超过询问查证的时间限制人身自由的; （三）不执行罚款决定与罚款收缴分离制度或者不按规定将罚没的财物上缴国库或者依法处理的; （四）私分、侵占、挪用、故意损毁收缴、扣押的财物的; （五）违反规定使用或者不及时返还被侵害人财物的; （六）违反规定不及时退还保证金的; （七）利用职务上的便利收受他人财物或者谋取其他利益的; （八）当场收缴罚款不出具**专用票据**或者不如实填写罚款数额的; （九）接到要求制止违反治安管理行为的报警后,不及时出警的; （十）在查处违反治安管理活动时,为违法犯罪行为人通风报信的; （十一）**泄露办理治安案件过程中的工作秘密或者其他依法应当保密的信息的**; （十二）**将在办理治安案件过程中获得的个人信息,依法提取、采集的相关人体生物识别信息、样本用于与治安管理、打击犯罪无关的用途,或者出售、提供给他人的**; （十三）有徇私舞弊、**玩忽职守**、滥用职权,不依法履行法定职

续表

现行法	修订草案
	责的其他情形的。 办理治安案件的公安机关有前款所列行为的,对负有责任的领导人员和直接责任人员,依法给予处分。
第一百一十七条　公安机关及其人民警察违法行使职权,侵犯公民、法人和其他组织合法权益的,应当赔礼道歉;造成损害的,应当依法承担赔偿责任。	第一百四十条　公安机关及其人民警察违法行使职权,侵犯公民、法人和其他组织合法权益的,应当赔礼道歉;造成损害的,应当依法承担赔偿责任。
第六章　附　　则	第六章　附　　则
	第一百四十一条　其他法律规定由公安机关予以行政拘留处罚的,依照本法的规定执行。 公安机关依照《中华人民共和国枪支管理法》、《民用爆炸物品安全管理条例》等直接关系公共安全和社会治安秩序的法律、行政法规实施的处罚程序,适用本法的规定。
	第一百四十二条　海警机构履行海上治安管理职责,行使本法规定的公安机关的职权,但是法律另有规定的除外。
第一百一十八条　本法所称以上、以下、以内,包括本数。	第一百四十三条　本法所称以上、以下、以内,包括本数。
第一百一十九条　本法自2006年3月1日起施行。1986年9月5日公布、1994年5月12日修订公布的《中华人民共和国治安管理处罚条例》同时废止。	第一百四十四条　本法自　年　月　日起施行。

第二节 《中华人民共和国治安管理处罚法（修订草案）》重点法条释义

从公布的修订草案全文来看，对现行的治安管理处罚法改动很大。具体来说，《治安管理处罚法（修订草案）》加大了违法处罚力度，行政处罚中罚款金额全部上调；增加了很多和网络时代相匹配的规定等。一些条文中并处罚款的规定前加了"可以"二字，意味着公安机关有更多的自由裁量权；公安派出所决定处罚的权限加大；询问查证时间限制由8小时改为12小时；提升了人民警察执法权威，更适用基层执法现状；14-16周岁不再有"免罚金牌"等都是修改变动的亮点。

第一章 总则

第一条【立法目的、宗旨】

为维护社会治安秩序，保障公共安全，保护公民、法人和其他组织的合法权益，规范和保障公安机关及其人民警察依法履行治安管理职责，制定本法。

【条文释义】

按照本条的规定，制定治安管理处罚法的目的：一是维护社会治安秩序，保障公共安全，保护公民、法人和其他组织的合法权益；二是规范和保障公安机关及其人民警察依法履行治安管理职责。

"维护社会治安秩序，保障公共安全，保护公民、法人和其他组织的合法权益"是党和国家赋予公安机关及其人民警察的重要职责之一，也是公安机关及其人民警察的重要任务之一。

社会治安秩序，是指维护社会公共生活所必须的治安秩序，包括公共秩序、社会管理秩序等。公共秩序又称社会秩序，是指人们在道德、纪律和法律的规范下，进行生产、工作、教学、科研、生活的秩序。公共安全，是指不特定多数人的生命、健康和重大公私财产的安全。制定本法，就是要对各种违反治安管理的行为设定相应的治安管理处罚，以维护社会治安秩序，保障公共安全。

治安管理处罚作为一项重要的行政权力，是公安机关及其人民警察依法管理社会治安的一种重要手段。一方面，本法要对治安管理处罚的适用问题进行"规范"；另一方面，本法对治安管理处罚适用问题的规范，必须通过"保障公安机关及其人民警察依法履行治安管理职责"，实现保护公民、法人和其他组织的合法权益与维护社会治安秩序、保障公共安全的统一。

总的来讲，"保护公民、法人和其他组织的合法权益"是制定治安管理处罚法目的的基本方面。首先，在整部法律中，涉及到公安机关的权力与公民、法人和其他组织的权益之间的关系，首先考虑的是保护公民、法人和其他组织的合法权益。其次，规定"规范和保障公安机关及其人民警察依法履行治安管理职责"，也为的是维护社会治安秩序和保障公共安全，以保障全体人民的工作秩序、生活秩序等，保障全体人民的合法权益。

第二条【政府加强社会治安综合治理的义务】

社会治安综合治理工作坚持中国共产党领导。

各级人民政府应当加强社会治安综合治理，采取有效措施，化解社会矛盾，增进社会和谐，维护社会稳定。

县级以上人民政府有关部门应当在各自职责范围内，做好社会治安综合治理相关工作。

第十二章 《中华人民共和国治安管理处罚法（修订草案）》释义 | 第四编 释义篇 |

【条文释义】

该条强调了中国共产党在社会治安综合治理工作中的领导地位，同时明确了各级人民政府及其有关部门在维护社会治安和社会稳定方面的职责和任务。

1. 坚持中国共产党领导是社会治安综合治理工作的基本原则。这意味着在社会治安综合治理的各个方面和各个环节，都必须贯彻党的路线、方针、政策，体现党的领导和党的建设要求，确保社会治安综合治理工作的正确方向和有效实施。

2. 各级人民政府在社会治安综合治理中负有重要责任。法条要求各级人民政府应当加强社会治安综合治理，采取有效措施，化解社会矛盾，增进社会和谐，维护社会稳定。这意味着政府需要积极投入资源，加强社会治理体系建设，提高社会治理能力，确保社会治安的持续稳定和人民群众的安全感。

3. 该条还规定了县级以上人民政府有关部门在各自职责范围内应做好社会治安综合治理相关工作。这意味着各个部门需要在各自的专业领域内，依法履行职责，积极参与社会治安综合治理工作，形成跨部门、跨领域的协作机制，共同维护社会治安和社会稳定。

第三条【适用对象和实施机关】

扰乱公共秩序，妨害公共安全，侵犯人身权利、财产权利，妨害社会管理，具有社会危害性，依照《中华人民共和国刑法》的规定构成犯罪的，依法追究刑事责任；尚不够刑事处罚的，由公安机关依照本法给予治安管理处罚。

治安管理处罚的发展与变革

【条文释义】

1. 治安管理处罚适用的对象

治安管理处罚适用于扰乱公共秩序，妨害公共安全，侵犯人身权利、财产权利，妨害社会管理，具有社会危害性，尚不够刑事处罚的，由公安机关依照本法给予治安管理处罚。

扰乱公共秩序：这包括但不限于扰乱机关、团体、企事业单位的正常工作秩序，或者在车站、码头等公共场所制造混乱。这些行为会干扰社会的正常运转，因此，必须得到适当的处理。

妨害公共安全：如非法携带、存放枪支弹药，或者违法生产、销售、储存危险物品等行为，都可能对社会公共安全构成威胁。对于这些行为，法律也规定了相应的处罚措施。

侵犯人身权利、财产权利：包括殴打他人、非法限制他人人身自由、侮辱、诽谤他人，以及侵犯他人财产等行为。这些行为直接侵犯了公民的合法权益，因此必须受到法律的制裁。

妨害社会管理：这指的是那些破坏社会公共秩序和管理的行为，如拒不执行政府决定、命令，或者阻碍国家工作人员依法执行职务等。这些行为将影响社会的稳定和管理，因此需要得到严肃处理。

2. 关于制止违反治安管理行为的法律责任问题

为了免受正在进行的违反治安管理行为的侵害而采取的制止违法侵害行为，不属于违反治安管理行为。但对事先挑拨、故意挑逗他人对自己进行侵害，然后以制止违法侵害为名对他人加以侵害的行为，以及互相斗殴的行为，应当予以治安管理处罚。

3.关于未达到刑事责任年龄不予刑事处罚的，能否予以治安管理处罚问题

对已满十四周岁不满十六周岁不予刑事处罚的，应当责令其家长或者监护人加以管教；必要时，可以依照《治安管理处罚法（修订草案）》的相关规定予以治安管理处罚，或者依照《中华人民共和国刑法》第十七条的规定予以收容教养。

4.治安管理处罚的实施机关

治安管理处罚的实施机关是公安机关。这与人民警察法规定的"人民警察的任务"和"公安机关的人民警察的职责"是一致的。公安机关要完成"维护社会治安秩序，保护公民的人身安全、人身自由和合法财产，保护公共财产，预防、制止和惩治违法犯罪活动"的任务，要履行"预防、制止和侦查违法犯罪活动"，"维护社会治安秩序，制止危害社会治安秩序的行为"，"维护国（边）境地区的治安秩序"等职责，就要拥有相应的治安管理处罚权。

公安机关是人民政府的重要组成部分，是国家的行政机关，它承担着刑事案件的侦查任务，同时也依法管理社会治安，行使国家的行政权。公安机关的机构设置包括中央公安机关、地方各级公安机关和专业公安机关。中央公安机关主要是指国务院设公安部，是我国最高公安机关，负责领导和管理全国的公安工作。地方各级公安机关则是按照地方人民政府组织法的规定，在各级政府中设立的，负责具体执行公安工作的部门。

而公安机构可能是一个更为广泛的概念，它可能涵盖了公安机关内部的各种部门和单位，如刑警大队、治安大队、交警大队等。这些公安机构在公安机关的领导下，具体执行各项公安工作，如刑事侦查、治安管理、交通管理等。

公安机关是一个更大的概念，它包括了各种公安机构，而公安机构则是

公安机关内部负责具体工作的部门或单位。虽然两者在概念上有所区别,但它们都是维护国家治安和社会稳定的重要力量,共同为人民群众创造一个安全、和谐的社会环境。

第五条【空间效力范围】

在中华人民共和国领域内发生的违反治安管理行为,除法律有特别规定的外,适用本法。

在中华人民共和国船舶和航空器内发生的违反治安管理行为,除法律有特别规定的外,适用本法。

【条文释义】

法的空间效力范围,主要关注法律在哪些领域、对哪些人具有效力。这主要包括两个维度:一是对地的效力,即法律适用的地域范围;二是对人的效力,即法律适用的对象。

本条分为两款。其第一款明确规定了在我国固有领域的适用问题。这里采用的是属地原则,也就是以我国领土范围为标准来确定法律的适用范围。这意味着,只要是在中华人民共和国领域内发生的违反治安管理行为,不论行为人是否为中国公民,除非法律有特别规定,都应适用该法。

"中华人民共和国领域"是一个具有明确边界的概念,它包括:

1.领陆:即国家疆界以内的陆地及其底土,这是国家领土组成的基本部分。

2.领水:即国家主权管辖下的全部水域及其底土,包括内水和领海两部分。内水包括河流及其河口湾、湖泊、水库、运河、领海基线向内陆一侧的水域以及被陆地所包围或通过陆地而流入海的水域。领海是沿海国主权管辖下与其海岸或内水相邻接的一定范围的海域,包括海床和底土。

3. 领空：即国家领陆和领水的上空，是国家领土不可分割的组成部分。

这种属地管辖原则确保了在我国领域内发生的任何违反治安管理行为都能得到法律的制裁，从而维护了国家的治安秩序和社会稳定。同时，它也体现了法律的普遍性和平等性，无论行为人的国籍如何，都应受到相同的法律约束。

"除法律有特别规定外"主要包括：一是享有外交特权和豁免权的外国人在中华人民共和国领域违反治安管理的，不适用本法，其违反治安管理的法律责任通过外交途径解决。"享有外交特权和豁免权的外国人"，主要包括来访的外国国家元首、政府首脑、外交部长及其他具有同等身份的外国官员，外交代表，非中国公民且非在中国永久居留的使馆行政技术人员及与其共同生活的配偶、未成年子女等。二是香港和澳门特别行政区基本法中的例外规定，以及对台湾地区的例外规定。按照"一国两制"的原则，香港和澳门特别行政区都享有独立的司法管辖权，在本地区不适用内地的治安管理处罚法。

本条第二款规定了本法在我国流动的领域的适用问题。我国流动的领域，或称虚拟的领域，包括在我国登记注册、悬挂中华人民共和国国旗、国徽或军徽航行或者停泊在外国领域、公海上空的船舶和航空器。这是基于"旗国主义"的原则，即悬挂我国国旗的船舶和航空器，无论其停放在何处，都视为我国的领域范畴。这一规定确保了我国的船舶和航空器在全球范围内的安全和秩序。因此，在中华人民共和国船舶和航空器内发生的违反治安管理行为，不论违反治安管理行为人是否为中国公民，除法律有特别规定的外，均应适用本法。广义的流动的领域，还包括中华人民共和国驻外大使馆和领事馆。

第六条【实施治安管理处罚和办理治安案件的基本原则】

治安管理处罚必须以事实为依据,与违反治安管理行为的性质、情节以及社会危害程度相当。

实施治安管理处罚,应当公开、公正,尊重和保障人权,保护公民的人格尊严。

办理治安案件应当坚持教育与处罚相结合的原则,充分释法说理,教育公民、法人或者其他组织自觉守法。

【条文释义】

本条第一款和第二款规定了实施治安管理处罚应当遵循的基本原则:以事实为根据原则、过罚相当原则、公开原则、公正原则、尊重和保障人权原则;第三款规定了办理治安案件应当遵循的基本原则:教育与处罚相结合原则。

1. 实施治安管理处罚的基本原则

一是以事实为根据原则。这一原则强调了处罚的基础必须是确凿的事实。这意味着任何处罚都不能凭空捏造或基于主观臆断,而必须建立在充分、确凿的证据之上。这确保了处罚的公正性和合法性,防止了滥用权力和误判的可能性。"以事实为根据"是长期以来公安机关执法办案的一条重要经验,是正确办理案件,防止错案,保障无辜的人不受法律追究的重要原则。行为人是否违反治安管理,违反治安管理行为的情节轻重,都要以事实为根据。事实,是指公安机关实施治安管理处罚的根据必须是客观存在的、经过调查属实、有证据证明的事实,而不是靠主观想象、推测、怀疑的所谓事实。以事实为根据原则要求公安机关办理治安案件时,依法及时、客观、全面地收集证据,了解违反治安管理的情况、经过和原因,查清事实真相,并以客观存在的案件事实作为定案的根据,切忌主观、片面。只有查清了客观存在的案件事实，才能为合法、公正地处理治安案件奠定坚实的基础，才能为依法对行为人实施治安管理处罚提供依据，也才能为以后可能出现的行政复议和行政诉讼做好充分准备。

二是过罚相当原则。这一原则要求处罚必须与违法行为的严重程度相匹配。这既避免了过轻的处罚，使违法者得不到应有的惩罚；也防止了过重的处罚，侵犯了被处罚者的合法权益。这种相称性确保了处罚的公正性和合理性。过罚相当原则是刑法中的"罪刑相适应"原则在治安管理处罚中的运用。刑法第5条规定了"罪刑相适应"原则，即："刑罚的轻重，应当与犯罪分子所犯罪行和承担的刑事责任相适应。"治安管理处罚也一样，应当与违反治安管理行为的性质、情节以及社会危害程度相当。不能对轻微的违反治安管理行为给予行政拘留15日等很重的治安管理处罚；反之，也不能对严重的违反治安管理行为给予很轻的治安管理处罚，如处以罚款或者警告了事。本条第一款并没有像行政处罚法第4条一样，明确规定设定和实施治安管理处罚都应当遵循过罚相当原则。应当说，治安管理处罚中的过罚相当原则主要适用于治安管理处罚的实施方面，因为我国法律在规定治安管理处罚的幅度时就有一定的范围，如行政拘留5日以上10日以下，公安机关在实施治安管理处罚时也有一定的自由裁量权。同时，设定治安管理处罚也要遵循过罚相当原则。这主要是因为，我国治安管理处罚的设定权如同行政处罚一样，是分层次的，全国人大及其常委会制定的法律可以设定任何治安管理处罚，国务院制定的行政法规、地方人大及其常委会制定的地方性法规、公安部制定的部门规章、地方人民政府制定的地方性规章权力不等地具有一定的治安管理处罚设定权。为了保证治安管理处罚从一开始规定时，就能体现治安管理处罚这一手段的目的，设定治安管理处罚应当遵循过罚相当原则。这就要求凡是有权设定治安管理处罚的机关，在制定法律、法规、规章时，就应当在全面、客观地分析违反治安管理行为的性质、情节以及社会危害程度的基础上，规定相当的治安管理处罚。

三是公开原则。公开，包括以下两个方面的内容：(1) 要求对违法行为实施治安管理处罚的法律规定要公开，要让社会公众周知。这就要求制定法律规定的机关要通过一定的形式将治安管理处罚的法律规定予以公布，没有公布的，不得作为治安管理处罚的依据。有关治安管理处罚的法律、行政法规、部门规章应当在全国范围内公布。法律以全国人大常委会公报为准，行政法规以国务院公报为准，公安部制定的部门规章以公安部公报为准。至于公布的形式，一般应当在公开发行的报纸、政府网站上公布。(2) 要求公安机关办理治安案件的程序要公开，对违法行为人给予什么治安管理处罚，据以作出治安管理处罚的事实、理由及其法律依据都要公开，不得"暗箱操作"。依法应当举行听证的，除涉及国家秘密、商业秘密、个人隐私的以外，应当公开举行，允许群众旁听。治安案件调查处理过程中的有关法律文书和资料，除法律有特别规定外，应当对违法行为人、被侵害人以及其他与案件有利害关系的人公开，不得有所隐瞒或者以各种理由拒绝公开。

四是公正原则。公正，即公平正直，是指平等地对待当事各方，坚持以一个标准对待不同案件的当事人，不偏袒任何人，也不歧视任何人，平等和公正地适用法律。公正是法治的灵魂，是执法者应当具备的品质。公正原则已经为法治国家所认同，并适用于行政法。这项原则是对行政专横的根本否定，它有两条公认的标准，具体到办理治安案件，就是指：第一，凡是与民警本人有关的治安案件，不能由民警自断。如果办案人员与案件或者案件的当事人有利害关系，就应当回避。第二，必须认真、充分听取双方当事人的意见，这是法律的正当程序。这是有效防止逼、供、信，避免冤、假、错案的前提条件，是执法工作的准则。公正是带有普遍性的要求，公安机关在办

第十二章 《中华人民共和国治安管理处罚法（修订草案）》释义 | 第四编 释义篇 |

理治安案件过程中一刻也不能违背。否则，人民警察公平的形象就树立不起来，公安机关的威信也绝对树立不起来。

五是尊重和保障人权原则。人权，是指人依其自然属性和社会属性所应当享有的权利，其核心是使每个人的人性、人格、精神、道德和能力都获得充分发展。同时，任何人都在一定的社会关系中生活，他所享有的权利不是抽象的，而是由国家宪法和法律规定并加以保障的。1997年9月，党的十五大提出"尊重和保障人权"。2002年11月，党的十六大再次强调"尊重和保障人权"，并提出要全面建设小康社会，使"社会主义民主更加完善，社会主义法制更加完备，依法治国基本方略得到全面落实，人民政治、经济和文化权益得到切实尊重和保障。基层民主更加健全，社会秩序良好，人民安居乐业"。我国的根本法——《中华人民共和国宪法》对公民的基本权利作了全面、广泛、明确的规定，为广大人民群众充分享有权利提供了可靠的法律保障。2004只年3月，十届全国人大二次会议将"国家尊重和保障人权"写入宪法，这将对我国的立法、司法、执法、社会管理、经济管理等各项工作起到重要的指导作用，必将进一步推动我国人权事业的进步。"尊重和保障人权"原则要求公安机关及其人民警察，既要严格依法查处治安案件，维护社会治安秩序，保障公共安全，从而保护公民、法人和其他组织的合法权益，同时也要依法保护违法行为人的合法权益，对他们没有被依法剥夺或者限制的权利要平等地予以保护，不能因为他们有违反治安管理行为而忽视对其合法权益的保护，甚至体罚、虐待、侮辱违反治安管理行为人等。在办理治安案件时，既要依法运用治安管理处罚对社会治安进行有效的管理，又要注意换位思考，全面考虑公民、法人和其他组织的权利问题；既要特别注意从实体上尊重公民、法人和其他组织的合法权益，又要从程序上保障公民、法人和其他组织的合法权益，特别是要防止和纠正不尊重和不保护公民合法权益的错误行为。保护公民的人格尊严是尊重和保护人权的重要方面。公民的人格尊严不受侵犯，是公民享有的基本权利。宪法第38条规定："中华人民共和国公民的人格尊严不受侵犯。禁止用任何方法对公民进行侮辱、诽谤和诬告陷害。"本条之所以将保护公民的人格尊严加以突出规定，就是因为人格权是人身权的重要组成部分。

2. 关于办理治安案件的基本原则

教育与处罚相结合原则，是指公安机关依法办理治安案件，对违反治安管理行为人实施治安管理处罚，旨在纠正其违反治安管理行为，使其认识到自己的行为给社会或者他人带来的危害，以及因此要受到的相应的法律制裁，从而对其本人和周围群众起到警示教育作用。公安机关必须把教育作为贯彻本法的基本方法，通过宣传教育，不仅要使广大人民群众自觉地守法，而且尽量争取使可能违反治安管理的人知错速改，不违反治安管理，使已经违反治安管理的人相信给他以治安管理处罚的必要性和正确性，并从中吸取教训，今后不再违反治安管理。教育多数，处罚少数，区别对待。处罚不是目的，而是一种手段。通过处罚，达到教育的目的。公安机关办理治安案件，并不是单纯为了对违反治安管理行为人实施治安管理处罚，而是通过办理治安案件，纠正违反治安管理行为人的违法行为，达到教育其本人，让其他群众自觉守法，保障法律贯彻实施的目的。

第七条【治安管理的主管部门和治安案件的管辖】

国务院公安部门负责全国的治安管理工作。县级以上地方各级人民政府公安机关负责本行政区域内的治安管理工作。

治安案件的管辖由国务院公安部门规定。

【条文释义】

本条分为两款。第一款是关于治安管理工作的主管部门的规定；第二款是关于治安案件的管辖的授权规定。

1. 关于治安管理工作的主管部门

公安机关是治安管理工作的主管部门。国务院公安部门即公安部，全称是"中华人民共和国公安部"，它是中央人民政府即国务院的部、委员会之一，是国务院主管全国公安工作的职能部门。治安管理工作是公安工作的重要组成部分。因此，本条规定国务院公安部门负责全国的治安管理工作。公安部设有办公厅、警务督察局、人事训练局、宣传局、经济犯罪侦查局、治安管理局、边防管理局、刑事侦查局、出入境管理局、消防局、警卫局、公共信息网络安全监察局、监所管理局、交通管理局、法制局、国际合作局、装备财务局、禁毒局、科技局、反恐怖局、信息通信局等内设机构。铁道部、交通部、民航总局、国家林业局的公安局和海关总署缉私局列入公安部序列，接受主管部门和公安部的双重领导。其中，治安管理局专门负责指导全国公安机关治安管理工作，主要职责包括：研究、制定有关治安管理工作的政策、规章；研究、指导全国治安系统民警队伍建设和岗位教育训练工作；研究、指导特种行业和公共场所的治安管理工作；研究、指导爆炸、剧毒、放射性等危险物品涉及公共安全的监督管理工作；研究、指导枪支警械管理工作；研究、指导公安派出所工作和群众性治安防范工作；研究、指导巡警、防暴警业务和队伍建设及处置群体性治安事件工作；研究、指导文化、经济单位安全保卫工作和大型活动治安管理工作；研究、指导保安服务业管理及技术防范工作；研究、指导户政和流动人口管理、居民身份证件管理工作；组织实施治安管理信息系统建设工作；指导、协调、办理与治安管理关系密切的刑事案件的侦查工作；指导、管理公安部光盘生产源鉴定中心和全国公民身份证号码查询服务中心以及中国保安协会的工作等。

"县级以上地方各级人民政府公安机关"具体分为三级：一是省级人民政府公安机关，即省、自治区、直辖市公安厅、局；二是设区的市级或者地(市)级人民政府公安机关，即地区行署、市、自治州、盟公安处、局；三是县级人民政府公安机关，即县、自治县、县级市、旗公安局和市辖区公安分局。县级以上地方各级人民政府公安机关负责本行政区域内的治安管理工作。

2. 关于治安案件管辖的授权规定

治安案件的管辖属于行政管辖，是确定对某个治安案件应当由哪一个公安机关办理的法律制度。治安案件的管辖权是对公安机关办理治安案件的权限进行划分，明确公安机关之间的分工的重要措施，是解决公安机关在自己的职权范围内各司其职，各尽其责的主要依据。明确规定公安机关对治安案件的管辖权，有利于防止公安机关越权查处或者重复查处违反治安管理行为，同时也可以对那些有管辖权而不认真履行职责的公安机关进行约束，从而使公安机关能够尽职尽责地行使权力，使违反治安管理行为能够得到及时、有效的查处，提高公安机关的工作效率，保障公安机关有效地实施治安管理，更好地保护公民、法人和其他组织的合法权益。公安部在《公安机关办理行政案件程序规定》中对管辖权作出了具体的规定。例如，行政案件由违法行为地的公安机关管辖，违法行为地包括违法行为发生地和违法结果发生地。当两个或两个以上公安机关对同一治安案件都有管辖权时，应遵循"最初受理的公安机关管辖"的原则。此外，对于管辖争议的处理，规定中提到，当两个或两个以上公安机关对同一治安案件的管辖权发生争议时，应由有关公安机关协商确定管辖，如协商不成，则报请共同的上一级公安机关指定管辖。

第二章 处罚的种类和适用

第十一条【非法财物和违法所得的处理】

办理治安案件所查获的毒品、淫秽物品等违禁品，赌具、赌资，吸食、注射毒品的用具以及直接用于实施违反治安管理行为的本人所有的工具，应当收缴，按照规定处理。

违反治安管理所得的财物，追缴退还被侵害人；没有被侵害人的，登记造册，公开拍卖或者按照国家有关规定处理，所得款项上缴国库。

【条文释义】

本条共分为两款。第一款是关于违反治安管理的非法财物的处理规定；第二款是关于违反治安管理的违法所得的处理规定。

1.关于违反治安管理的非法财物的收缴

公安机关办理治安案件"所查获的毒品、淫秽物品等违禁品，赌具、赌资，吸食、注射毒品的用具以及直接用于实施违反治安管理行为的本人所有的工具"，可以统称为"非法财物"。这里的违禁品，是指国家法律、法规明确规定，禁止私自制造、销售、购买、持有、使用、储存和运输的物品。我国规定的违禁品，主要有毒品、淫秽物品、枪支、弹药、爆炸物品、剧毒物品、放射性物品，以及邪教组织、会道门、迷信宣传品等。

赌具，是指赌博行为人直接用于赌博的本人所有的工具，如麻将牌、扑克牌、纸牌等。赌资，是指赌博活动中用作赌注的款物、换取筹码的款物和通过赌博赢取的款物。在利用计算机网络进行的赌博活动中，分赌场、下级庄家或者赌博参与者在组织或者参与赌博前向赌博组织者、上级庄家或者赌博公司交付的押金，应当视为赌资。吸食、注射毒品的用具，是指吸食、注射毒品行为人直接用于吸食、注射毒品的器具,如用于吸食鸦片、注射吗啡、海洛因的吸管、托盘、针管、注射器等器具。认定"直接用于实施违反治安管理行为的本人所有的工具",要注意两点:一是违反治安管理行为人"直接用于"实施违反治安管理行为的工具,而不是"间接用于"实施违反治安管理行为的工具。如赌博行为人专门用于赌博的交通工具、通讯工具等,属于"直接用于"赌博活动的工具,但赌博行为人非专门用于赌博活动,而是在实施赌博行为的过程中偶然使用的交通工具、通讯工具等,不属于"直接用于实施违反治安管理行为的本人所有的工具";二是违反治安管理行为人"本人所有"的工具,而不是"他人所有"的工具。"本人所有",即违反治安管理行为人本人对该工具具有合法的所有权,不含违反治安管理行为人租、借或者偷、抢来的属于他人合法所有的工具。对"所查获的毒品、淫秽物品等违禁品,赌具、赌资,吸食、注射毒品的用具以及直接用于实施违反治安管理行为的本人所有的工具"等违反治安管理的非法财物,公安机关应当予以收缴。收缴,是指将违反治安管理行为人实施违反治安管理行为的非法财物收回并上缴到公安机关。

第十二条【未成年人违反治安管理的处理】

已满十四周岁不满十八周岁的人违反治安管理的,从轻或者减轻处罚;不满十四周岁的人违反治安管理的,不予处罚,但是应当责令其监护人严加管教。

【条文释义】

1.关于相对负法律责任人的处理

对于已满14周岁不满18周岁的人违反治安管理的,从轻或者减轻处罚。

这是因为这一年龄段的未成年人具备了一定的认知和判断能力，但他们的心智尚未完全成熟，容易受到外界不良影响和诱惑。因此，在处罚时应当给予一定的宽宥，以引导他们认识错误、改正行为，并促进其健康成长。这是贯彻对违反治安管理的青少年，实行教育、感化、挽救方针的具体体现。从轻处罚，是指公安机关在法律、法规和规章规定的处罚方式和处罚幅度内，对违反治安管理行为人在几种可能的处罚方式内选择适用较轻的处罚方式，或者在同一种处罚方式下在允许的幅度内选择幅度的较低限进行处罚。减轻处罚，是指公安机关在法律、法规和规章规定的处罚方式和处罚幅度最低限以下，对违反治安管理行为人适用治安管理处罚。对未成年的违反治安管理行为人，在具体决定给予的治安管理处罚时，不但要根据违反治安管理的事实、行为性质和危害社会的程度，还要充分考虑未成年人违反治安管理的动机、行为时的年龄，是否为初犯、偶犯，在共同违反治安管理行为中的地位和作用等情节，以及违反治安管理后有无悔过表现及个人一贯表现等情况，决定对其适用从轻还是减轻处罚和从轻或者减轻处罚的幅度，使给予的治安管理处罚有利于未成年违反治安管理行为人的改过自新和健康成长。

2. 关于完全不负法律责任人的处理

对不满14周岁的人违反治安管理的，不予处罚，但是应当责令其监护人严加管教。这是因为这一年龄段的未成年人还处于身心发展的关键阶段，他们的认知和判断能力有限，往往难以分辨是非对错。此时，如果对他们进行处罚，可能会对他们的身心健康造成不良影响。因此，对于这部分未成年人，法律更倾向于通过教育和引导来纠正他们的行为，而不是简单地予以处罚。不予处罚，是指因具有法律、法规所规定的特殊事由，公安机关对某些形式上虽然违反治安管理但实质上不应当承担法律责任的人，不适用治安管理处罚。任何不满14周岁的人实施法律规定的任何违反治安管理行为，公安机关都不能给予治安管理处罚。但是，并不是说，该年龄段的人实施了违反治安管理行为，公安机关就可以不管。"管"，即公安机关应当责令其监护人严加管教。按照《中华人民共和国民法》的第27条规定，父母是未成年子女的监护人。未成年人的父母已经死亡或者没有监护能力的，由下列有监护能力的人按顺序担任监护人:(一)祖父母、外祖父母;(二)兄、姐;(三)其他愿意担任监护人的个人或者组织，但是须经未成年人住所地的居民委员会、村民委员会或者民政部门同意。

第十五条【醉酒的人违反治安管理的处罚】

醉酒的人违反治安管理的，应当给予处罚。

醉酒的人在醉酒状态中，对本人有危险或者对他人的人身、财产或者公共安全有威胁的，应当对其采取保护性措施约束至酒醒。

【条文释义】

本条分为两款。第一款规定了醉酒的人违反治安管理的应当负法律责任；第二款规定了对存在社会危险性的醉酒的人应当进行保护性约束。

1. 关于醉酒的人违反治安管理的法律责任

根据《车辆驾驶人员血液、呼气酒精含量阈值与检验》的规定，当车辆驾驶人员血液中的酒精含量大于或等于80mg/100ml时，该驾驶行为即被认定为醉酒驾驶。这一规定是为了确保道路安全，防止因酒后驾驶导致的交通事故。醉酒驾驶不仅危及驾驶员自身的生命安全，还可能对他人造成严重的伤害甚至死亡。因此，严格遵守这一规定，不酒后驾车，是每位驾驶员的责任和义务。同时，需要注意的是，即使酒精含量未达到醉酒驾驶的标准，但超过了一定的限度（即大于或等于20mg/100ml，小于80mg/100ml），也会被认定为饮酒驾驶，同样会受到相应的处罚。因此，驾驶员在任何时候都应该避免饮酒后驾车，确保自己和他人的安全。此外，对于醉酒驾驶的鉴定，不仅仅依赖于血液酒精含量的检测，还包括呼气酒精含量等其他指标的检测。这些检测方法都是为了更准确地判断驾驶员是否处于醉酒状态，以便及时采取措施，防止潜在的危险发生。根据《车辆驾驶人员血液、呼气酒精含量阈值与检验》的规定，血液里的酒精含量大于或等于 80mg/100ml 的驾驶行为属于醉酒驾驶。

对于醉酒的人既不属于无责任能力的人，也不属于限制责任能力的人。从医学观点来看，在醉酒状态下，行为人的精神虽然出现了某些变化，但只是高级的最复杂的精神机能开始削弱，表现为语言增多，行为放纵，情绪不稳，常常由快乐变为激怒，并出现冲突与侵犯的倾向。不过，尽管行为人有上述精神上的变化，但并没有完全丧失辨别和控制自己行为的能力。他们对周围的事情和自己的所作所为，通常都能分析、判断和理解。同时，醉酒是一种不良习气，它不符合社会公共道德的要求，也有碍正常的社会秩序，应当受到道德和法律的约束。因此，醉酒的人违反治安管理的，应当负法律责任，公安机关应当依法给予治安管理处罚。当然，严重醉酒也能使人处于不能辨认或者不能控制自己行为的状态。但是，由于造成醉酒的原因是本人在清醒状态时酗酒所致，因而醉酒不能作为不予处罚的理由。反过来讲，如果将醉酒作为不予处罚的理由，那么一些不法分子就会钻法律的空子，以醉酒为借口去实施违反治安管理行为。

2. 关于对存在社会危险性的醉酒的人进行保护性约束

醉酒的人在醉酒状态中，对本人有危险或者对他人的人身、财产或者公共安全有威胁的，公安机关应当对其采取保护性措施约束至酒醒。我们可以将这种限制其人身自由的强制措施称为"保护性约束"。只有对醉酒后在醉酒状态中，对本人有危险或者对他人的人身、财产或者公共安全有威胁的人，才能采取保护性约束措施。如果一个人醉酒后在醉酒状态中只是睡觉，不吵不闹，既不对本人有危险，也不对他人的人身、财产或者公共安全构成威胁，就不能也没有必要对其采取保护性约束措施。只有在醉酒人行为失控，丧失理智，不采取强制约束措施，就会发生伤害自己身体，或者伤害他人人身、损坏他人财产、威胁公共安全的情形时，才能进行保护性约束，直至其酒醒。

第十九条【从轻、减轻处罚或者不予处罚的情形】

违反治安管理有下列情形之一的，从轻、减轻或者不予处罚：

（一）情节轻微的；

（二）主动消除或者减轻违法后果的；

（三）取得被侵害人谅解的；

（四）出于他人胁迫或者诱骗的；

（五）主动投案，向公安机关如实陈述自己的违法行为的；

（六）有立功表现的。

【条文释义】

按照本条的规定，对违反治安管理行为人从轻、减轻处罚或者不予处罚的情形包括以下六种：

（1）情节轻微的。情节轻微意味着行为虽然违反了治安管理规定，但其性质、后果或影响相对较小，没有达到严重的程度。在这种情况下，对行为人进行处罚时，可以根据实际情况考虑从轻、减轻或不予处罚，以体现法律的人性化和合理性。

判断违反治安管理行为是否轻微，应当从违反治安管理行为人的年龄、身份，对违反治安管理行为所持的态度，违反治安管理的目的、动机，采用的手段，造成的后果，认错的程度，改正的情况，造成的影响等方面进行综合考察。如违反治安管理行为没有实施终了，行为人自己已经悔悟并及时改正，没有造成危害后果等。

（2）主动消除或者减轻违法后果。即行为人在意识到自己的行为违法后，能够积极主动地采取措施，以消除或减轻其违法行为带来的后果。这种积极的行为显示出行为人的悔过和纠正态度，因此，在处罚时可以考虑给予从轻或减轻的待遇，以鼓励行为人自我纠正，减少社会危害。

（3）取得被侵害人谅解的。意味着行为人通过积极的行为或道歉等方式，取得了被侵害人的谅解。这种情况下，行为人已经通过自身的努力修复了与被侵害人之间的关系，减轻了违法行为的负面影响。因此，在处罚时可以考虑从轻或减轻，以体现法律对和解和修复的尊重。

（4）出于他人胁迫或者诱骗的，说明行为人并非出于本意违法，而是在外界压力下被迫或被骗取。胁迫，是指采用暴力、威胁、逼迫等方法，迫使他人违反治安管理的行为。诱骗，是指采用引诱、欺骗等方法，使他人上当受骗而违反治安管理的行为。被胁迫人或者被诱骗人主观上一开始并没有违反治安管理的动机，只是受到他人的胁迫或者诱骗后，实施了违反治安管理行为。虽然被胁迫人或者被诱骗人在主观方面也有过错，但性质不恶劣，只要他们真诚认错，公安机关指出其错误后予以减轻处罚或者不予处罚，也同样可以达到教育其本人和防止其再实施违反治安管理行为的目的。

（5）主动投案，向公安机关如实陈述自己的违法行为的。主动投案，是指违反治安管理事实或者违反治安管理行为人未被公安机关发觉，或者虽被公安机关发觉，但违反治安管理行为人尚未受到传唤或者询问时，主动、直接向公安机关投案。如实陈述自己的违法行为，是指违反治安管理行为人主动投案后，如实交代自己的主要违反治安管理事实。"主动投案"和"如实陈述自己的违法行为"这两个条件，违反治安管理行为人必须同时具备，缺一不可。违反治安管理行为人对行为性质的辩解不影响主动投案的成立。

（6）有立功表现的。在治安管理处罚中通常意味着行为人在违法后能够认识到自己的错误，并且以实际行动积极协助公安机关查办案件，提供了有价值的线索或者帮助抓获了其他违法犯罪嫌疑人。这种立功表现不仅有助于公安机关更好地维护社会治安，也体现了行为人对于改正错误和回馈社会的积极态度。在处理这类案件时，考虑到行为人的立功表现，公安机关和司法机关可以从轻、减轻或不予处罚。这既是对行为人积极改正错误的肯定，也是鼓励更多人主动配合公安机关工作，共同维护社会治安稳定的一种措施。

然而，需要注意的是，立功表现并不是无条件的"免罪金牌"。其是否能够作为从轻、减轻或不予处罚的依据，还需要根据具体案件的情况进行综合判断。例如，立功的大小、重要性、与案件本身的关联程度等因素都会影响最终的处罚决定。

第二十条【从宽处罚的情形】

违反治安管理行为人自愿向公安机关如实陈述自己的违法行为，承认违法事实，愿意接受处罚的，可以依法从宽处理。

【条文释义】

该条主要关注的是违反治安管理行为人的一种积极、合作的态度。当行为人自愿向公安机关如实陈述自己的违法行为，承认违法事实，并愿意接受处罚时，他们展现出了对自己错误的认识和悔过之意，这种态度在法律上被视为积极的、值得肯定的。

1. 自愿向公安机关如实陈述自己的违法行为，意味着行为人主动、无胁迫地向公安机关提供关于自己违法行为的详细信息。这要求行为人不仅要承认自己的违法行为，还要提供足够的信息使公安机关能够全面了解案件的事实。

2. 承认违法事实，要求行为人对自己的行为有清晰的认识，并承认其行为确实违反了治安管理的相关规定。这不仅是对事实的确认，更是对法律规范的认同和尊重。

3. 愿意接受处罚，体现了行为人对法律的尊重和对自己行为的负责态度。他们愿意承担因违法行为而带来的法律后果，这是法治社会公民应有的素质和责任。

在这种情况下，法律允许对行为人进行从宽处理。从宽处理并不意味着免除处罚，而是指在法定范围内对处罚进行一定程度的减轻或缓解。这种处理方式既体现了法律对行为人积极态度的认可，也符合教育为主、惩罚为辅的治安管理原则。

第二十一条【从重处罚的情形】

违反治安管理有下列情形之一的，从重处罚：

（一）有较严重后果的；

（二）教唆、胁迫、诱骗他人违反治安管理的；

（三）对报案人、控告人、举报人、证人打击报复的；

（四）一年内曾受过治安管理处罚的。

【条文释义】

本条主要规定了违反治安管理行为中应当从重处罚的几种情形。这些规定是为了更好地维护社会治安，打击违法行为，保障公民的合法权益。从重处罚，是指公安机关在法律、法规和规章规定的处罚方式和处罚幅度内，对违反治安管理行为人在几种可能的处罚方式内选择适用较重的处罚方式，或者在同一种处罚方式下在允许的幅度内选择幅度的较高限进行处罚。1.公安机关对违反治安管理行为人在几种可能的处罚方式内选择适用较重的处罚方式。例如，《治安管理处罚法《修订草案》》第52条规定："有下列行为之一的，处五日以下拘留或者警告；情节较重的，处五日以上十日以下拘留：（1）虐待家庭成员，被虐待人要求处理的；（2）对未成年人、老年人、患病的人、残疾人等负有监护、看护职责的人虐待被监护、看护的人的；（3）遗弃没有独立生活能力的被扶养人的。"行为人违反上述规定，如果具有本条规定的三种情形之一的，未达到情节较重的，公安机关可以对行为人处5日以下拘留，即在法定处罚方式行政拘留和警告中，选择适用较重的处罚方式。2.公安机关在同一种处罚方式下在允许的幅度内选择幅度的较高限进行处罚。例如，《治安管理处罚法《修订草案》》第54条规定："煽动民族仇恨、民族歧视，或者在出版物、计算机信息网络中刊载民族歧视、侮辱内容的，处十日以上十五日以下拘留，可以并处三千元以下罚款。"行为人违反上述规定，公安机关可以对行为人处13日、14日或者15日行政拘留。这种从重处罚，是选择法定的"处十日以上十五日以下拘留"的行政拘留幅度较高限给予的处罚。根据案件的具体情况，如果行为人因实施该违反治安管理行为获取了物质利益的，公安机关还可以在"三千元以下罚款"的幅度内选择并处一定数额的罚款。

按照本条的规定，对违反治安管理行为人从重处罚的情形包括以下四种：

（1）有较严重后果的。这指的是违法行为造成的后果较为严重，可能包括财产损失、人身伤害等。当违法行为造成严重后果时，意味着其社会危害性较大，因此需要更严厉的处罚来起到震慑和惩罚的作用。一般而言，后果轻微的，社会危害性较小；后果较重的，社会危害性较大。对于有些行为来讲，后果是否严重还是区分罪与非罪的标准或者界限。例如，故意伤害他人身体的行为，如果造成轻伤或者重伤，就构成了故意伤害罪；如果造成的伤害在轻伤以下，则不构成犯罪，是违反治安管理行为。

（2）教唆、胁迫、诱骗他人违反治安管理的。这种情形涉及到了违法行为的传播和扩大。教唆、胁迫或诱骗他人参与违法行为，不仅增加了违法行为的数量，还可能使更多的人受到法律的制裁。因此，对于这种行为，法律给予了更重的处罚。

（3）对报案人、控告人、举报人、证人打击报复的。这些人是在维护社会治安和公正中起到重要作用的人。如果他们因为履行职责而遭到打击报复，那么社会的公正和法治就会受到严重的破坏。因此，法律对于这种行为给予了严厉的处罚，以保护这些人员的合法权益。

（4）一年内曾受过治安管理处罚的。这反映了违法者的屡教不改。如果一个人在一年内多次因为违反治安管理而受到处罚，说明其缺乏对社会规范的尊重，具有较大的社会危害性。因此，法律对其给予了更重的处罚，以促使其改正行为。

第二十二条【不执行行政拘留的情形】

违反治安管理行为人有下列情形之一，依照本法应当给予行政拘留处罚的，不执行行政拘留处罚：

（一）已满十四周岁不满十六周岁的；

（二）已满十六周岁不满十八周岁，初次违反治安管理的；

（三）七十周岁以上的；

（四）怀孕或者哺乳自己不满一周岁婴儿的。

前款第一项、第三项规定的违反治安管理行为人，一年内二次以上违反治安管理的，可以执行行政拘留处罚。

【条文释义】

本条是关于违反治安管理行为人在特定情况下不执行行政拘留处罚的条款。该条款体现了法律在处罚时的灵活性，既保证了法律的严肃性，又兼顾了对特殊群体的保护和关怀，充分体现了教育、感化、挽救的方针和教育为主、惩罚为辅的原则。

1.对于已满十四周岁不满十六周岁的未成年人，以及已满十六周岁不满十八周岁初次违反治安管理的未成年人，法律规定不执行行政拘留处罚。这是因为这些未成年人正处于身心发展的关键时期，他们的世界观、人生观、价值观尚未完全形成，容易受到外界不良因素的影响。对他们采取行政拘留的处罚方式，可能会对他们的身心健康和未来发展产生不良影响。因此，对于这些未成年人，法律更倾向于采取教育、引导等温和的方式来纠正他们的违法行为。

2.对于七十周岁以上的老年人，法律规定不执行行政拘留处罚。这是因为随着年龄的增长，老年人的身体机能逐渐下降，可能无法承受行政拘留所带来的身体和精神压力。此外，老年人往往有更多的社会经验和人生阅历，对于自己的错误行为有更深的认识和悔意。因此，对于老年人来说，法律更注重教育和感化，而非简单的惩罚。

3.对于怀孕或者哺乳自己不满一周岁婴儿的女性，法律规定不执行行政拘留处罚。这是因为这些女性正处于特殊的生理和心理状态，行政拘留可能会对她们的身体健康和婴儿的成长产生不良影响。法律在此体现了对女性和儿童的特殊保护。

4.条文还规定，对于前款第一项、第三项规定的违反治安管理行为人，如果一年内二次以上违反治安管理，可以执行行政拘留处罚。这是为了防止这些特殊人群滥用法律的宽容，对于屡教不改的行为，法律仍然会采取必要的惩罚措施来维护社会秩序和公共利益。

第二十四条【违反治安管理行为的追究时效】

违反治安管理行为在六个月内没有被公安机关发现的，不再处罚。

前款规定的期限，从违反治安管理行为发生之日起计算；违反治安管理行为有连续或者继续状态的，从行为终了之日起计算。

【条文释义】

这一规定体现了法律的时效性原则，旨在确保公安机关能够高效、及时地处理治安案件，同时也为违法者提供了一个明确的期限，使其有机会自我纠正并避免长期受到法律追究的困扰。

本条第一款明确规定了违反治安管理行为的追究时效。首先，这一时效制度的设定有助于公安机关合理分配执法资源。在治安管理工作中，公安机关需要处理大量的案件，如果对所有过去的违法行为都进行追查，无疑会加大工作负担，降低执法效率。因此，设定一个合理的时效期限，可以使公安机关集中力量处理近期的、对社会治安影响较大的案件，从而更好地维护社会治安秩序。其次，这一时效制度也体现了对违法者的教育和挽救精神。在六个月内，违法者有机会认识到自己的错误，主动改正并避免再次违法。如果违法者能够在这段时间内表现出良好的行为，那么他们就有可能避免受到法律的制裁，从而得到改过自新的机会。

本条第二款规定了追究时效的计算方法。违反治安管理行为发生之日，是指违反治安管理行为完成或者停止之日。这意味着，一旦违法行为发生，公安机关就有六个月的时间来发现和处理这一行为。这样的规定确保了公安机关能够及时介入，对违法行为进行制止和纠正，防止其对社会造成更大的危害。例如，运输危险物质，在途中用了5天时间，应当以最后一天将危险物质转交给他人起开始计算追究时效。

如果违反治安管理行为具有连续或者继续状态，那么时效期限从行为终了之日起计算。这主要针对的是那些持续发生或者长期存在的违法行为。对于这类行为，只有在其完全结束后的六个月内，公安机关才有权进行处罚。这样的规定避免了因为行为持续时间过长而导致的法律适用上的不确定性，确保了法律适用的公平性和一致性。连续状态，是指基于同一的或者概括的违反治安管理故意，连续实施数个独立的违反治安管理行为，构成性质同一的违反治安管理行为的状态。对有连续状态的违反治安管理行为，以最后一个违反治安管理行为终了之日起计算追究时效。例如，连续盗窃，应当以最后一个盗窃行为实施完毕之日起开始计算追究时效。继续状态，又称持续状态，是指违反治安管理行为及其所造成的不法状态在一定时间内处于持续状态。对有继续状态的违反治安管理行为，以持续的违反治安管理行为终了之日起计算追究时效。例如，非法拘禁，应当以非法拘禁行为停止之日起开始计算追究时效。

第三章　违反治安管理的行为和处罚

第一节　扰乱公共秩序的行为和处罚

第二十六条【违反国家考试的行为及处罚】

在法律规定的国家考试中，有下列行为之一，有违法所得的，处违法所得一倍以上五倍以下罚款；没有违法所得或者违法所得不足一千元的，处一千元以上三千元以下罚款；情节较重的，处五日以上十五日以下拘留：

（一）组织作弊的；

（二）为他人组织作弊提供作弊器材或者其他帮助的；

（三）为实施考试作弊行为，向他人非法出售或者提供考试试题、答案的；

（四）代替他人或者让他人代替自己参加考试的。

【条文释义】

这条法律规定是对在国家考试中违反规定的行为及其相应处罚的明确规定。它旨在维护国家考试的公正性、严肃性和权威性，确保考试结果的真实性和准确性，保护考生的合法权益，促进教育公平和社会公正。它要求考生和相关人员遵守考试规定，诚信应考，共同维护考试的公平性和权威性。同时，它也提醒广大社会成员，要尊重和维护教育公平和社会公正，共同营造一个良好的教育环境和社会氛围。

该法条列举了四种主要的违法行为：

1. 组织作弊：这是指故意策划、安排、实施作弊行为，包括但不限于设计作弊方案、招募作弊人员、提供作弊工具等。这种行为严重破坏了考试的公平性，影响了考试的正常进行。

2. 为他人组织作弊提供作弊器材或者其他帮助：即使个人没有直接参与作弊，但为作弊提供器材或帮助，如提供通信设备、传递答案等，也视为违法行为。这种行为助长了作弊风气的蔓延，应当受到法律的制裁。

3. 为实施考试作弊行为，向他人非法出售或者提供考试试题、答案：这包括提前泄露试题或答案，或者通过非法渠道获取试题或答案并出售给他人。这种行为严重破坏了考试的保密性和公正性，应当严厉打击。

4.代替他人或者让他人代替自己参加考试：这通常被称为"替考"行为，无论是代替别人参加考试还是让别人代替自己参加考试，都违反了考试的真实性原则，应当受到法律的制裁。

第三十四条【违反社会公序良俗和伤害民族情感的行为及处罚】

有下列行为之一的，处五日以上十日以下拘留或者一千元以上三千元以下罚款；情节较重的，处十日以上十五日以下拘留，可以并处五千元以下罚款：

（一）在公共场所从事有损纪念英雄烈士环境和氛围的活动的；

（二）在公共场所或者强制他人在公共场所穿着、佩戴有损中华民族精神、伤害中华民族感情的服饰、标志的；

（三）制作、传播、宣扬、散布有损中华民族精神、伤害中华民族感情的物品或者言论的；

（四）亵渎、否定英雄烈士事迹和精神，宣扬、美化侵略战争和侵略行为，寻衅滋事，扰乱公共秩序的；

（五）以侮辱、诽谤或者其他方式侵害英雄烈士的姓名、肖像、名誉、荣誉，损害社会公共利益的；

（六）侵占、破坏、污损英雄烈士纪念设施的。

【条文释义】

该条文旨在维护社会的公序良俗，保护民族精神和文化尊严，以及尊重和维护英雄烈士的名誉和荣誉。任何违反这些规定的行为都将受到法律的制裁。

1.在公共场所从事有损纪念英雄烈士环境和氛围的活动：这是为了维护对英雄烈士的敬仰之情，禁止在公共场所，如英雄纪念碑、烈士陵园等地，从事任何可能损害这些场所庄重、肃穆氛围的活动。这些活动可能包括但不限于喧闹、嬉笑、打闹等，它们会破坏人们对英雄烈士的缅怀和敬仰之情。

2. 在公共场所或者强制他人在公共场所穿着、佩戴有损中华民族精神、伤害中华民族感情的服饰、标志：这旨在保护中华民族的精神和文化尊严。任何在公共场所穿着或佩戴可能损害中华民族精神、伤害民族感情的服饰、标志的行为，或者强制他人这样做的行为，都是违法的。这种行为可能包括穿着或佩戴带有侮辱性、歧视性或贬低中华民族元素的服饰、标志。

3. 制作、传播、宣扬、散布有损中华民族精神、伤害中华民族感情的物品或者言论：这是为了防止任何可能破坏民族团结和民族感情的言行。任何制作、传播、宣扬或散布具有伤害性或贬低中华民族精神和感情的物品或言论的行为，都将受到法律的制裁。

4. 亵渎、否定英雄烈士事迹和精神，宣扬、美化侵略战争和侵略行为，寻衅滋事，扰乱公共秩序：这明确禁止对英雄烈士的亵渎和否定，以及宣扬侵略战争和侵略行为的行为。这些行为不仅是对英雄烈士的不敬，也是对历史事实的歪曲，会严重扰乱公共秩序，损害社会和谐稳定。

5. 以侮辱、诽谤或者其他方式侵害英雄烈士的姓名、肖像、名誉、荣誉，损害社会公共利益：这旨在保护英雄烈士的名誉和荣誉，禁止任何形式的侮辱、诽谤或其他侵害行为。这些行为不仅损害了英雄烈士的名誉，也损害了社会的公共利益和人们的道德观念。

6. 侵占、破坏、污损英雄烈士纪念设施：英雄烈士纪念设施是纪念和缅怀英雄烈士的重要场所，任何侵占、破坏或污损这些设施的行为都是对历史的不尊重，对英雄烈士的不敬。这一条款明确规定了对这类行为的法律惩处，以维护这些设施的完整和尊严。

第二节　妨害公共安全的行为和处罚

第四十六条【违规使用无人机等行为的处罚】

违反有关规定，在低空飞行无人驾驶航空器、航空运动器材，或者升放无人驾驶自由气球、系留气球等升空物体，情节较重的，处五日以上十日以下拘留。

飞行、升放前款规定的物体非法穿越国（边）境的，处十日以上十五日以下拘留，并处一千元以上三千元以下罚款。

【条文释义】

本条规定的主要目的是为了维护国家安全、公共安全和飞行秩序。随着无人机等低空飞行物体的普及，其使用和管理也面临着越来越多的挑战。通过这条规定，可以对那些违反规定、擅自使用无人机等低空飞行物体的行为进行打击，维护正常的飞行秩序和社会秩序。同时，对于那些非法穿越国（边）境的行为，也进行了明确的处罚规定，以维护国家安全和边境安全。

违反有关规定：这里的"有关规定"通常指的是国家对于无人驾驶航空器、航空运动器材、无人驾驶自由气球、系留气球等升空物体的飞行、使用、管理等方面的法律、法规、规章、政策等。

在低空飞行无人驾驶航空器、航空运动器材，或者升放无人驾驶自由气球、系留气球等升空物体：这是指未经许可或违反规定，擅自进行上述活动。

对于一般违规行为（即没有非法穿越国（边）境的情况）：情节较重的，处五日以上十日以下拘留。这里的"情节较重"需要根据具体的情况进行判定，例如飞行的区域、时间、高度、是否造成危害等。

对于非法穿越国（边）境的情况：不仅会被处以十日以上十五日以下拘留，而且还会被处以一千元以上三千元以下的罚款。非法穿越国（边）境是严重的违法行为，可能涉及国家安全、边境安全等问题，因此处罚更为严厉。

第三节　侵犯人身权利、财产权利的行为和处罚

第五十五条【违法向他人出售或者提供个人信息行为的处罚】

违反国家有关规定，向他人出售或者提供个人信息的，处十日以上十五日以下拘留；情节较轻的，处五日以上十日以下拘留。

窃取或者以其他方法非法获取个人信息的，依照前款的规定处罚。

【条文释义】

本条中的"违反国家有关规定，向他人出售或者提供个人信息"，这一行为指的是在没有得到信息主体明确同意或者违反国家相关法律法规的情况下，擅自将收集、存储的个人信息出售或提供给第三方。这里所指的个人信息包括能够单独或者与其他信息结合识别特定自然人身份的各种信息，如姓名、身份证号码、电话号码、地址、电子邮箱、银行账户信息、生物识别信息、健康信息、交易信息等。

如果违法行为情节较轻，比如出售或提供的个人信息数量较少、没有造成严重后果等，处罚会相应减轻，处五日以上十日以下拘留。

第四节　妨害社会管理的行为和处罚

第六十七条【对特定行业经营者违法行为的处罚】

娱乐场所和印章、旧货、机动车修理等行业经营者不按规定登记信息或者未将登记信息报送公安机关，情节较重的，对其直接负责的主管人员和其他直接责任人员处五日以下拘留。

【条文释义】

本条文旨在提高特定行业经营者的自律意识。经营者应当认识到信息登记和报送的重要性,加强内部管理,确保信息的准确性和及时性。同时,公安机关也应当加强对这些行业的监管和指导,促进行业的健康发展。

本条文中提到的特定行业经营者包括娱乐场所经营者,以及印章、旧货、机动车修理等行业的经营者。这些行业由于涉及公共安全、社会秩序等问题,因此法律规定了更为严格的信息登记和报送要求。该条中的"信息"可能包括客户的身份信息、交易记录等,对于维护社会安全和打击违法犯罪活动具有重要意义。这里的"情节较重"可能包括多次违规、拒不改正、造成严重后果等情形。

第六十八条【对非法使用、提供窃听、窃照等专用器材行为的处罚】

非法使用、提供窃听、窃照等专用器材的,处五日以下拘留或者一千元以上三千元以下罚款;情节较重的,处五日以上十日以下拘留,并处三千元以上五千元以下罚款。

【条文释义】

本条文旨在提高公众的法律意识和道德水平。公众应当认识到非法使用、提供窃听、窃照等专用器材的严重性和危害性,自觉遵守相关法律法规,共同维护社会的安全和稳定。

这里所指的窃听、窃照等专用器材,是指专门设计用于秘密监听、录制他人声音、图像等信息的设备或工具。非法使用这些器材,包括私自安装、擅自使用等行为;而非法提供则是指将这些器材提供给无合法使用权限的第三方。

如果非法使用、提供窃听、窃照等专用器材的行为情节较重，例如造成严重后果、涉及多次违法等，法律规定了更严厉的处罚措施。即处五日以上十日以下拘留，并处罚款三千元以上五千元以下。

第四章 处罚程序

第一节 调查

第九十条【公安机关办理治安案件收集、调取证据的权力和义务，以及相关单位和个人提供证据应遵守的原则和法律责任】

公安机关办理治安案件，有权向有关单位和个人收集、调取证据。有关单位和个人应当如实提供证据。

公安机关向有关单位和个人收集、调取证据时，应当告知其必须如实提供证据，以及伪造、隐匿、毁灭证据或者提供虚假证言应当承担的法律责任。

【条文释义】

本条旨在确保公安机关在办理治安案件时能够依法、有效地收集、调取证据，同时保障相关单位和个人的合法权益不受侵犯。通过明确权力和义务、强调法律责任和程序规范，这一规定有助于维护社会的公正和法治秩序。

1.公安机关在办理治安案件时，拥有向有关单位和个人收集、调取证据的法定权力。这是为了确保案件的顺利办理，揭示事实真相，维护社会治安秩序。在这个过程中，有关单位和个人必须配合公安机关的工作，如实提供证据，不得推诿、拒绝或者提供虚假证据。

2.公安机关在向有关单位和个人收集、调取证据时，应当明确告知他们必须如实提供证据。这是因为证据是案件办理的基础，只有真实、完整的证据才能帮助公安机关查清事实，依法作出处理。同时，公安机关还要告知相关单位和个人，如果他们伪造、隐匿、毁灭证据或者提供虚假证言，将承担相应的法律责任。这是为了强调证据的重要性和法律的严肃性，促使相关单位和个人在提供证据时保持诚实和谨慎。

此外，这一规定也体现了法律对于公安机关权力的制约和对于公民权利的保障。公安机关在收集、调取证据时，必须遵守法律程序和规定，不得滥用权力或者侵犯公民的合法权益。同时，相关单位和个人在提供证据时，也享有相应的权利，如拒绝非法搜查、扣押等。

第九十一条【治安案件的证据使用问题】

在办理刑事案件过程中以及其他行政执法机关、监察机关在移送案件前依法收集的证据，可以作为治安案件的证据使用。

【条文释义】

该条体现了法律对于不同类型案件中证据使用的灵活性和包容性，同时也强调了证据收集和使用中的规范性和严谨性。这有助于维护社会治安秩序和司法公正性，保障公民的合法权益。

1.该条文明确了在办理刑事案件过程中依法收集的证据，可以在治安案件中作为证据使用。这体现了法律证据在不同类型案件中的互通性和有效性。在刑事案件中，证据的收集通常遵循更为严格和规范的程序，因此这些证据在治安案件中同样具有较高的可信度和证明力。

2.条文还扩展到了其他行政执法机关和监察机关在移送案件前依法收集的证据。这意味着，无论是公安机关、工商部门、税务部门还是监察机关等，在履行其行政执法或监察职责过程中依法收集的证据，只要符合法定程序和规定，都可以在治安案件中作为证据使用。

这一规定有助于提高执法效率和司法公正性。一方面，它避免了在不同类型案件中重复收集相同证据的情况，从而节省了执法资源；另一方面，它也确保了治安案件的证据来源更加广泛和多样，有助于更全面、准确地认定案件事实。然而，需要注意的是，虽然这些证据可以在治安案件中作为证据使用，但它们仍然需要符合法定程序和规定，经过严格的审查和核实才能被采纳。此外，如果这些证据存在瑕疵或争议，还需要通过法庭的质证和辩论等环节来进一步确定其真实性和证明力。

第九十八条【公安机关在办理治安案件时，对于身处异地的违反治安管理行为人、被侵害人或其他证人的询问方式】

违反治安管理行为人、被侵害人或者其他证人在异地的，公安机关可以委托异地公安机关代为询问，也可以通过远程视频询问。

远程视频询问的，应当向被询问人宣读询问笔录，被询问人确认笔录无误后，询问的人民警察应当在笔录上注明。询问和宣读过程应当全程同步录音录像。

【条文释义】

本条文为公安机关在办理涉及异地人员的治安案件时提供了明确的法律依据和操作规范。这不仅有助于提高办案效率和质量，也体现了法律在维护社会治安和保障公民权益方面的积极作用。

该条文明确规定了公安机关在面临异地询问时的两种处理方式：一是委托异地公安机关代为询问，二是通过远程视频进行询问。这两种方式都体现了公安机关在办理治安案件时的灵活性和效率性，确保了即使在人员分散的情况下，也能有效地进行询问和取证工作。

对于委托异地公安机关代为询问的方式，公安机关之间需要进行有效的沟通和协调，确保询问的顺利进行。被委托的异地公安机关应当按照法律程序和规范进行询问，并将询问结果及时反馈给委托方。这种方式可以有效解决异地询问的难题，提高办案效率。

而远程视频询问则是一种更为便捷和高效的询问方式。通过远程视频技术，公安机关可以实时与被询问人进行沟通，确保询问过程的真实性和有效性。同时，这种方式也减少了被询问人的旅行成本和时间，体现了人性化执法的理念。

在远程视频询问过程中，公安机关需要向被询问人宣读询问笔录，并在被询问人确认无误后在笔录上注明。这一步骤确保了询问过程的透明性和公正性，也保护了被询问人的合法权益。同时，询问和宣读过程应当全程同步录音录像，以便后续审查和作为证据使用。

第一百条【对违反治安管理行为人或被侵害人进行人身检查以及提取或采集相关信息的规定】

为了确定违反治安管理行为人、被侵害人的某些特征、伤害情况或者生理状态，经公安机关办案部门负责人批准，可以对人身进行检查，可以提取或者采集肖像、指纹等人体生物识别信息和血液、尿液等生物样本。对已经提取、采集的信息或者样本，不得重复提取、采集。

违反治安管理行为人拒绝检查、提取、采集，人民警察认为必要的，经公安机关办案部门负责人批准，可以强制检查、提取、采集。

【条文释义】

本条文的制定旨在确保公安机关能够有效地收集证据，以揭示案件事实，同时也规范了公安机关的行为,保护当事人的合法权益,体现了法律的公正性和人道性。同时,它也要求公安机关在行使权力时,必须严格遵守法律程序和规范,确保权力的合法性和正当性。

条文明确了公安机关在办理治安案件时,为了确定违反治安管理行为人或被侵害人的某些特征、伤害情况或生理状态,经过公安机关办案部门负责人的批准,可以对人身进行检查。这种检查可能包括观察、触摸或其他必要的医学手段,以获取与案件相关的关键信息。

同时,条文也规定,公安机关在必要时,可以提取或采集违反治安管理行为人或被侵害人的肖像、指纹等人体生物识别信息以及血液、尿液等生物样本。这些信息对于确认身份、追踪犯罪嫌疑人或揭示伤害情况等至关重要。

但值得注意的是,对于已经提取或采集的信息或样本,公安机关不得重复进行提取或采集,以避免对当事人造成不必要的侵扰或伤害。

此外,如果违反治安管理行为人拒绝接受检查、提取或采集,人民警察在认为必要的情况下,经过公安机关办案部门负责人的批准,可以采取强制措施进行检查、提取或采集。这一规定确保了公安机关在面临抗拒时,仍能有效地收集证据,但同时也要求人民警察在采取强制措施时必须审慎,确保其行为合法、合理且必要。

第一百零一条【对与违反治安管理行为有关的场所、物品、人身进行检查的法律规定】

公安机关对与违反治安管理行为有关的场所、物品、人身可以进行检查。检查时,人民警察不得少于二人,并应当出示执法证件。

对场所进行检查的,经公安机关办案部门负责人批准,使用检查证检查;对确有必要立即进行检查的,人民警察经出示执法证件,可以当场检查。检查公民住所应当出示县级以上地方人民政府公安机关开具的检查证明文件。

检查妇女的身体，应当由女性工作人员或者医师进行。

【条文释义】

本条文旨在规范公安机关在办理治安案件时的检查行为，确保检查的合法性、公正性和有效性，同时保护公民的合法权益。这体现了法律在维护社会治安和保障人权方面的平衡和考虑。

1. 条文明确指出，公安机关有权对与违反治安管理行为有关的场所、物品、人身进行检查。这是公安机关履行其职责，维护社会治安秩序的重要手段。但需要注意的是，这种检查权是有边界的，只能针对与违反治安管理行为相关的对象，不得随意扩大范围。

2. 条文对检查的程序和要求进行了详细规定。在进行检查时，人民警察的数量不得少于二人，这是为了确保检查的公正性和合法性，防止滥用职权或侵犯公民权益。同时，人民警察应当出示执法证件，以证明其身份和执法的合法性。对于场所的检查，需要经过公安机关办案部门负责人的批准，并使用检查证进行检查。但在某些紧急情况下，如确有必要立即进行检查的，人民警察可以经出示执法证件后当场进行检查。然而，对于公民住所的检查，则需要出示县级以上地方人民政府公安机关开具的检查证明文件，这体现了对公民住宅权的尊重和保护。

此外，条文还特别强调了对妇女身体的检查要求。规定检查妇女的身体应当由女性工作人员或者医师进行，这是为了保障妇女的尊严和权益，防止在检查过程中发生不必要的侵扰或伤害。

第一百零三条【对物品的扣押、保管和退还等方面的规定】

第十二章 《中华人民共和国治安管理处罚法（修订草案）》释义｜第四编 释义篇｜

公安机关办理治安案件，对与案件有关的需要作为证据的物品，可以扣押；对被侵害人或者善意第三人合法占有的财产，不得扣押，应当予以登记。对与案件有关的必须鉴定的物品，可以扣押，鉴定后应当立即解除。对与案件无关的物品，不得扣押。

对扣押的物品，应当会同在场见证人和被扣押物品持有人查点清楚，当场开列清单一式二份，由调查人员、见证人和持有人签名或者盖章，一份交给持有人，另一份附卷备查。

实施扣押前应当报经公安机关办案部门负责人批准；因情况紧急，需要当场实施扣押的，人民警察应当及时向其所属公安机关办案部门负责人报告，并补办批准手续。公安机关办案部门负责人认为不应当扣押的，应当立即解除。

对扣押的物品，应当妥善保管，不得挪作他用；对不宜长期保存的物品，按照有关规定处理。经查明与案件无关或者经核实属于被侵害人或者他人合法财产的，应当登记后立即退还；满六个月无人对该财产主张权利或者无法查清权利人的，应当公开拍卖或者按照国家有关规定处理，所得款项上缴国库。

【条文释义】

本条文为公安机关在办理治安案件时提供了明确的指导，规范了扣押、保管和退还物品的程序和要求，确保了案件的调查和审理能够顺利进行，同时保护了公民的合法权益。

1.该条文明确了公安机关在办理治安案件时，有权扣押与案件有关的、需要作为证据的物品。这种扣押行为是为了确保案件的调查和审理能够顺利进行，收集必要的证据。然而，需要注意的是，对于被侵害人或者善意第三人合法占有的财产，公安机关不得进行扣押，而应当进行登记。这一规定保护了被侵害人和善意第三人的合法权益，防止了公安机关权力的滥用。

2. 对于与案件有关的必须鉴定的物品，公安机关可以进行扣押，但在鉴定完成后应当立即解除扣押。这是为了确保鉴定的顺利进行，同时避免了对物品的长期扣押。对于与案件无关的物品，公安机关则不得进行扣押，这体现了法律的公正性和合理性。

在实施扣押时，公安机关必须遵守一定的程序。扣押前应当报经公安机关办案部门负责人批准，确保扣押行为的合法性和规范性。因情况紧急，需要当场实施扣押的，人民警察应当及时向其所属公安机关办案部门负责人报告，并补办批准手续。这体现了公安机关在紧急情况下的灵活处理能力和对程序的尊重。

对于扣押的物品，公安机关应当妥善保管，不得挪作他用。对于不宜长期保存的物品，应当按照有关规定进行处理，以防止物品的损坏或丢失。同时，公安机关还应当对扣押的物品进行登记和备查，确保物品的流向和使用情况可追溯。

最后，对于经查明与案件无关或者经核实属于被侵害人或者他人合法财产的物品，公安机关应当登记后立即退还。这体现了公安机关对公民财产权的尊重和保护。对于满六个月无人对该财产主张权利或者无法查清权利人的物品，公安机关应当按照规定进行公开拍卖或按照国家有关规定处理，所得款项上缴国库。这一规定既保障了财产的合理利用，又避免了财产的流失和浪费。

第一百零五条【人民警察组织辨认活动的程序和要求】

为了查明案情，人民警察可以让违反治安管理行为人、被侵害人和其他证人对与违反治安管理行为有关的场所、物品进行辨认，也可以让被侵害人、其他证人对违反治安管理行为人进行辨认，或者让违反治安管理行为人对其他违反治安管理行为人进行辨认。

辨认应当制作辨认笔录，由人民警察和辨认人签名、盖章或者捺指印。

【条文释义】

本条文为公安机关在办理治安案件时组织辨认活动提供了明确的指导和规范，有助于确保案件的调查和审理能够顺利进行，维护社会治安秩序。同时，这一规定也体现了对案件参与者权益的尊重和保护，确保了辨认活动的公正性和合法性。

根据该条规定，人民警察可以组织违反治安管理行为人、被侵害人和其他证人，对与违反治安管理行为有关的场所、物品进行辨认。这种辨认活动有助于确定相关证据的真实性和关联性，进而为案件的定性提供依据。

同时，辨认活动也可以包括让被侵害人、其他证人对违反治安管理行为人进行辨认，或者让违反治安管理行为人对其他违反治安管理行为人进行辨认。这种相互辨认的方式有助于确认涉案人员的身份和关系，为案件的审理提供关键线索。

在进行辨认活动时，人民警察应当制作辨认笔录，详细记录辨认的过程和结果。辨认笔录是案件材料的重要组成部分，对于后续的审理和判决具有重要影响。因此，辨认笔录的制作应当准确、客观、全面，确保能够真实反映辨认活动的情况。

此外，辨认笔录应当由人民警察和辨认人签名、盖章或者捺指印，以证明其真实性和合法性。这一规定确保了辨认活动的严肃性和规范性，防止了伪造或篡改辨认笔录的可能性。

治安管理处罚的发展与变革

第一百零六条【公安机关在特定情况下进行调解、询问、扣押、辨认时的人员配置以及录音录像的要求】

公安机关进行调解和在执法办案场所进行询问、扣押、辨认的，可以由一名人民警察进行。

依照前款规定由一名人民警察进行调解、询问、扣押、辨认的，应当全程同步录音录像。未按规定全程同步录音录像或者录音录像资料损毁、丢失的，相关证据不能作为处罚的根据。

【条文释义】

本条文既体现了公安机关在特定情况下的灵活性和效率性，又强调了执法过程的规范性和公正性。通过要求全程同步录音录像，确保了执法活动的透明性和可追溯性，为公正执法提供了有力保障。同时，对于未按规定录音录像或录音录像资料损毁、丢失的情况，也明确了相应的法律后果，以维护法律的严肃性和权威性。

1.根据该条规定,公安机关在进行调解和在执法办案场所进行询问、扣押、辨认的，可以由一名人民警察进行。这一规定在特定情境下允许简化人员配置，提高执法效率。然而，这种简化配置并不意味着执法过程的随意性。

2.对于由一名人民警察进行的调解、询问、扣押、辨认活动，该条文明确要求必须全程同步录音录像。这一要求是为了确保执法过程的公正、透明和可追溯性。通过录音录像，可以有效记录执法活动的全过程，防止权力滥用和不当行为的发生。

此外，如果未按规定全程同步录音录像，或者录音录像资料因各种原因损毁、丢失，那么相关证据将不能作为处罚的根据。这一规定强调了录音录像的重要性，以及未遵守规定可能导致的后果。它体现了法律对证据合法性和真实性的严格要求，也保障了当事人的合法权益。

第一百零七条【快速办理治安案件】

对事实清楚，违反治安管理行为人自愿认错认罚并同意适用快速办理的治安案件，公安机关可以通过简化取证方式和审核审批手续等措施快速办理。

快速办理治安案件前，公安机关应当书面告知违反治安管理行为人快速办理的相关规定，征得其同意，并由其签名确认。

【条文释义】

本条文是关于快速办理治安案件的规定，其主旨在于提高执法效率，同时确保程序的公正性和透明度。对于事实清楚、违反治安管理行为人自愿认错认罚并同意适用快速办理的治安案件，公安机关有权采取一系列简化措施，以便更迅速、有效地处理这些案件。

1. 这一规定明确了适用快速办理程序的条件。只有当案件事实清楚，且行为人自愿认错认罚并同意适用快速办理时，公安机关才能启动这一程序。这既确保了案件的快速处理，又尊重了行为人的意愿和权益。

2. 公安机关在快速办理治安案件前，必须履行告知义务。公安机关应当书面告知违反治安管理行为人快速办理的相关规定，包括程序的简化内容、可能产生的法律后果等，确保行为人在充分了解的基础上作出决定。

此外，征得行为人的同意是快速办理程序的关键环节。公安机关在告知相关规定后，必须征得行为人的明确同意，并由其签名确认。这一步骤不仅体现了程序的公正性，也保障了行为人的知情权和同意权。

通过简化取证方式和审核审批手续等措施，公安机关能够更高效地处理符合条件的治安案件，减轻工作负担，提高执法效率。同时，快速办理程序也有助于及时维护社会治安秩序，保障公民的合法权益。

然而，需要注意的是，快速办理程序并非适用于所有治安案件。对于涉及复杂情况或重大违法行为的案件，仍需要按照正常的执法程序进行处理，以确保案件的公正性和准确性。

第一百零八条【不适用快速办理的情形】

治安案件有下列情形之一的，不适用快速办理：

（一）违反治安管理行为人系盲、聋、哑人，未成年人或者疑似精神病人的；

（二）依法应当适用听证程序的；

（三）可能作出十日以上行政拘留处罚的；

（四）违反治安管理行为人违背意愿认错认罚等其他不宜快速办理的。

【条文释义】

本条文体现了法律对治安案件办理的严谨性和公正性要求，确保了快速办理程序的适用性和有效性。同时，也体现了法律对特殊群体和当事人权益的保护和尊重。在实际操作中，公安机关应严格按照这些规定执行，确保治安案件的合法、公正和高效办理。

1.对于盲、聋、哑人，未成年人或者疑似精神病人等特殊群体，由于他们可能在认知、表达或决策能力上存在缺陷，因此不适合采用简化程序进行快速办理。这体现了法律对特殊群体权益的保护和尊重。

2.依法应当适用听证程序的案件也不能快速办理。听证程序是一种更为正式和严格的程序，旨在保障当事人的合法权益，确保决策的公正性和透明度。因此，对于这类案件，必须按照听证程序的规定进行办理，不能简化或省略。

此外，可能作出十日以上行政拘留处罚的案件也不适用快速办理程序。这是因为十日以上的行政拘留处罚属于相对较重的处罚，需要更为严谨和细致的调查和审查过程，以确保处罚的合法性和合理性。

3. 如果违反治安管理行为人违背意愿认错认罚，或者其他存在不宜快速办理的情形，也不应适用快速办理程序。这主要是为了防止因程序简化而导致的错误认定或不当处罚，保障当事人的合法权益不受侵犯。

第二节　决定

第一百零九条【治安管理处罚的决定权及其分级执行机制】

治安管理处罚由县级人民政府公安机关或者公安分局决定；其中警告、一千元以下的罚款，可以由公安派出所决定。

【条文释义】

本条文既体现了公安机关在治安管理处罚中的核心地位和专业性，又兼顾了执法效率和灵活性。通过明确不同层级公安机关的权限和职责，确保了治安管理处罚的合法、公正和高效执行，为维护社会治安秩序提供了有力保障。

县级人民政府公安机关或公安分局作为主要的决策机构，拥有对治安案件的全面审理和处罚决定权。这是基于它们具备更为丰富的执法经验和资源，能够对治安案件进行深入调查和审理，确保处罚决定的公正性和合法性。同时，它们也有能力处理涉及复杂情况或重大违法行为的案件，确保社会治安的稳定。

然而，为了提高执法效率和应对基层治安问题的灵活性，条文也规定了一些例外情况。具体而言，对于警告和一千元以下的罚款这两种相对较轻的处罚，公安派出所就拥有决定权。这一规定使得基层公安机关能够更迅速、有效地处理轻微治安案件，减轻了上级公安机关的工作负担，同时也使得处罚决定更加贴近当地实际情况。

需要注意的是，虽然公安派出所被赋予了部分处罚决定权，但这并不意味着它们可以随意行使权力。在作出处罚决定时，公安派出所必须严格遵守法律法规和程序规定，确保事实清楚、证据确凿、程序合法。同时，对于超出其权限范围的案件或处罚，公安派出所应当及时上报给上级公安机关，以确保案件得到妥善处理。

第一百一十一条【依据证据作出治安管理处罚决定】

公安机关查处治安案件，对没有本人陈述，但其他证据能够证明案件事实的，可以作出治安管理处罚决定。但是，只有本人陈述，没有其他证据证明的，不能作出治安管理处罚决定。

【条文释义】

本条文体现了公安机关在查处治安案件时，对证据的全面审查和严格把关，确保处罚决定的准确性和公正性。同时，也提醒我们在日常生活中要遵守法律法规，避免因为违法行为而受到处罚。

1.条文明确指出，即使没有本人的陈述，只要其他证据能够充分证明案件的事实，公安机关仍然可以作出治安管理处罚决定。这体现了公安机关在查办案件时，不仅依赖当事人的陈述，更注重收集、审查其他类型的证据，如证人证言、视听资料、书证、物证等。这样的规定有助于公安机关更全面地了解案件情况，避免因为当事人拒绝陈述或虚假陈述而导致案件查处受阻。

2. 条文强调了本人陈述不能单独作为治安管理处罚决定的依据。也就是说，只有当事人自己的陈述，而没有其他证据支持的，公安机关不能作出治安管理处罚决定。这体现了公安机关在作出处罚决定时，必须确保事实清楚、证据确实充分的原则。避免因为仅依赖当事人的陈述，而忽略其他可能存在的证据，导致处罚决定的不准确或不公正。

此外，这一规定也有助于防止权力的滥用和误判的发生。在缺乏其他证据支持的情况下，仅凭当事人的陈述作出处罚决定，可能会导致权力的滥用或误判，损害当事人的合法权益。因此，公安机关在查处治安案件时，必须严格遵循这一规定，确保处罚决定的合法性和公正性。

第一百一十二条【公安机关履行告知义务及违反治安管理行为人享有的权利】

公安机关作出治安管理处罚决定前，应当告知违反治安管理行为人作出治安管理处罚的事实、理由及依据，并告知违反治安管理行为人依法享有的权利。

违反治安管理行为人有权陈述和申辩。公安机关必须充分听取违反治安管理行为人的意见，对违反治安管理行为人提出的事实、理由和证据，应当进行复核；违反治安管理行为人提出的事实、理由或者证据成立的，公安机关应当采纳。

违反治安管理行为人不满十六周岁的，还应当依照前两款的规定告知未成年人的父母或者其他监护人，充分听取其意见。

公安机关不得因违反治安管理行为人的陈述、申辩而加重处罚。

【条文释义】

本条文主要聚焦于公安机关在作出治安管理处罚决定前的告知义务，以及违反治安管理行为人的陈述和申辩权利。这一规定旨在确保治安管理处罚的公正性、合法性和透明度，保障违反治安管理行为人的合法权益，体现了公安机关在治安管理处罚过程中的严谨性和公正性，确保了行为人的合法权益得到充分保障。

1. 公安机关在作出治安管理处罚决定前，有义务告知违反治安管理行为人处罚的事实、理由及依据。这意味着，公安机关必须清晰地阐述为何要对行为人进行处罚，以及处罚的法律依据是什么。这样的告知不仅有助于行为人了解自己的违法行为和处罚原因，也有助于增强公众对公安机关工作的信任和理解。

2. 该条款还强调了违反治安管理行为人的陈述和申辩权利。行为人有权提出自己的意见和看法，对公安机关的指控进行解释和辩解。公安机关则必须充分听取行为人的意见，对行为人提出的事实、理由和证据进行复核。如果行为人提出的事实、理由或证据成立，公安机关应当采纳。这一规定确保了行为人在处罚过程中拥有充分的发言权和辩护权，有助于防止权力的滥用和误判的发生。

此外，对于不满十六周岁的违反治安管理行为人，公安机关还需要告知其父母或其他监护人，并充分听取他们的意见。这一规定体现了对未成年人的特殊保护，确保他们在受到处罚时能够得到家庭的支持和理解，同时也有助于公安机关更好地了解未成年人的情况，作出更为合理的处罚决定。

第一百一十四条【治安管理处罚决定法制审核情形】

有下列情形之一的，在公安机关作出治安管理处罚决定之前，应当由从事治安管理处罚决定法制审核的人员进行法制审核；未经法制审核或者审核未通过的，不得作出决定：

（一）涉及重大公共利益的；

（二）直接关系当事人或者第三人重大权益，经过听证程序的；

（三）案件情况疑难复杂、涉及多个法律关系的。

公安机关中初次从事治安管理处罚决定法制审核的人员，应当通过国家统一法律职业资格考试取得法律职业资格。

【条文释义】

本条文明确了在公安机关作出治安管理处罚决定之前，特定情形下需要进行法制审核的要求。这一规定旨在确保治安管理处罚决定的合法性和公正性，防止权力的滥用和误判。

1. 根据规定，涉及重大公共利益的案件，在作出处罚决定前，必须进行法制审核。这是因为重大公共利益关乎社会的整体福祉和长远发展，涉及广大公众的根本利益。为了确保处罚决定的合法性和合理性，维护公共利益和社会稳定，法制审核成为了不可或缺的一环。然而，对于"重大公共利益"的界定，目前在法律上并没有一个明确、统一的标准。它通常需要根据具体案件的情况、社会影响、涉及的人数和范围等因素进行综合判断。在我国，已有不少法律和文件对"公共利益"作出了例举式规定，但针对"重大公共利益"的明确解释仍然较为缺乏。在实际操作中，公安机关、法院等执法和司法机构通常会结合相关法律法规、政策文件以及社会实际情况，对涉及重大公共利益的案件进行审慎判断。同时，也会充分听取公众意见、专家建议，确保决策的科学性和民主性。因此，对于涉及重大公共利益的案件，不仅需要进行严格的法制审核，还需要在决策过程中充分考虑各方利益，确保公共利益得到最大程度的维护。这样既能保障法律的公正实施，又能维护社会的和谐稳定。

2.对于直接关系当事人或者第三人重大权益，且经过听证程序的案件，也需要进行法制审核。这类案件往往涉及当事人的重大权益，听证程序则是保障当事人权益的重要环节。通过法制审核，可以进一步确保处罚决定的公正性和合法性，保障当事人的合法权益不受侵犯。

此外，对于案件情况疑难复杂、涉及多个法律关系的案件，同样需要进行法制审核。这类案件由于情况复杂、法律关系众多，处理起来难度较大。通过法制审核，可以集思广益，充分发挥专业人员的智慧和经验，确保处罚决定的准确性和合理性。

需要注意的是，公安机关中初次从事治安管理处罚决定法制审核的人员，应当通过国家统一法律职业资格考试取得法律职业资格。这一要求确保了从事法制审核工作的人员具备专业的法律知识和能力，能够胜任这一重要工作。

第一百一十七条【听证的情形】

公安机关作出吊销许可证、处四千元以上罚款的治安管理处罚决定或者采取责令停业整顿措施前，应当告知违反治安管理行为人有权要求举行听证；违反治安管理行为人要求听证的，公安机关应当及时依法举行听证。

【条文释义】

本条文体现了法律程序的公正性和透明度，旨在保障违反治安管理行为人的合法权益。

听证是行政处罚程序中的重要环节，它确保了当事人在处罚过程中有充分表达意见和申辩的机会，有助于保障当事人的合法权益，同时也增强了处罚决定的公正性和透明度。因此，公安机关在作出可能对当事人权益产生重大影响的处罚决定前，告知其听证权利是必要且重要的。

1. 条文明确规定了公安机关在作出吊销许可证、处四千元以上罚款的治安管理处罚决定或者采取责令停业整顿措施前，应当告知违反治安管理行为人有权要求举行听证。这意味着在这些较为严厉的处罚或措施实施前，公安机关有义务告知行为人他们有权要求举行听证，以便对处罚或措施进行申辩和质证。

2. 如果违反治安管理行为人要求听证，公安机关应当及时依法举行听证。这体现了公安机关对行为人听证权利的尊重，也体现了法律程序的严肃性和公正性。通过听证程序，行为人可以提出自己的意见和证据，公安机关也可以更加全面、客观地了解案件事实，从而作出更加公正、合理的处罚决定。

此外，这一规定也有助于增强公安机关的执法公信力和社会认可度。通过公开、透明的听证程序，可以让公众更加了解和支持公安机关的工作，减少不必要的误解和纷争。

第一百一十八条【公安机关办理治安案件的期限】

公安机关办理治安案件的期限，自立案之日起不得超过三十日；案情重大、复杂的，经上一级公安机关批准，可以延长三十日。公安派出所办理的案件，由所属公安机关批准。

为了查明案情进行鉴定的期间，不计入办理治安案件的期限。

【条文释义】

本条文既体现了公安机关办理治安案件的高效性和规范性，又考虑到了实际工作中的复杂性和特殊性。同时，通过排除鉴定期间的方式，确保了办案期限的合理性和公正性。

1. 公安机关办理治安案件的期限自立案之日起不得超过三十日。这一规定确保了公安机关在处理治安案件时的高效性，避免案件长时间悬而未决，保障了当事人的合法权益。

2. 对于案情重大、复杂的案件，经过上一级公安机关的批准，办案期限可以延长三十日。这一规定考虑到了实际工作中的复杂性，为公安机关在处理特殊案件时提供了必要的灵活性。

此外，对于公安派出所办理的案件，需要由所属公安机关进行批准。这体现了公安机关内部的层级管理和监督机制，确保办案程序的规范性和合法性。

3. 条文中还明确指出，为了查明案情进行鉴定的期间不计入办理治安案件的期限。这一规定是基于实际情况的考虑，因为鉴定过程可能需要一定的时间，而且鉴定结果对于案件的处理至关重要。因此，将鉴定期间排除在办案期限之外，确保了公安机关能够充分、准确地查明案情，作出公正的处理决定。

第一百一十九条【公安机关可以当场作出治安管理处罚决定】

违反治安管理行为事实清楚，证据确凿，处警告或者五百元以下罚款的，可以当场作出治安管理处罚决定。

【条文释义】

本条文为公安机关在特定情况下采取当场处罚方式提供了法律依据，既有利于及时制止和纠正违法行为，又规范了公安机关的执法行为。在实际执法过程中，公安机关应当严格遵循法律程序，确保处罚的合法性和公正性。

1. 根据条文，当违反治安管理行为事实清楚、证据确凿时，公安机关可以采取当场处罚的方式。这意味着，在案件事实明确、证据充分的情况下，公安机关无需经过繁琐的调查程序，就可以直接对违法行为人进行处罚。这大大提高了执法效率，有利于及时制止和纠正违法行为，维护社会治安秩序。

2. 当场处罚的范围限于警告或者五百元以下罚款。这种处罚方式相对较轻，主要适用于一些轻微的、危害性不大的违反治安管理行为。通过当场处罚，公安机关可以迅速对违法行为人进行教育和惩戒，防止其继续实施违法行为。

需要注意的是，虽然当场处罚具有便捷性和效率性，但公安机关在作出决定时仍必须严格遵循法律程序，确保处罚的合法性和公正性。同时，公安机关也应当充分保障违法行为人的合法权益，允许其提出申辩和异议，并对处罚决定进行复核。

第一百二十条【当场处罚的程序】

适用当场处罚的，可以由一名人民警察作出治安管理处罚决定。

当场作出治安管理处罚决定的，人民警察应当向违反治安管理行为人出示执法证件，并填写处罚决定书。处罚决定书应当当场交付被处罚人；有被侵害人的，并将决定书送达被侵害人。

前款规定的处罚决定书，应当载明被处罚人的姓名、违法行为、处罚依据、罚款数额、时间、地点以及公安机关名称，并由经办的人民警察签名或者盖章。

当场作出治安管理处罚决定的，经办的人民警察应当在二十四小时内报所属公安机关备案。

【条文释义】

本条文对于规范当场处罚行为、保障当事人权益具有重要意义。公安机关及其人民警察在执法过程中应当严格遵守这些规定，确保了当场处罚的合法性、公正性和透明度，保障了被处罚人的合法权益，同时也有利于维护社会治安秩序。

1. 根据该条规定，当场处罚可以由一名人民警察作出。这体现了在特定情况下，公安机关的执法效率和灵活性。然而，这并不意味着人民警察可以随意作出处罚决定，而是必须严格遵循法律程序和规定。

2. 人民警察在当场作出治安管理处罚决定时，必须向违反治安管理行为人出示执法证件，并填写处罚决定书。这一要求确保了执法行为的规范性和合法性，避免了无证执法或随意执法的可能性。同时，处罚决定书应当当场交付被处罚人，有被侵害人的情况下，还应将决定书送达被侵害人。这有利于保障被处罚人和被侵害人的知情权，确保他们能够及时了解处罚决定的内容。

此外，处罚决定书的内容也有明确要求，必须载明被处罚人的姓名、违法行为、处罚依据、罚款数额、时间、地点以及公安机关名称，并由经办的人民警察签名或盖章。这既确保了处罚决定书的规范性和完整性，也便于后续的管理和查询。

3. 经办的人民警察在当场作出治安管理处罚决定后，应当在二十四小时内报所属公安机关备案。这一要求有利于公安机关对执法行为进行监督和管理，确保执法行为的合法性和规范性。

第三节 执 行

第一百二十二条【行政拘留处罚的执行方式】

对被决定给予行政拘留处罚的人，由作出决定的公安机关送拘留所执行。

被决定给予行政拘留处罚的人在异地被抓获或者有其他有必要在异地拘

留所执行情形的，经异地拘留所主管公安机关批准，可以在异地执行。

【条文释义】

本条文为公安机关执行行政拘留处罚提供了明确的法律依据和操作规范，有助于维护社会治安秩序和保障被处罚人的合法权益。

1. 对于被决定给予行政拘留处罚的人，由作出决定的公安机关负责将其送往拘留所执行。这意味着，当公安机关对某人作出行政拘留的处罚决定后，该机关有责任确保处罚得到执行，即将被处罚人送至相应的拘留所进行拘留。

2. 条文还规定了异地执行行政拘留的情形和程序。当被决定给予行政拘留处罚的人在异地被抓获，或者有其他有必要在异地拘留所执行的情形时，经过异地拘留所主管公安机关的批准，可以在异地执行行政拘留。这一规定体现了执法的灵活性和效率性，避免了将被处罚人长途押解回原处罚地执行的不便和可能的风险。同时，异地执行也需要在严格遵循法律程序的前提下进行，确保执法的合法性和公正性。

需要注意的是，虽然异地执行行政拘留有其合理性和必要性，但具体操作仍需谨慎。公安机关在决定异地执行时，应充分考虑被处罚人的权益保障、案件情况、执行条件等因素，确保执法的公正性和合法性。同时，对于异地执行的具体程序和标准，也应有明确的规定和解释，以便于实际操作和监督。

第一百二十三条【罚款处罚执行及当场收缴罚款情形】

受到罚款处罚的人应当自收到处罚决定书之日起十五日内，到指定的银行缴纳罚款。但是，有下列情形之一的，人民警察可以当场收缴罚款：

（一）被处二百元以下罚款，被处罚人对罚款无异议的；

（二）在边远、水上、交通不便地区，旅客列车上或者口岸，公安机关及其人民警察依照本法的规定作出罚款决定后，被处罚人向指定的银行缴纳罚款确有困难，经被处罚人提出的；

（三）被处罚人在当地没有固定住所，不当场收缴事后难以执行的。

【条文释义】

本条文旨在确保罚款处罚的顺利执行，同时考虑到特殊情况下的执法效率和被处罚人的权益保障。在实际操作中，公安机关及其人民警察应当根据实际情况灵活运用这些规定，确保罚款处罚的合法、公正和有效执行。

受到罚款处罚的人应当自收到处罚决定书之日起十五日内，到指定的银行缴纳罚款。这是罚款处罚的一般执行程序，旨在确保罚款能够及时、规范地缴纳。

然而，在特定情况下，人民警察可以当场收缴罚款。这些特定情况包括：

被处二百元以下罚款，且被处罚人对罚款无异议的。这通常适用于罚款金额较小，且被处罚人没有异议的情形。在此情况下，人民警察可以简化程序，当场收缴罚款，以提高执法效率。

在边远、水上、交通不便地区，旅客列车上或者口岸，公安机关及其人民警察作出罚款决定后，被处罚人向指定的银行缴纳罚款确有困难，且经被处罚人提出的。这些地区由于地理位置偏远或交通不便，被处罚人可能难以在规定时间内到指定银行缴纳罚款。因此，在这种情况下，人民警察可以当场收缴罚款，以减轻被处罚人的负担。

被处罚人在当地没有固定住所，不当场收缴事后难以执行的。这主要适用于流动性较大、无固定住所的被处罚人。由于他们可能难以被追踪或联系，不当场收缴罚款可能导致罚款难以执行。因此，人民警察可以在此情况下当场收缴罚款。

需要注意的是，人民警察在当场收缴罚款时，应当遵循相关法律程序和规范，确保罚款的合法性和公正性。同时，被处罚人也有权了解罚款的原因、金额和缴纳方式等相关信息，并有权提出异议或申诉。

第一百二十四条【当场收缴罚款后的处理】

人民警察当场收缴的罚款，应当自收缴罚款之日起二日内，交至所属的公安机关；在水上、旅客列车上当场收缴的罚款，应当自抵岸或者到站之日起二日内，交至所属的公安机关；公安机关应当自收到罚款之日起二日内将罚款缴付指定的银行。

【条文释义】

本条文明确了人民警察收缴罚款后的操作流程和时间节点，确保了罚款处理的规范性和及时性，有助于维护社会治安秩序和公共利益的实现。同时，该规定也体现了对人民警察行为的监督和约束，防止了可能存在的权力滥用或不当行为。

1. 人民警察当场收缴的罚款，应当自收缴罚款之日起二日内，交至所属的公安机关。这意味着，在人民警察进行当场处罚并收缴罚款后，必须及时将这笔罚款上交至其所属的公安机关，而不能私自留存或使用。这一规定确保了罚款的透明性和规范性，防止了可能存在的滥用职权或贪污行为。

2. 对于在水上、旅客列车上当场收缴的罚款，情况稍有不同。由于这些特殊环境的流动性，人民警察无法立即将罚款交至所属的公安机关。因此，规定中明确指出，这类罚款应当自抵岸或者到站之日起二日内，交至所属的公安机关。这样的规定既考虑到了特殊情况下的实际操作困难，又保证了罚款的及时上交。

3. 公安机关在收到罚款后，也需要在规定的时间内进行处理。根据规定，公安机关应当自收到罚款之日起二日内将罚款缴付指定的银行。这一步骤确保了罚款的及时入库，为后续的财务处理和管理提供了便利。

第一百二十五条【当场收缴罚款出具专用票据】

人民警察当场收缴罚款的，应当向被处罚人出具省级以上人民政府财政部门统一制发的专用票据；不出具统一制发的专用票据的，被处罚人有权拒绝缴纳罚款。

【条文释义】

本条文旨在确保罚款收缴的合法性和规范性，保障被处罚人的权益，有助于规范人民警察当场收缴罚款的行为，维护社会治安秩序和公共利益的实现。在实际操作中，公安机关及其人民警察应当严格遵守这些规定，确保罚款收缴工作的合法、公正和有效。

1. 专用票据的出具是罚款收缴程序的重要组成部分。通过出具专用票据，可以明确记录罚款的数额、时间、地点等关键信息，为后续的财务管理和审计提供依据。同时，专用票据也是被处罚人缴纳罚款的凭证，有助于保障其合法权益。

2. 专用票据的制发有着严格的层级要求。根据规定，专用票据必须由省级以上人民政府财政部门统一制发，这确保了票据的权威性和统一性。通过这样的规定，可以有效防止伪造、变造专用票据的行为，维护罚款收缴的严肃性和公信力。

3. 对于不出具统一制发的专用票据的情形，被处罚人有权拒绝缴纳罚款。这一规定赋予了被处罚人一定的监督权和抗辩权，有助于防止人民警察滥用

第十二章 《中华人民共和国治安管理处罚法（修订草案）》释义|第四编 释义篇|

职权或不当行为。同时，这也提醒人民警察在执法过程中要严格遵守程序规定，确保罚款收缴的合法性和公正性。

第一百二十六条【行政拘留处罚暂缓执行的情形】

被处罚人不服行政拘留处罚决定，申请行政复议、提起行政诉讼的，或者遇有参加升学考试、子女出生或者近亲属病危、死亡等情形的，可以向公安机关提出暂缓执行行政拘留的申请。公安机关认为暂缓执行行政拘留不致发生社会危险的，由被处罚人或者其近亲属提出符合本法第一百二十七条规定条件的担保人，或者按每日行政拘留二百元的标准交纳保证金，行政拘留的处罚决定暂缓执行。

【条文释义】

本条文体现了法律对被处罚人权益的尊重和保护，同时也确保了社会安全和公共秩序的维护。在实际操作中，公安机关应严格依法办事，审慎处理暂缓执行申请，确保法律的公正和权威。

该条规定了被处罚人在不服行政拘留处罚决定，申请行政复议或提起行政诉讼的情况下，可以向公安机关提出暂缓执行行政拘留的申请。这意味着，如果被处罚人对行政拘留的处罚决定持有异议，并通过法律途径进行申诉，那么他们有机会申请暂缓执行行政拘留，以避免在申诉期间遭受不必要的限制。

此外，除了申请行政复议或行政诉讼外，被处罚人在遇到如参加升学考试、子女出生或者近亲属病危、死亡等紧急情况时，也可以向公安机关提出暂缓执行行政拘留的申请。这一规定体现了法律对被处罚人人性化关怀的一面，确保他们在面临重要生活事件时能够得到适当的照顾和安排。

然而，需要注意的是，公安机关在决定是否暂缓执行行政拘留时，会考虑是否会发生社会危险。如果被处罚人可能阻碍、逃避公安机关、行政复议机关或法院的传唤、复议、审理、执行，那么公安机关可能会拒绝暂缓执行行政拘留的申请。

在满足暂缓执行的条件后，被处罚人或者其近亲属需要提出符合条件的担保人，或者按照每日行政拘留二百元的标准交纳保证金。担保人的条件应符合本法第一百二十七条的规定，通常要求担保人具有完全民事行为能力、无违法犯罪记录、与被处罚人有一定关系等。保证金则是一种经济担保方式，确保被处罚人在暂缓执行期间能够遵守相关规定，不逃避法律责任。

第一百三十条【保证金退还的情形】

行政拘留的处罚决定被撤销，或者行政拘留处罚开始执行的，公安机关收取的保证金应当及时退还交纳人。

【条文释义】

本条文旨在保障当事人在行政拘留处罚过程中的合法权益，确保保证金能够按照法律规定得到妥善处理。

1. 当行政拘留的处罚决定被撤销时，公安机关应当及时将之前收取的保证金退还给交纳人。这体现了法律的公正性和对当事人权益的尊重。因为在处罚决定被撤销的情况下，当事人实际上并未被认定为违法，因此没有理由继续扣留其保证金。

2. 当行政拘留处罚开始执行时，同样地，公安机关也应当及时将保证金退还给交纳人。这是因为保证金的性质是一种担保措施，旨在确保当事人在处罚执行期间不会逃避或违反相关规定。一旦处罚开始执行，当事人的行为将受到直接限制和监管，因此保证金也就失去了其原有的担保作用，应当及时退还。

需要注意的是，退还保证金应当是及时的，即公安机关在处罚决定被撤销或处罚开始执行后，应当尽快完成保证金的退还工作，避免给当事人带来不必要的困扰和损失。

此外，如果当事人在处罚执行期间违反了相关规定或逃避处罚执行，公安机关有权根据具体情况对保证金进行处理，例如部分或全部没收等。但这种情况下的处理应当严格按照法律规定进行，确保合法、公正和透明。

第五章　执法监督

第一百三十二条【禁止对违反治安管理行为人打骂、虐待或者侮辱】

公安机关及其人民警察办理治安案件，禁止对违反治安管理行为人打骂、虐待或者侮辱。

【条文释义】

本条文是对公安机关及其人民警察在办理治安案件时行为规范的明确要求，体现了对人权和法治的尊重和维护。在实际工作中，公安机关和人民警察应当严格遵守这一规定，确保执法行为的合法性和正当性。

1.该条文强调了公安机关及其人民警察在办理治安案件时应当保持的职业道德和行为规范。公安机关和人民警察作为执法者，其职责是维护社会治安和公共秩序，而不是对违反治安管理行为人进行个人报复或情绪发泄。因此，他们在执法过程中应当始终保持冷静、理智和尊重，遵守法律法规和职业道德准则。

2.打骂、虐待或侮辱等行为严重违反了人权和法治原则，不仅侵犯了违反治安管理行为人的合法权益，也损害了公安机关和人民警察的形象和公信力。这些行为不仅无法有效解决问题，反而可能激化矛盾，引发更大的社会不稳定因素。

因此，公安机关及其人民警察在办理治安案件时，应当坚持以事实为根据、以法律为准绳的原则，公正、文明、规范地执法。对于违反治安管理行为人，应当依法进行处罚和教育，而不是采取打骂、虐待或侮辱等不当手段。同时，公安机关也应当加强对人民警察的培训和管理，提高他们的法律素养和职业道德水平，确保他们在执法过程中能够正确行使职权，维护社会公正和法治秩序。

第一百三十四条【对公职人员违法行为的处理程序】

公安机关在办理治安案件过程中，发现违反治安管理行为人是公职人员的，应当及时通报监察机关和其所在单位；发现公职人员涉嫌贪污贿赂、失职渎职等职务违法或者职务犯罪的问题线索的，应当移送监察机关依法调查处置。

【条文释义】

本条文强调了对公职人员违法行为的及时通报和移送监察机关的重要性，以确保对公职人员违法行为的严肃处理和反腐败工作的有效进行，对于加强公职人员监督管理、推动反腐败工作具有重要意义。公安机关在办理治安案件过程中，应严格按照该条文的要求，对发现的公职人员违法行为进行及时通报和移送，确保法律的严肃性和公正性得到维护。

1.公安机关在办理治安案件时，一旦发现违反治安管理行为人是公职人员，无论其是否最终受到治安管理处罚，都应及时通报监察机关和其所在单位。这一规定体现了对公职人员违法行为的零容忍态度，通过及时通报，可以加强对公职人员的监督和管理，防止其利用职权或地位逃避法律制裁。

2. 对于发现的公职人员涉嫌贪污贿赂、失职渎职等职务违法或职务犯罪的问题线索，公安机关应当移送监察机关依法调查处置。这一规定有助于确保公职人员违法行为的查处工作得到专业、高效的进行。监察机关作为专门负责反腐败工作的机关，具有更为专业的调查手段和程序，能够更好地查明事实真相，依法追究相关人员的法律责任。

此外，该条文还体现了对公职人员违法行为的协同处理机制。公安机关、监察机关、所在单位等各方应密切配合，共同推动对公职人员违法行为的查处工作。这种协同机制有助于形成反腐败合力，提高查处效率，确保公职人员违法行为得到及时、有效的处理。

第一百三十六条【未成年人违法记录封存】

对违反治安管理时不满十八周岁的人，违反治安管理的记录应当予以封存，不得向任何单位和个人提供，但监察机关、司法机关为办案需要或者有关单位根据国家规定进行查询的除外。依法进行查询的单位，应当对被封存的违法记录的情况予以保密。

【条文释义】

本条文体现了法律在维护社会秩序的同时，对未成年人这一特殊群体的特殊关怀和保护。通过违法记录封存制度，法律努力平衡了未成年人违法行为的惩处与其未来发展的保障之间的关系。

1. 对于违反治安管理行为时年龄不满十八周岁的人，其违法记录应当被特别处理——予以封存。这意味着这些记录不会像成年人的违法记录那样公开或轻易地被查询。这样做的目的是为了防止未成年人的违法记录在其升学、就业、生活等方面产生不必要的负面影响，避免其因为一时的错误而背负终身的标签。

2.这一封存制度并非绝对。虽然一般情况下，这些被封存的记录不得向任何单位和个人提供，但也有例外情况。监察机关、司法机关在办案需要时，或有关单位根据国家规定进行查询时，仍然可以查询这些被封存的记录。这样的规定确保了在特定情况下，如涉及未成年人犯罪或重大案件调查时，相关部门能够获取必要的信息。

3.对于依法进行查询的单位，条文中明确规定了其义务——应当对被封存的违法记录的情况予以保密。这一要求确保了即使记录被查询，也不会被泄露或滥用，进一步保护了未成年人的隐私权。

第一百三十七条【公安机关在同步录音录像工作中的安全管理职责】

公安机关应当履行同步录音录像运行安全管理职责，完善技术措施，定期维护设施设备，保障录音录像设备运行连续、稳定、安全。

【条文释义】

本条文要求公安机关在同步录音录像工作中，既要注重设备的安全管理，又要完善技术措施和定期维护设施设备，以确保录音录像设备运行的连续、稳定和安全。这对于维护执法活动的公正性、透明性和合法性具有重要意义。

1.公安机关应履行同步录音录像的运行安全管理职责。这意味着公安机关需要确保录音录像设备在运行过程中的安全性，防止设备被非法篡改、损坏或窃取。为此，公安机关应制定并执行严格的管理制度，明确设备的使用、保管和维护责任，确保设备始终处于良好的工作状态。

2. 公安机关需要完善技术措施。这包括采用先进的加密技术、访问控制技术等，确保录音录像数据的安全性。同时，公安机关还应定期更新和优化技术措施，以应对不断变化的安全威胁和挑战。

此外，公安机关应定期维护设施设备。这包括定期检查设备的运行状况，及时发现并解决潜在的问题；定期对设备进行清洁、保养和维修，延长设备的使用寿命；以及根据设备的使用情况和技术发展，适时进行升级和更换。

3. 保障录音录像设备运行连续、稳定、安全是这一规定的核心目标。只有确保设备的稳定运行，才能有效地记录下执法活动的全过程，为后续的案件处理、证据保存和监督审查提供有力的支持。

第一百三十八条【个人信息和生物识别信息的合法、合理使用】

公安机关及其人民警察不得将在办理治安案件过程中获得的个人信息、依法提取、采集的相关人体生物识别信息、样本用于与治安管理、打击犯罪无关的用途，或者出售、提供给他人。

【条文释义】

本条文主要目的在于确保公安机关及其人民警察在办理治安案件时，所获取的个人信息和依法提取、采集的相关人体生物识别信息、样本得到合法、合理的使用，并防止这些信息的滥用和泄露；有助于规范公安机关及其人民警察在办理治安案件时的行为，确保个人信息和生物识别信息的合法、合理使用，维护公民的隐私权和合法权益。同时，也提醒了公众在配合公安机关工作的同时，也要关注个人信息的保护问题。

1. 条文强调了对个人信息和生物识别信息的专属性使用。公安机关及其人民警察在办理治安案件时，获取的个人信息和生物识别信息主要用于案件

| 治安管理处罚的发展与变革 |

的调查、取证等工作，以维护社会治安和打击犯罪。这些信息不得被用于与治安管理、打击犯罪无关的其他目的，比如商业营销、个人恩怨等，以确保信息的合法性和合规性。

2. 条文明确禁止出售或提供这些信息给他人。这是为了防止信息泄露和滥用，保护公民的隐私权和合法权益。个人信息和生物识别信息一旦泄露或被滥用，可能会给个人带来严重的安全风险和经济损失。因此，公安机关及其人民警察必须承担起保护这些信息安全的重要责任。

此外，该条文还体现了对公民个人隐私权的尊重和保护。在现代社会，个人信息和生物识别信息的重要性日益凸显，它们是个人身份和权益的重要组成部分。公安机关及其人民警察作为执法机关，更应当严格遵守法律规定，规范自身行为，确保公民的个人隐私得到充分保护。

第一百三十九条 【人民警察在办理治安案件过程中应当遵守的行为准则以及违反这些准则的法律后果】

人民警察办理治安案件，有下列行为之一的，依法给予处分；构成犯罪的，依法追究刑事责任：

（一）刑讯逼供、体罚、虐待、侮辱他人的；

（二）超过询问查证的时间限制人身自由的；

（三）不执行罚款决定与罚款收缴分离制度或者不按规定将罚没的财物上缴国库或者依法处理的；

（四）私分、侵占、挪用、故意损毁收缴、扣押的财物的；

（五）违反规定使用或者不及时返还被侵害人财物的；

（六）违反规定不及时退还保证金的；

（七）利用职务上的便利收受他人财物或者谋取其他利益的；

（八）当场收缴罚款不出具专用票据或者不如实填写罚款数额的；

（九）接到要求制止违反治安管理行为的报警后，不及时出警的；

（十）在查处违反治安管理活动时，为违法犯罪行为人通风报信的；

（十一）泄露办理治安案件过程中的工作秘密或者其他依法应当保密的信息的；

（十二）将在办理治安案件过程中获得的个人信息、依法提取、采集的相关人体生物识别信息、样本用于与治安管理、打击犯罪无关的用途，或者出售、提供给他人的；

（十三）有徇私舞弊、玩忽职守、滥用职权，不依法履行法定职责的其他情形的。

办理治安案件的公安机关有前款所列行为的，对负有责任的领导人员和直接责任人员，依法给予处分。

【条文释义】

本条文通过明确的行为准则和法律后果，规范了人民警察在办理治安案件时的行为，保护了公民的合法权益，维护了社会的公正和稳定。同时，也提醒了人民警察在执法过程中必须严格遵守法律规定，依法履行职责。

1. 条文详细列出了十三种人民警察在办理治安案件时可能违反的行为，包括但不限于刑讯逼供、体罚、虐待、侮辱他人，超过询问查证的时间限制人身自由，不执行罚款决定与罚款收缴分离制度等。这些行为都是对法律的直接违反，严重损害了公民的合法权益，因此必须受到法律的制裁。

2. 对于上述的违法行为，条文明确规定了相应的法律后果。对于违反规定的人民警察，将依法给予处分，构成犯罪的，还将依法追究刑事责任。这表明了法律对于执法者违法行为的严厉打击态度，体现了法律的公正性和严肃性。

此外，条文还强调了办理治安案件的公安机关如果存在上述违法行为，对负有责任的领导人员和直接责任人员也将依法给予处分。这体现了对公安机关及其工作人员行为的严格监督，确保了公安机关在办理治安案件时的合法性和规范性。

3. 条文还特别提到了人民警察在办理治安案件过程中，不得将在办理治安案件过程中获得的个人信息，依法提取、采集的相关人体生物识别信息、样本用于与治安管理、打击犯罪无关的用途，或者出售、提供给他人。这是对个人隐私权的尊重和保护，也是法律对执法者行为的重要约束。

第六章　附　则

第一百四十一条【执行行政拘留处罚时的法律依据和程序】

其他法律规定由公安机关予以行政拘留处罚的，依照本法的规定执行。

公安机关依照《中华人民共和国枪支管理法》、《民用爆炸物品安全管理条例》等直接关系公共安全和社会治安秩序的法律、行政法规实施的处罚程序，适用本法的规定。

【条文释义】

本条文为公安机关在执行行政拘留处罚时提供了明确的法律依据和程序指导。同时，它也体现了我国法律的严谨性和系统性，为构建和谐社会提供了有力的法律保障。

首先，这一规定确保了公安机关在行使行政拘留权力时，有明确的法律依据和统一的执行标准。无论是针对一般的治安管理问题，还是涉及公共安全和社会治安秩序的特殊问题，如枪支管理和民用爆炸物品安全管理等，公

第十二章 《中华人民共和国治安管理处罚法（修订草案）》释义 | 第四编 释义篇

安机关都应遵循相同的法律程序和规定。

其次，这一规定体现了法律的连贯性和一致性。通过将不同法律中关于行政拘留处罚的规定统一纳入《中华人民共和国治安管理处罚法（修订草案）》的框架内，确保了法律之间的协调性和互补性，避免了法律之间的冲突和矛盾。

此外，该规定还强调了公安机关在执行行政拘留处罚时的程序性要求。公安机关必须按照法律规定的程序进行，包括调查取证、告知权利、作出处罚决定等，确保处罚的合法性和公正性。

第一百四十二条【海警机构在海上治安管理方面的职责和权限】

海警机构履行海上治安管理职责，行使本法规定的公安机关的职权，但是法律另有规定的除外。

【条文释义】

本条文强调了海警机构在海上治安管理方面的职责和权限，并强调了海警机构在行使职权时必须遵守法律的规定。这有助于确保海警机构在维护海上安全和稳定方面发挥更大的作用。

1.海警机构作为海上执法的重要力量，其职责涵盖了维护海上治安秩序、预防和打击海上违法犯罪行为等方面。因此，赋予海警机构行使公安机关的职权是合理且必要的，这有助于海警机构更加有效地履行其职责，维护海上安全和稳定。

2.虽然海警机构在海上治安管理方面具备行使公安机关职权的权力，但这并不意味着其可以随意行使这些权力。相反，海警机构在行使职权时必须严格遵守法律的规定，确保权力的行使合法、公正、透明。同时，法律对于特定情况下的职权行使可能有特别规定，海警机构在行使职权时应当注意遵守这些特别规定。

此外，这一规定也体现了我国法律体系的完整性和系统性。通过明确海警机构的职权和权限，有助于避免不同执法机构之间的职权冲突和重叠，提高执法效率和质量。

参考文献

[1] 王理.治安管理处罚法实训教程[M].北京：中国人民公安大学出版社，2016，6.

[2] 刘建昌.治安案件查处理论与实训一体化教程[M].北京：中国人民公安大学出版社，2022，1.

[3] 张润，陈媛，张帆.治安管理处罚法解读与应用[M].北京：中国法制出版社，2023，9.

[4] 法律出版社法规中心.治安管理处罚法全程精解[M].北京：法律出版社，2008.

[5] 吴高盛.中华人民共和国治安管理处罚法释义[M].北京：人民出版社，2005，9.

[6] 魏剑，陈菊娟.治安案件查处实训教程[M].北京：中国人民公安大学出版社，2018，2.

[7] 施秀艳.治安管理学[M].北京：法律出版社，2020，7.

[8] 宫志刚.治安学导论[M].北京：中国人民大学出版社，2015，7.

[9] 王树民，陈慧君.治安案件查处[M].北京：中国人民大学出版社，2015，8.

[10] 裴兆斌，赵涟漪.治安管理处罚程序与文书制作 [M].北京：中国人民大学出版社，2013，5.

[11] 曾郁，周静茹.治安管理实务 [M].北京：中国政法大学出版社，2020，1.

[12] 裴兆斌，张金明，王君.治安管理处罚法导读 [M].南京：东南大学出版社，2016.

[13] 梁桂英.治安管理处罚教程 [M].北京：中国人民公安大学出版社，2019，10.

[14] 李富声.治安案件答疑 [M].北京：中国科学文化音像出版社，2015，11.

[15] 张兰兰.治安管理处罚法实施中存在的问题与对策探析 [J].法制博览，2017，24.

[16] 宫志刚.中外治安管理处罚立法考察 [J]. 中国人大，2006，7.

[17] 徐博强.近代中国警察治安处罚权的演变———以违警罚法的立法演进为 [J]. 人民论坛，2016，29.

[18] 宋杰，许志强.治安行政处罚与刑罚适用的衔接法制与社会[J]，2012，1.

[19] 王旭.对治安管理处罚种类设定的思考法制与社会 [J]，2010，33.

[20] 吴宏毅.治安管理处罚方式的新发展贵州工业大学学报 [J]，2008，4.

[21] 台运启，李元.法治视野下的治安管理处罚法定原则中国人民公安大学学报 [J]，2008，3.

[22] 中华人民共和国治安管理处罚法（修订草案）[EB/OL]. http://www.npc.gov.cn/flcaw/flca/ff8081818a22132f018a499710595932/document.pdf